行政复议法、行政诉讼法一本通

法规应用研究中心 编

中国法制出版社

图书在版编目（CIP）数据

行政复议法、行政诉讼法一本通／法规应用研究中心编．— 2版．—北京：中国法制出版社，2023.9
（法律一本通；17）
ISBN 978-7-5216-3839-4

Ⅰ.①行… Ⅱ.①法… Ⅲ.①行政复议法-基本知识-中国②行政诉讼法-基本知识-中国 Ⅳ.①D925.3

中国国家版本馆CIP数据核字（2023）第156540号

责任编辑：赵律玮　　　　　　　　　　　　　　封面设计：杨泽江

行政复议法、行政诉讼法一本通
XINGZHENG FUYIFA、XINGZHENG SUSONGFA YIBENTONG

编者/法规应用研究中心
经销/新华书店
印刷/三河市紫恒印装有限公司

开本/880毫米×1230毫米　32开	印张/11.625　字数/287千
版次/2023年9月第2版	2023年9月第1次印刷

中国法制出版社出版

书号 ISBN 978-7-5216-3839-4　　　　　　　　　　　定价：45.00元

北京市西城区西便门西里甲16号西便门办公区
邮政编码：100053　　　　　　　　　　　　传真：010-63141600
网址：http://www.zgfzs.com　　　　　编辑部电话：010-63141793
市场营销部电话：010-63141612　　　　　印务部电话：010-63141606

（如有印装质量问题，请与本社印务部联系。）

编辑说明

"法律一本通"系列丛书自2005年出版以来，以其科学的体系、实用的内容，深受广大读者的喜爱。2007年、2011年、2014年、2016年、2018年、2019年、2021年我们对其进行了改版，丰富了其内容，增强了其实用性，博得了广大读者的赞誉。

我们秉承"以法释法"的宗旨，在保持原有的体例之上，今年再次对"法律一本通"系列丛书进行改版，以达到"应办案所需，适学习所用"的目标。新版丛书具有以下特点：

1. 丛书以主体法的条文为序，逐条穿插关联的现行有效的法律、行政法规、部门规章、司法解释、请示答复和部分地方规范性文件，以方便读者理解和适用。

2. 丛书紧扣实践和学习两个主题，在目录上标注了重点法条，并在某些重点法条的相关规定之前，对收录的相关文件进行分类，再按分类归纳核心要点，以便读者最便捷地查找使用。

3. 丛书紧扣法律条文，在主法条的相关规定之后附上案例指引，收录最高人民法院、最高人民检察院指导性案例、公报案例以及相关机构公布的典型案例的裁判摘要、案例要旨或案情摘要等。通过相关案例，可以进一步领会和把握法律条文的适用，从而作为解决实际问题的参考。并对案例指引制作索引目录，方便读者查找。

4. 丛书以脚注的形式，对各类法律文件之间或者同一法律文件不同条文之间的适用关系、重点法条疑难之处进行说明，以便读者系统地理解我国现行各个法律部门的规则体系，从而更好地为教学科研和司法实践服务。

5. 丛书结合二维码技术的应用为广大读者提供增值服务，扫描前勒口二维码，即可免费部分使用中国法制出版社推出的【法融】数据库。【法融】数据库中"国家法律法规"栏目便于读者查阅法律文件准确全文及效力的同时，更有部分法律文件权威英文译本等独家资源分享。"最高法指导案例"和"最高检指导案例"两个栏目提供最高人民法院和最高人民检察院指导性案例的全文，为读者提供更多增值服务。

目 录

中华人民共和国行政复议法

第一章 总 则

第 一 条【立法目的】 ………………………………… 2
第 二 条【适用范围】 ………………………………… 2
★ 第 三 条【工作原则】 ………………………………… 2
第 四 条【行政复议机关、机构及其职责】 ………… 12
第 五 条【行政复议调解】 …………………………… 12
第 六 条【行政复议人员】 …………………………… 12
第 七 条【行政复议工作保障】 ……………………… 13
第 八 条【行政复议信息化建设】 …………………… 13
第 九 条【表彰和奖励】 ……………………………… 13
第 十 条【行政复议与行政诉讼的衔接】 …………… 13

第二章 行政复议申请

第一节 行政复议范围

★ 第十一条【行政复议范围的一般规定】 …………… 14
★ 第十二条【行政复议范围的排除】 ………………… 24
第十三条【对规范性文件的附带审查】 …………… 28

第二节 行政复议参加人

★ 第十四条【申请人】 ………………………………… 29

1

第十五条【代表人】……………………………………… 37

　　第十六条【第三人】……………………………………… 37

　　第十七条【代理人】……………………………………… 37

　　第十八条【法律援助】…………………………………… 37

　　第十九条【被申请人】…………………………………… 38

　第三节　申请的提出

★　第二十条【一般申请期限】……………………………… 38

　　第二十一条【最长申请期限】…………………………… 44

　　第二十二条【申请方式】………………………………… 44

　　第二十三条【复议前置】………………………………… 46

　第四节　行政复议管辖

　　第二十四条【县级以上地方人民政府管辖】…………… 46

　　第二十五条【国务院部门管辖】………………………… 49

　　第二十六条【原级行政复议决定的救济途径】………… 49

　　第二十七条【垂直领导行政机关等管辖】……………… 50

　　第二十八条【司法行政部门的管辖】…………………… 50

★　第二十九条【行政复议与行政诉讼的选择】…………… 50

第三章　行政复议受理

★　第三十条【受理条件】…………………………………… 50

　　第三十一条【申请材料补正】…………………………… 65

　　第三十二条【部分案件的复核处理】…………………… 66

　　第三十三条【驳回复议申请】…………………………… 66

　　第三十四条【复议前置后的行政诉讼】………………… 66

　　第三十五条【对行政复议受理的监督】………………… 66

第四章 行政复议审理

第一节 一般规定

第三十六条【审理程序及要求】 …… 67
第三十七条【审理依据】 …… 67
第三十八条【提级审理】 …… 67
★ 第三十九条【复议中止】 …… 68
第四十条【恢复审理】 …… 69
★ 第四十一条【复议终止】 …… 69
第四十二条【复议期间行政行为不停止执行及其例外】 …… 71

第二节 行政复议证据

第四十三条【证据种类】 …… 72
第四十四条【举证责任】 …… 72
第四十五条【调查取证】 …… 73
第四十六条【被申请人收集和补充证据限制】 …… 76
第四十七条【申请人等查阅、复制权利】 …… 76

第三节 普通程序

第四十八条【被申请人书面答复】 …… 77
第四十九条【听取意见程序】 …… 82
第五十条【听证情形和人员组成】 …… 82
第五十一条【听证程序和要求】 …… 82
第五十二条【行政复议委员会组成和职责】 …… 83

第四节 简易程序

第五十三条【简易程序适用情形】 …… 83
第五十四条【简易程序的具体要求】 …… 84
第五十五条【简易程序向普通程序转换】 …… 84

第五节　行政复议附带审查

第五十六条【规范性文件审查处理】 ………………… 84

第五十七条【行政行为依据审查处理】 ………………… 84

第五十八条【附带审查处理程序】 ……………………… 85

第五十九条【附带审查处理结果】 ……………………… 85

第 六 十 条【接受转送机关的职责】 …………………… 85

第五章　行政复议决定

第六十一条【行政复议决定程序】 ……………………… 85

★ 第六十二条【行政复议审理期限】 ……………………… 91

第六十三条【变更行政行为】 …………………………… 92

第六十四条【撤销或者部分撤销、责令重作行政行为】 …… 92

第六十五条【确认行政行为违法】 ……………………… 93

第六十六条【限期履行法定职责】 ……………………… 93

第六十七条【确认行政行为无效】 ……………………… 93

第六十八条【维持行政行为】 …………………………… 93

第六十九条【驳回复议请求】 …………………………… 94

第 七 十 条【被申请人不提交书面答复等情形的处理】 …… 94

第七十一条【行政协议案件处理】 ……………………… 94

第七十二条【行政复议期间赔偿请求的处理】 ………… 94

第七十三条【行政复议调解处理】 ……………………… 95

第七十四条【行政复议和解处理】 ……………………… 95

第七十五条【行政复议决定书】 ………………………… 96

第七十六条【行政复议意见书】 ………………………… 96

第七十七条【复议文书的履行及不履行的后果】 ……… 96

第七十八条【行政复议决定书、调解书的强制执行】 …… 96

第七十九条【行政复议决定书公开和文书抄告】 ……… 97

第六章 法律责任

第八十条【行政复议机关不依法履职的法律责任】……… 97
第八十一条【行政复议机关工作人员法律责任】……… 100
第八十二条【被申请人不书面答复等行为的法律责任】… 101
第八十三条【被申请人不履行有关文书的法律责任】…… 102
第八十四条【拒绝、阻挠调查取证等行为的法律责任】… 102
第八十五条【违法事实材料移送】………………………… 103
第八十六条【职务违法犯罪线索移送】…………………… 103

第七章 附 则

第八十七条【受理申请不收费】…………………………… 103
第八十八条【期间计算和文书送达】……………………… 103
第八十九条【适用范围补充规定】………………………… 104
第 九 十 条【施行日期】…………………………………… 104

中华人民共和国行政诉讼法

第一章 总 则

第 一 条【立法目的】……………………………………… 106
第 二 条【诉权】…………………………………………… 107
第 三 条【行政机关负责人出庭应诉】…………………… 113
★ 第 四 条【独立行使审判权】……………………………… 119
第 五 条【以事实为根据，以法律为准绳原则】………… 120
第 六 条【合法性审查原则】……………………………… 126
第 七 条【合议、回避、公开审判和两审终审原则】… 127

第 八 条【法律地位平等原则】………………………… 128
第 九 条【本民族语言文字原则】………………………… 128
第 十 条【辩论原则】……………………………………… 129
第十一条【法律监督原则】………………………………… 129

第二章 受案范围

★ 第十二条【行政诉讼受案范围】………………………… 134
　第十三条【受案范围的排除】…………………………… 139

第三章 管　　辖

★ 第十四条【基层人民法院管辖第一审行政案件】……… 142
★ 第十五条【中级人民法院管辖的第一审行政案件】…… 142
　第十六条【高级人民法院管辖的第一审行政案件】…… 145
　第十七条【最高人民法院管辖的第一审行政案件】…… 146
　第十八条【一般地域管辖和法院跨行政区域管辖】…… 146
　第十九条【限制人身自由行政案件的管辖】…………… 147
　第二十条【不动产行政案件的管辖】…………………… 148
　第二十一条【选择管辖】………………………………… 148
　第二十二条【移送管辖】………………………………… 149
　第二十三条【指定管辖】………………………………… 150
　第二十四条【管辖权转移】……………………………… 151

第四章 诉讼参加人

★ 第二十五条【原告资格】………………………………… 151
★ 第二十六条【被告资格】………………………………… 157
　第二十七条【共同诉讼】………………………………… 165
　第二十八条【代表人诉讼】……………………………… 166

第二十九条【诉讼第三人】 …………………………………… 167
　　第 三 十 条【法定代理人】 …………………………………… 168
　　第三十一条【委托代理人】 …………………………………… 168
　　第三十二条【当事人及诉讼代理人权利】 …………………… 170

第五章　证　　据

　　第三十二条【证据种类】 ……………………………………… 170
★　第三十四条【被告举证责任】 ………………………………… 181
　　第三十五条【行政机关收集证据的限制】 …………………… 185
　　第三十六条【被告延期提供证据和补充证据】 ……………… 186
　　第三十七条【原告可以提供证据】 …………………………… 187
　　第三十八条【原告举证责任】 ………………………………… 187
　　第三十九条【法院要求当事人提供或者补充证据】 ………… 188
　　第 四 十 条【法院调取证据】 ………………………………… 188
　　第四十一条【申请法院调取证据】 …………………………… 190
　　第四十二条【证据保全】 ……………………………………… 190
　　第四十三条【证据适用规则】 ………………………………… 191

第六章　起诉和受理

★　第四十四条【行政复议与行政诉讼的关系】 ………………… 191
　　第四十五条【经行政复议的起诉期限】 ……………………… 193
★　第四十六条【一般起诉期限】 ………………………………… 195
　　第四十七条【行政机关不履行法定职责的起诉期限】 ……… 196
　　第四十八条【起诉期限的扣除和延长】 ……………………… 196
　　第四十九条【起诉条件】 ……………………………………… 196
　　第 五 十 条【起诉方式】 ……………………………………… 199
　　第五十一条【登记立案】 ……………………………………… 199
　　第五十二条【法院不立案的救济】 …………………………… 202

7

第五十三条【规范性文件的附带审查】………………… 202

第七章 审理和判决

第一节 一般规定

第五十四条【公开审理原则】…………………… 203
★ 第五十五条【回避】…………………………… 203
第五十六条【诉讼不停止执行】………………… 204
第五十七条【先予执行】………………………… 206
第五十八条【拒不到庭或中途退庭的法律后果】… 206
第五十九条【妨害行政诉讼强制措施】………… 207
第 六 十 条【调解】……………………………… 209
第六十一条【民事争议和行政争议交叉】……… 210
第六十二条【撤诉】……………………………… 212
第六十三条【审理依据】………………………… 214
第六十四条【规范性文件审查和处理】………… 216
第六十五条【裁判文书公开】…………………… 217
第六十六条【有关行政机关工作人员和被告的处理】…… 218

第二节 第一审普通程序

第六十七条【发送起诉状和提出答辩状】……… 219
第六十八条【审判组织形式】…………………… 219
第六十九条【驳回原告诉讼请求判决】………… 219
第 七 十 条【撤销判决和重作判决】…………… 222
第七十一条【重作判决对被告的限制】………… 223
第七十二条【履行判决】………………………… 224
第七十三条【给付判决】………………………… 224
第七十四条【确认违法判决】…………………… 225
第七十五条【确认无效判决】…………………… 225

第七十六条【确认违法和无效判决的补充规定】 …………… 226
第七十七条【变更判决】 …………………………………… 227
第七十八条【行政协议履行及补偿判决】 ………………… 227
第七十九条【复议决定和原行政行为一并裁判】 ………… 228
第 八 十 条【公开宣判】 …………………………………… 230
第八十一条【第一审审限】 ………………………………… 230

第三节 简易程序

★ 第八十二条【简易程序适用情形】 ………………………… 231
第八十三条【简易程序的审判组织形式和审限】 ………… 232
第八十四条【简易程序与普通程序的转换】 ……………… 233

第四节 第二审程序

第八十五条【上诉】 ………………………………………… 233
第八十六条【二审审理方式】 ……………………………… 235
第八十七条【二审审查范围】 ……………………………… 235
第八十八条【二审审限】 …………………………………… 235
第八十九条【二审裁判】 …………………………………… 236

第五节 审判监督程序

第 九 十 条【当事人申请再审】 …………………………… 238
第九十一条【再审事由】 …………………………………… 240
第九十二条【人民法院依职权再审】 ……………………… 242
第九十三条【抗诉和检察建议】 …………………………… 242

第八章 执 行

第九十四条【生效裁判和调解书的执行】 ………………… 244
第九十五条【申请强制执行和执行管辖】 ………………… 245
第九十六条【对行政机关拒绝履行的执行措施】 ………… 247

第九十七条【非诉执行】 ………………………………… 247

第九章　涉外行政诉讼

　　第九十八条【涉外行政诉讼的法律适用原则】 ………… 249
　　第九十九条【同等与对等原则】 ………………………… 249
　　第 一 百 条【中国律师代理】 …………………………… 250

第十章　附　　则

　　第一百零一条【适用民事诉讼法规定】 ………………… 250
　　第一百零二条【诉讼费用】 ……………………………… 250
　　第一百零三条【施行日期】 ……………………………… 250

附录一

　　中华人民共和国行政复议法实施条例 …………………… 252
　　　　（2007年5月29日）
　　最高人民法院关于适用《中华人民共和国行政诉讼
　　　　法》的解释 …………………………………………… 264
　　　　（2018年2月6日）
　　最高人民法院关于正确确定县级以上地方人民政府行
　　　　政诉讼被告资格若干问题的规定 …………………… 302
　　　　（2021年3月25日）
　　最高人民法院关于办理行政申请再审案件若干问题的
　　　　规定 …………………………………………………… 304
　　　　（2021年3月25日）
　　人民检察院行政诉讼监督规则 …………………………… 306
　　　　（2021年7月27日）

最高人民法院关于审理行政赔偿案件若干问题的规定 ……… 336
　（2022 年 3 月 20 日）

最高人民法院关于第一审知识产权民事、行政案件
管辖的若干规定 ………………………………………… 343
　（2022 年 4 月 20 日）

附录二

本书所涉文件目录 ………………………………………… 345

案例索引目录

1. 杨某诉成都市政府其他行政纠纷案 …………………… 23
2. 冯某诉河北省衡水市人民政府撤销国有土地使用证案 ……… 36
3. 黄某等诉金华市工商行政管理局工商登记行政复议案 ………… 65
4. 张某诉徐州市人民政府房屋登记行政复议决定案 …………… 91
5. 某材料公司诉重庆市某区安监局、市安监局行政处罚及行政复议检察监督案 ……………………………………… 133
6. 陈某诉江苏省某市某区人民政府强制拆迁及行政赔偿检察监督案 ……………………………………………… 133
7. 山东省某包装公司及魏某安全生产违法行政非诉执行检察监督案 ……………………………………………… 133
8. 湖南省某市人民检察院对市人民法院行政诉讼执行活动检察监督案 ……………………………………………… 133
9. 糜某诉浙江省某市住房和城乡建设局、某市人民政府信息公开及行政复议检察监督案 ………………………… 134
10. 云南省剑川县人民检察院诉剑川县森林公安局怠于履行法定职责环境行政公益诉讼案 …………………………… 139
11. 魏永高、陈守志诉来安县人民政府收回土地使用权批复案 …… 139
12. 某外贸公司诉某海关海关估价行政纠纷案 ………………… 145
13. 罗边槽村一社诉重庆市人民政府林权争议复议决定案 ……… 146
14. 夏某诉徐州市建设局行政证明案 …………………………… 149
15. 陕西省宝鸡市环境保护局凤翔分局不全面履职案 …………… 154
16. 北京市海淀区人民检察院督促落实未成年人禁烟保护案 …… 155
17. 黑龙江省检察机关督促治理二次供水安全公益诉讼案 ……… 155
18. 江苏省睢宁县人民检察院督促处置危险废物行政公益诉讼案 …………………………………………………… 155

19. 河南省人民检察院郑州铁路运输分院督促整治违建塘坝危害高铁运营安全行政公益诉讼案 …………………… 155
20. 福建省福清市人民检察院督促消除幼儿园安全隐患行政公益诉讼案 …………………………………………… 156
21. 贵州省沿河土家族自治县人民检察院督促履行食品安全监管职责行政公益诉讼案 …………………………… 156
22. 江苏省溧阳市人民检察院督促整治网吧违规接纳未成年人行政公益诉讼案 …………………………………… 156
23. 吉林省检察机关督促履行环境保护监管职责行政公益诉讼案 …………………………………………………… 157
24. 山西省检察机关督促整治浑源矿企非法开采行政公益诉讼案 …………………………………………………… 157
25. 田永诉北京科技大学拒绝颁发毕业证、学位证案 …… 164
26. 何某诉某大学履行法定职责案 ………………………… 164
27. 宣某等18人诉衢州市国土资源局收回土地使用权案 … 166
28. 杨某诉山东省人民政府行政复议案 …………………… 193
29. 陈某诉某城市管理局行政处罚案 ……………………… 207
30. 陈某诉某市人民政府、某房地产有限责任公司行政赔偿案 …… 215
31. 鲁潍（福建）盐业进出口有限公司苏州分公司诉江苏省苏州市盐务管理局盐业行政处罚案 …………… 215
32. 何某诉某劳动局工伤认定行政行为案 ………………… 221
33. 杨某诉某学校不履行法定职责案 ……………………… 222
34. 某石料厂诉某劳保局工伤认定案 ……………………… 222
35. 某公司诉某市商务委员会行政决定案 ………………… 222
36. 项某敏诉六盘水市人民政府改变原行政行为行政复议决定案 ………………………………………………… 230
37. 夏某英诉山东省威海市人民政府行政复议再审案 …… 230
38. 吉某等诉某市人民政府行政决定案 …………………… 235

39. 陆某诉某房屋土地管理局房屋拆迁行政裁决案 …………… 237
40. 甘某诉某大学开除学籍决定案 ………………………………… 238
41. 某实业公司诉某市住房和城乡建设局征收补偿认定纠纷
    抗诉案 ……………………………………………………… 244
42. 湖北省某县水利局申请强制执行肖某河道违法建设处罚
    决定监督案 ………………………………………………… 249

中华人民共和国行政复议法

（1999年4月29日第九届全国人民代表大会常务委员会第九次会议通过　根据2009年8月27日第十一届全国人民代表大会常务委员会第十次会议《关于修改部分法律的决定》第一次修正　根据2017年9月1日第十二届全国人民代表大会常务委员会第二十九次会议《关于修改〈中华人民共和国法官法〉等八部法律的决定》第二次修正　2023年9月1日第十四届全国人民代表大会常务委员会第五次会议修订　2023年9月1日中华人民共和国主席令第9号公布　自2024年1月1日起施行）

目　　录

第一章　总　　则

第二章　行政复议申请

　第一节　行政复议范围

　第二节　行政复议参加人

　第三节　申请的提出

　第四节　行政复议管辖

第三章　行政复议受理

第四章　行政复议审理

　第一节　一般规定

　第二节　行政复议证据

　第三节　普通程序

　第四节　简易程序

　第五节　行政复议附带审查

第五章　行政复议决定

第六章　法律责任

第七章　附　　则

第一章 总　　则

第一条　立法目的①

为了防止和纠正违法的或者不当的行政行为，保护公民、法人和其他组织的合法权益，监督和保障行政机关依法行使职权，发挥行政复议化解行政争议的主渠道作用，推进法治政府建设，根据宪法，制定本法。

第二条　适用范围

公民、法人或者其他组织认为行政机关的行政行为侵犯其合法权益，向行政复议机关提出行政复议申请，行政复议机关办理行政复议案件，适用本法。

前款所称行政行为，包括法律、法规、规章授权的组织的行政行为。

第三条　工作原则

行政复议工作坚持中国共产党的领导。

行政复议机关履行行政复议职责，应当遵循合法、公正、公开、高效、便民、为民的原则，坚持有错必纠，保障法律、法规的正确实施。

---

① 条文主旨为编者所加，下同。

● 法　律

1. 《行政复议法》（2023年9月1日）①

第13条　公民、法人或者其他组织认为行政机关的行政行为所依据的下列规范性文件不合法，在对行政行为申请行政复议时，可以一并向行政复议机关提出对该规范性文件的附带审查申请：

（一）国务院部门的规范性文件；

（二）县级以上地方各级人民政府及其工作部门的规范性文件；

（三）乡、镇人民政府的规范性文件；

（四）法律、法规、规章授权的组织的规范性文件。

前款所列规范性文件不含规章。规章的审查依照法律、行政法规办理。

● 行政法规及文件

2. 《行政复议法实施条例》（2007年5月29日　国务院令第499号）

第2条　各级行政复议机关应当认真履行行政复议职责，领导并支持本机关负责法制工作的机构（以下简称行政复议机构）依法办理行政复议事项，并依照有关规定配备、充实、调剂专职行政复议人员，保证行政复议机构的办案能力与工作任务相适应。

第3条　行政复议机构除应当依照行政复议法②第三条的规定履行职责外，还应当履行下列职责：

（一）依照行政复议法第十八条的规定转送有关行政复议申请；

（二）办理行政复议法第二十九条规定的行政赔偿等事项；

（三）按照职责权限，督促行政复议申请的受理和行政复议

---

①　为行文简洁，本书引用法律法规名称时略去"中华人民共和国"字样。另，括号内的时间为文件的公布时间或最后一次修正、修订公布时间。

②　凡2023年9月1日以前公布的相关规定，条文内容所称皆指2023年修订前的《行政复议法》。以下不再提示。

决定的履行；

（四）办理行政复议、行政应诉案件统计和重大行政复议决定备案事项；

（五）办理或者组织办理未经行政复议直接提起行政诉讼的行政应诉事项；

（六）研究行政复议工作中发现的问题，及时向有关机关提出改进建议，重大问题及时向行政复议机关报告。

第4条　专职行政复议人员应当具备与履行行政复议职责相适应的品行、专业知识和业务能力，并取得相应资格。具体办法由国务院法制机构会同国务院有关部门规定。

● 部门规章及文件

3.《自然资源行政复议规定》（2019年7月19日　自然资源部令第3号）

第4条　本规定所称行政复议机关，是指依据法律法规规定履行行政复议职责的自然资源主管部门。

本规定所称行政复议机构，是指自然资源主管部门的法治工作机构。

行政复议机关可以委托所属事业单位承担有关行政复议的事务性工作。

第5条　行政复议机关可以根据工作需要设立行政复议委员会，审议重大、复杂、疑难的行政复议案件，研究行政复议工作中的重大问题。

4.《中国保险监督管理委员会[①]行政复议办法》（2010年1月6日　中国保险监督管理委员会令2010年第1号）

第3条　中国保监会负责法制工作的机构作为中国保监会的

[①]　国务院机构改革后，部分机构的名称和职能现已发生变化，详见《国务院机构改革方案》，本书以下不再提示。

行政复议机构,具体办理行政复议事项,履行下列职责:

(一)受理行政复议申请;

(二)向有关组织和人员调查取证,查阅文件和资料;

(三)审查申请行政复议的具体行政行为是否合法与适当,拟订行政复议决定;

(四)处理或者转送对本办法第七条所列有关规定的审查申请;

(五)办理行政复议统计和重大行政复议决定备案事项;

(六)对违反本办法规定的行为依照规定的权限和程序提出处理建议;

(七)督促行政复议决定的执行;

(八)法律、行政法规和中国保监会规章规定的其他职责。

5.《人力资源社会保障行政复议办法》(2010年3月16日 人力资源和社会保障部令第6号)

第4条 行政复议机关负责法制工作的机构(以下简称行政复议机构)具体办理行政复议事项,履行下列职责:

(一)处理行政复议申请;

(二)向有关组织和人员调查取证,查阅文件和资料,组织行政复议听证;

(三)依照行政复议法实施条例第九条的规定,办理第三人参加行政复议事项;

(四)依照行政复议法实施条例第四十一条的规定,决定行政复议中止、恢复行政复议审理事项;

(五)依照行政复议法实施条例第四十二条的规定,拟订行政复议终止决定;

(六)审查申请行政复议的具体行政行为是否合法与适当,提出处理建议,拟订行政复议决定,主持行政复议调解,审查和准许行政复议和解协议;

（七）处理或者转送对行政复议法第七条所列有关规定的审查申请；

（八）依照行政复议法第二十九条的规定，办理行政赔偿等事项；

（九）依照行政复议法实施条例第三十七条的规定，办理鉴定事项；

（十）按照职责权限，督促行政复议申请的受理和行政复议决定的履行；

（十一）对人力资源社会保障部门及其工作人员违反行政复议法、行政复议法实施条例和本办法规定的行为依照规定的权限和程序提出处理建议；

（十二）研究行政复议过程中发现的问题，及时向有关机关和部门提出建议，重大问题及时向行政复议机关报告；

（十三）办理因不服行政复议决定提起行政诉讼的行政应诉事项；

（十四）办理或者组织办理未经行政复议直接提起行政诉讼的行政应诉事项；

（十五）办理行政复议、行政应诉案件统计和重大行政复议决定备案事项；

（十六）组织培训；

（十七）法律、法规规定的其他职责。

6.《中国证券监督管理委员会行政复议办法》（2010年5月4日中国证券监督管理委员会令第67号）

第2条 公民、法人或者其他组织认为中国证监会或其派出机构、授权组织的具体行政行为侵犯其合法权益的，依照《行政复议法》、《行政复议法实施条例》和本办法的规定向中国证监会申请行政复议。

中国证监会作为行政复议机关，受理行政复议申请，对被申请行政复议的具体行政行为进行审查并作出决定。

对中国证监会具体行政行为不服申请原级行政复议的,原承办具体行政行为有关事项的部门或者机构(以下简称原承办部门)负责向行政复议机构作出答复。

对中国证监会派出机构或者授权组织的具体行政行为不服申请行政复议的,由派出机构或者授权组织负责向行政复议机构作出答复。

第3条 中国证监会负责法制工作的机构作为行政复议机构具体办理行政复议事项,除应当依照《行政复议法》第三条、《行政复议法实施条例》第三条的规定履行职责外,还应当履行下列职责:

(一)组织行政复议听证;

(二)根据需要提请召开行政复议委员会工作会议;

(三)提出审查意见;

(四)办理行政复议和解、组织行政复议调解等事项;

(五)指导派出机构的行政应诉工作;

(六)法律、行政法规规定的其他职责。

7.《农业部行政复议工作规定》(2010年12月22日 农政发〔2010〕5号)

第5条 农业行政复议机构负责办理行政复议案件,具体履行下列职责:

(一)审查行政复议申请,并决定是否受理;

(二)审理调查申请行政复议的具体行政行为是否合法与适当,拟订行政复议决定;

(三)依照《行政复议法》第二十六条、第二十七条的规定处理有关审查申请;

(四)办理《行政复议法》第二十九条规定的行政赔偿等事项;

（五）组织办理因不服行政复议决定而提起的行政诉讼应诉事宜；

（六）统计分析行政复议、行政应诉案件情况；

（七）组织对农业系统行政复议人员进行业务培训，提高行政复议人员的专业素质；

（八）研究行政复议工作中发现的问题，及时向有关机关提出改进建议；

（九）法律、行政法规规定的其他职责。

8.《国家知识产权局行政复议规程》（2012年7月18日 国家知识产权局令第66号）

第3条 国家知识产权局负责法制工作的机构（以下称"行政复议机构"）具体办理行政复议事项，履行下列职责：

（一）受理行政复议申请；

（二）向有关部门及人员调查取证，调阅有关文档和资料；

（三）审查具体行政行为是否合法与适当；

（四）办理一并请求的行政赔偿事项；

（五）拟订、制作和发送行政复议法律文书；

（六）办理因不服行政复议决定提起行政诉讼的应诉事项；

（七）督促行政复议决定的履行；

（八）办理行政复议、行政应诉案件统计和重大行政复议决定备案事项；

（九）研究行政复议工作中发现的问题，及时向有关部门提出行政复议意见或者建议。

9.《国家食品药品监督管理总局行政复议办法》（2013年11月6日 国家食品药品监督管理总局令第2号）

第5条 国家食品药品监督管理总局行政复议办公室（以下简称行政复议办公室）设在法制司，办理行政复议案件的具体事项，依法履行下列职责：

（一）对行政复议申请进行初步审查，决定是否受理；

（二）向有关组织和人员调查取证，查阅相关文件和资料；

（三）组织审理行政复议案件，提出审理建议，拟订行政复议决定；

（四）对被申请人违反《行政复议法》、《行政复议法实施条例》及本办法的行为提出处理建议；

（五）依照有关规定参与办理因不服行政复议决定提起行政诉讼的应诉事项；

（六）法律、行政法规规定的职责和国家食品药品监督管理总局规定的其他职责。

10.《海关行政复议办法》（2014年3月13日　海关总署令第218号）

第3条　各级海关行政复议机关应当认真履行行政复议职责，领导并且支持本海关负责法制工作的机构（以下简称海关行政复议机构）依法办理行政复议事项，依照有关规定配备、充实、调剂专职行政复议人员，为行政复议工作提供财政保障，保证海关行政复议机构的办案能力与工作任务相适应。

第4条　海关行政复议机构履行下列职责：

（一）受理行政复议申请；

（二）向有关组织和人员调查取证，查阅文件和资料，组织行政复议听证；

（三）审查被申请行政复议的具体行政行为是否合法与适当，拟定行政复议决定，主持行政复议调解，审查和准许行政复议和解；

（四）办理海关行政赔偿事项；

（五）依照行政复议法第三十三条的规定，办理海关行政复议决定的依法强制执行或者申请人民法院强制执行事项；

（六）处理或者转送申请人依照本办法第三十一条提出的对有关规定的审查申请；

（七）指导、监督下级海关的行政复议工作，依照规定提出复议意见；

（八）对下级海关及其部门和工作人员违反行政复议法、行政复议法实施条例和本办法规定的行为依照规定的权限和程序提出处理建议；

（九）办理或者组织办理不服海关具体行政行为提起行政诉讼的应诉事项；

（十）办理行政复议、行政应诉、行政赔偿案件统计和备案事项；

（十一）研究行政复议过程中发现的问题，及时向有关机关和部门提出建议，重大问题及时向行政复议机关报告；

（十二）其他与行政复议工作有关的事项。

11.《住房城乡建设行政复议办法》（2015年9月7日 住房和城乡建设部令第25号）

第4条 行政复议机关负责法制工作的机构作为行政复议机构，办理行政复议有关事项，履行下列职责：

（一）受理行政复议申请；

（二）向有关组织和人员调查取证，查阅文件和资料，组织行政复议听证；

（三）通知第三人参加行政复议；

（四）主持行政复议调解，审查行政复议和解协议；

（五）审查申请行政复议的行政行为是否合法与适当，提出处理建议，拟订行政复议决定；

（六）法律、法规、规章规定的其他职责。

第5条 行政复议机关可以根据行政复议工作的需要，设立行政复议委员会，其主要职责是：

（一）制定行政复议工作的规则、程序；

（二）对重大、复杂、疑难的行政复议案件提出处理意见；

（三）对行政复议涉及的有权处理的规范性文件的审查提出处理意见；

（四）其他需要决定的重大行政复议事项。

12.《交通运输行政复议规定》（2015年9月9日　交通运输部令2015年第18号）

第2条　公民、法人或者其他组织认为具体行政行为侵犯其合法权益，向交通运输行政机关申请交通运输行政复议，交通运输行政机关受理交通运输行政复议申请、作出交通运输行政复议决定，适用《行政复议法》和本规定。

第3条　依照《行政复议法》和本规定履行交通运输行政复议职责的交通运输行政机关是交通运输行政复议机关，交通运输行政复议机关设置的法制工作机构，具体办理交通运输行政复议事项，履行《行政复议法》第三条规定的职责。

第4条　对县级以上地方人民政府交通运输主管部门的具体行政行为不服的，可以向本级人民政府申请行政复议，也可以向其上一级人民政府交通运输主管部门申请行政复议。

第5条　对县级以上地方人民政府交通运输主管部门依法设立的交通运输管理派出机构依照法律、法规或者规章规定，以自己的名义作出的具体行政行为不服的，向设立该派出机构的交通运输主管部门或者该交通运输主管部门的本级地方人民政府申请行政复议。

第6条　对县级以上地方人民政府交通运输主管部门依法设立的交通运输管理机构，依照法律、法规授权，以自己的名义作出的具体行政行为不服的，向设立该管理机构的交通运输主管部门申请行政复议。

13.《税务行政复议规则》（2018年6月15日　国家税务总局令第44号）

第3条　本规则所称税务行政复议机关（以下简称行政复议

机关），指依法受理行政复议申请、对具体行政行为进行审查并作出行政复议决定的税务机关。

第4条 行政复议应当遵循合法、公正、公开、及时和便民的原则。

行政复议机关应当树立依法行政观念，强化责任意识和服务意识，认真履行行政复议职责，坚持有错必纠，确保法律正确实施。

第四条 行政复议机关、机构及其职责

县级以上各级人民政府以及其他依照本法履行行政复议职责的行政机关是行政复议机关。

行政复议机关办理行政复议事项的机构是行政复议机构。行政复议机构同时组织办理行政复议机关的行政应诉事项。

行政复议机关应当加强行政复议工作，支持和保障行政复议机构依法履行职责。上级行政复议机构对下级行政复议机构的行政复议工作进行指导、监督。

国务院行政复议机构可以发布行政复议指导性案例。

第五条 行政复议调解

行政复议机关办理行政复议案件，可以进行调解。

调解应当遵循合法、自愿的原则，不得损害国家利益、社会公共利益和他人合法权益，不得违反法律、法规的强制性规定。

第六条 行政复议人员

国家建立专业化、职业化行政复议人员队伍。

行政复议机构中初次从事行政复议工作的人员，应当通

过国家统一法律职业资格考试取得法律职业资格，并参加统一职前培训。

国务院行政复议机构应当会同有关部门制定行政复议人员工作规范，加强对行政复议人员的业务考核和管理。

第七条 行政复议工作保障

行政复议机关应当确保行政复议机构的人员配备与所承担的工作任务相适应，提高行政复议人员专业素质，根据工作需要保障办案场所、装备等设施。县级以上各级人民政府应当将行政复议工作经费列入本级预算。

第八条 行政复议信息化建设

行政复议机关应当加强信息化建设，运用现代信息技术，方便公民、法人或者其他组织申请、参加行政复议，提高工作质量和效率。

第九条 表彰和奖励

对在行政复议工作中做出显著成绩的单位和个人，按照国家有关规定给予表彰和奖励。

第十条 行政复议与行政诉讼的衔接

公民、法人或者其他组织对行政复议决定不服的，可以依照《中华人民共和国行政诉讼法》的规定向人民法院提起行政诉讼，但是法律规定行政复议决定为最终裁决的除外。

● 法　律

《行政复议法》（2023年9月1日）

第26条　对省、自治区、直辖市人民政府依照本法第二十四条第二款的规定、国务院部门依照本法第二十五条第一项的规定作出的行政复议决定不服的，可以向人民法院提起行政诉讼；也可以向国务院申请裁决，国务院依照本法的规定作出最终裁决。

第二章　行政复议申请

第一节　行政复议范围

第十一条　行政复议范围的一般规定

有下列情形之一的，公民、法人或者其他组织可以依照本法申请行政复议：

（一）对行政机关作出的行政处罚决定不服；

（二）对行政机关作出的行政强制措施、行政强制执行决定不服；

（三）申请行政许可，行政机关拒绝或者在法定期限内不予答复，或者对行政机关作出的有关行政许可的其他决定不服；

（四）对行政机关作出的确认自然资源的所有权或者使用权的决定不服；

（五）对行政机关作出的征收征用决定及其补偿决定不服；

（六）对行政机关作出的赔偿决定或者不予赔偿决定不服；

（七）对行政机关作出的不予受理工伤认定申请的决定或者工伤认定结论不服；

（八）认为行政机关侵犯其经营自主权或者农村土地承包经营权、农村土地经营权；

（九）认为行政机关滥用行政权力排除或者限制竞争；

（十）认为行政机关违法集资、摊派费用或者违法要求履行其他义务；

（十一）申请行政机关履行保护人身权利、财产权利、受教育权利等合法权益的法定职责，行政机关拒绝履行、未依法履行或者不予答复；

（十二）申请行政机关依法给付抚恤金、社会保险待遇或者最低生活保障等社会保障，行政机关没有依法给付；

（十三）认为行政机关不依法订立、不依法履行、未按照约定履行或者违法变更、解除政府特许经营协议、土地房屋征收补偿协议等行政协议；

（十四）认为行政机关在政府信息公开工作中侵犯其合法权益；

（十五）认为行政机关的其他行政行为侵犯其合法权益。

● 行政法规及文件

1. 《行政复议法实施条例》（2007年5月29日　国务院令第499号）

第16条　公民、法人或者其他组织依照行政复议法第六条第（八）项、第（九）项、第（十）项的规定申请行政机关履行法定职责，行政机关未履行的，行政复议申请期限依照下列规定计算：

（一）有履行期限规定的，自履行期限届满之日起计算；

(二）没有履行期限规定的，自行政机关收到申请满60日起计算。

公民、法人或者其他组织在紧急情况下请求行政机关履行保护人身权、财产权的法定职责，行政机关不履行的，行政复议申请期限不受前款规定的限制。

● 部门规章及文件

2.《中国保险监督管理委员会行政复议办法》（2010年1月6日中国保险监督管理委员会令2010年第1号）

第5条　公民、法人或者其他组织对中国保监会或者其派出机构作出的、属于行政复议法第六条规定的具体行政行为不服，可以向中国保监会申请行政复议。

第6条　对中国保监会或者其派出机构的下列行为不能申请行政复议：

（一）对其工作人员作出的行政处分或者其他人事处理决定；

（二）不具有强制力的行政指导行为；

（三）对公民、法人或者其他组织的权利义务不产生实际影响的行为。

第7条　公民、法人或者其他组织认为中国保监会或者其派出机构的具体行政行为所依据的规定不合法，在对具体行政行为申请行政复议时，可以一并向中国保监会提出对该规定的审查申请；申请人在对具体行政行为提出行政复议申请时，尚不知道该具体行政行为所依据的规定的，可以在中国保监会作出行政复议决定前向中国保监会提出对该规定的审查申请。

前款规定不适用于规章。规章的审查依照法律、行政法规办理。

3.《人力资源社会保障行政复议办法》（2010年3月16日　人力资源和社会保障部令第6号）

第7条　有下列情形之一的，公民、法人或者其他组织可以依法申请行政复议：

（一）对人力资源社会保障部门作出的警告、罚款、没收违法所得、依法予以关闭、吊销许可证等行政处罚决定不服的；

（二）对人力资源社会保障部门作出的行政处理决定不服的；

（三）对人力资源社会保障部门作出的行政许可、行政审批不服的；

（四）对人力资源社会保障部门作出的行政确认不服的；

（五）认为人力资源社会保障部门不履行法定职责的；

（六）认为人力资源社会保障部门违法收费或者违法要求履行义务的；

（七）认为人力资源社会保障部门作出的其他具体行政行为侵犯其合法权益的。

第30条　劳动者与用人单位因工伤保险待遇发生争议，向劳动人事争议仲裁委员会申请仲裁期间，又对人力资源社会保障行政部门作出的工伤认定结论不服向行政复议机关申请行政复议的，如果符合法定条件，应当予以受理。

4.《中国证券监督管理委员会行政复议办法》（2010年5月4日中国证券监督管理委员会令第67号）

第7条　公民、法人或者其他组织对中国证监会或其派出机构、授权组织作出的具体行政行为不服，有下列情形之一的，可以向中国证监会申请行政复议：

（一）对中国证监会或其派出机构作出的警告、罚款、没收违法所得、责令关闭、撤销任职资格或者证券从业资格、暂停或者撤销业务许可、吊销业务许可证等行政处罚决定不服的；

（二）对中国证监会或其派出机构作出的证券、期货市场禁入决定不服的；

（三）对中国证监会或其派出机构作出的冻结、查封、限制交易等行政强制措施不服的；

（四）对中国证监会或其派出机构作出的限制业务活动、限期撤销境内分支机构、限制分配红利、限制转让财产、责令限制股东行使股东权利以及责令更换董事、监事、高级管理人员或者限制其权利等行政监管措施不服的；

（五）认为中国证监会或其派出机构、授权组织侵犯其合法的经营自主权的；

（六）认为符合法定条件，申请办理证券、期货行政许可事项，中国证监会或其派出机构没有依法办理的；

（七）认为中国证监会或其派出机构在政府信息公开工作中的具体行政行为侵犯其合法权益的；

（八）认为中国证监会或其派出机构、授权组织的其他具体行政行为侵犯其合法权益的。

5.《农业部行政复议工作规定》（2010 年 12 月 22 日　农政发〔2010〕5 号）

第 10 条　行政复议机构应当对行政复议申请是否符合下列条件进行初步审查：

（一）有明确的申请人和被申请人；

（二）申请人与具体行政行为有利害关系；

（三）有具体的行政复议请求和事实依据；

（四）在法定申请期限内提出；

（五）属于《行政复议法》规定的行政复议范围；

（六）属于农业部的职责范围；

（七）不属于本规定第十一条规定的情形。

6.《国家知识产权局行政复议规程》（2012 年 7 月 18 日　国家知识产权局令第 66 号）

第 4 条　除本规程第五条另有规定外，有下列情形之一的，可以依法申请行政复议：

（一）对国家知识产权局作出的有关专利申请、专利权的具体行政行为不服的；

（二）对国家知识产权局作出的有关集成电路布图设计登记申请、布图设计专有权的具体行政行为不服的；

（三）对国家知识产权局专利复审委员会作出的有关专利复审、无效的程序性决定不服的；

（四）对国家知识产权局作出的有关专利代理管理的具体行政行为不服的；

（五）认为国家知识产权局作出的其他具体行政行为侵犯其合法权益的。

7.《国家食品药品监督管理总局行政复议办法》（2013年11月6日　国家食品药品监督管理总局令第2号）

第6条　向国家食品药品监督管理总局申请行政复议，应当符合下列条件：

（一）申请人是认为具体行政行为侵犯其合法权益的公民、法人或者其他组织；

（二）符合《行政复议法》第二章关于行政复议范围的规定；

（三）属于国家食品药品监督管理总局的职责范围；

（四）有明确的被申请人；

（五）有明确的请求事项和理由；

（六）申请人不服的具体行政行为已经客观存在；

（七）申请人认为被申请人不作为的，应当有申请人向被申请人提出申请的事实；

（八）未超过法定申请期限。

8.《海关行政复议办法》（2014年3月13日　海关总署令第218号）

第9条　有下列情形之一的，公民、法人或者其他组织可以向海关申请行政复议：

（一）对海关作出的警告，罚款，没收货物、物品、运输工具和特制设备，追缴无法没收的货物、物品、运输工具的等值价款，没收违法所得，暂停从事有关业务，撤销注册登记及其他行政处罚决定不服的；

（二）对海关作出的收缴有关货物、物品、违法所得、运输工具、特制设备决定不服的；

（三）对海关作出的限制人身自由的行政强制措施不服的；

（四）对海关作出的扣留有关货物、物品、运输工具、账册、单证或者其他财产，封存有关进出口货物、账簿、单证等行政强制措施不服的；

（五）对海关收取担保的具体行政行为不服的；

（六）对海关采取的强制执行措施不服的；

（七）对海关确定纳税义务人、确定完税价格、商品归类、确定原产地、适用税率或者汇率、减征或者免征税款、补税、退税、征收滞纳金、确定计征方式以及确定纳税地点等其他涉及税款征收的具体行政行为有异议的（以下简称纳税争议）；

（八）认为符合法定条件，申请海关办理行政许可事项或者行政审批事项，海关未依法办理的；

（九）对海关检查运输工具和场所，查验货物、物品或者采取其他监管措施不服的；

（十）对海关作出的责令退运、不予放行、责令改正、责令拆毁和变卖等行政决定不服的；

（十一）对海关稽查决定或者其他稽查具体行政行为不服的；

（十二）对海关作出的企业分类决定以及按照该分类决定进行管理的措施不服的；

（十三）认为海关未依法采取知识产权保护措施，或者对海关采取的知识产权保护措施不服的；

（十四）认为海关未依法办理接受报关、放行等海关手续的；

（十五）认为海关违法收取滞报金或者其他费用，违法要求履行其他义务的；

（十六）认为海关没有依法履行保护人身权利、财产权利的法定职责的；

（十七）认为海关在政府信息公开工作中的具体行政行为侵犯其合法权益的；

（十八）认为海关的其他具体行政行为侵犯其合法权益的。

前款第（七）项规定的纳税争议事项，公民、法人或者其他组织应当依据海关法的规定先向海关行政复议机关申请行政复议，对海关行政复议决定不服的，再向人民法院提起行政诉讼。

9.《住房城乡建设行政复议办法》（2015年9月7日　住房和城乡建设部令第25号）

第10条　有下列情形之一的，申请人提出行政复议申请，行政复议机关不予受理：

（一）不服县级以上人民政府住房城乡建设主管部门作出的行政处分、人事任免有关决定，或者认为住房城乡建设主管部门应当履行但未依法履行有关行政处分、人事任免职责的；

（二）不服县级以上人民政府住房城乡建设主管部门对有权处理的信访事项，根据《信访条例》作出的处理意见、复查意见、复核意见和不再受理决定的；

（三）不服县级以上人民政府住房城乡建设主管部门制定的规范性文件，以及作出的行政调解行为、行政和解行为、行政复议决定的；

（四）以行政复议申请名义，向行政复议机关提出批评、意见、建议、控告、检举、投诉，以及其他信访请求的；

（五）申请人已就同一事项先向其他有权受理的行政复议机关提出行政复议申请的，或者人民法院已就该事项立案登记的；

（六）被复议的行政行为已为其他生效法律文书的效力所羁束的；

（七）法律、法规规定的不应纳入行政复议范围的其他情形。

10.《交通运输行政复议规定》（2015年9月9日　交通部令2015年第18号）

第7条　对下列具体行政行为不服的，可以向交通运输部申请行政复议：

（一）省级人民政府交通运输主管部门的具体行政行为；

（二）交通运输部海事局的具体行政行为；

（三）长江航务管理局、珠江航务管理局的具体行政行为；

（四）交通运输部的具体行政行为。

对交通运输部直属海事管理机构的具体行政行为不服的，应当向交通运输部海事局申请行政复议。

11.《税务行政复议规则》（2018年6月15日　国家税务总局令第44号）

第14条　行政复议机关受理申请人对税务机关下列具体行政行为不服提出的行政复议申请：

（一）征税行为，包括确认纳税主体、征税对象、征税范围、减税、免税、退税、抵扣税款、适用税率、计税依据、纳税环节、纳税期限、纳税地点和税款征收方式等具体行政行为，征收税款、加收滞纳金，扣缴义务人、受税务机关委托的单位和个人作出的代扣代缴、代收代缴、代征行为等。

（二）行政许可、行政审批行为。

（三）发票管理行为，包括发售、收缴、代开发票等。

（四）税收保全措施、强制执行措施。

（五）行政处罚行为：

1. 罚款；

2. 没收财物和违法所得；

3. 停止出口退税权。

（六）不依法履行下列职责的行为：

1. 颁发税务登记；
2. 开具、出具完税凭证、外出经营活动税收管理证明；
3. 行政赔偿；
4. 行政奖励；
5. 其他不依法履行职责的行为。

（七）资格认定行为。

（八）不依法确认纳税担保行为。

（九）政府信息公开工作中的具体行政行为。

（十）纳税信用等级评定行为。

（十一）通知出入境管理机关阻止出境行为。

（十二）其他具体行政行为。

第 15 条 申请人认为税务机关的具体行政行为所依据的下列规定不合法，对具体行政行为申请行政复议时，可以一并向行政复议机关提出对有关规定的审查申请；申请人对具体行政行为提出行政复议申请时不知道该具体行政行为所依据的规定的，可以在行政复议机关作出行政复议决定以前提出对该规定的审查申请：

（一）国家税务总局和国务院其他部门的规定。

（二）其他各级税务机关的规定。

（三）地方各级人民政府的规定。

（四）地方人民政府工作部门的规定。

前款中的规定不包括规章。

● 案例指引

杨某诉成都市政府其他行政纠纷案（《最高人民法院公报》2007年第10期）

裁判摘要：行政机关驳回当事人申诉的信访答复，属于行政机关针对当事人不服行政行为的申诉作出的重复处理行为，并未对当事人的权利义务产生新的法律效果，不是行政复议法所规定的可以申请行政复议的行政行为。当事人不服行政机关作出的上述信访答复,申请行政复议,接受申请的行政复议机关作出不予受理决定,当事人不服该决定,诉请人民法院判决撤销该不予受理决定的,人民法院不予支持。

第十二条 行政复议范围的排除

下列事项不属于行政复议范围:

(一)国防、外交等国家行为;

(二)行政法规、规章或者行政机关制定、发布的具有普遍约束力的决定、命令等规范性文件;

(三)行政机关对行政机关工作人员的奖惩、任免等决定;

(四)行政机关对民事纠纷作出的调解。

● 部门规章及文件

1.《公安机关办理行政复议案件程序规定》(2002 年 11 月 2 日公安部令第 65 号)

第 28 条 下列情形不属于公安行政复议范围:

(一)对办理刑事案件中依法采取的刑事强制措施、刑事侦查措施等刑事司法行为不服的;

(二)对公安机关依法调解不服的;

(三)对处理火灾事故、交通事故以及办理其他行政案件中作出的鉴定结论等不服的;

(四)对申诉被驳回不服的;

(五)其他依法不应当受理的行政复议申请。

申请人认为公安机关的刑事司法行为属于滥用职权、超越职权插手经济纠纷的,公安行政复议机关应当在作出不予受理决定之前,及时报上一级公安行政复议机关。

2. 《中国保险监督管理委员会行政复议办法》（2010 年 1 月 6 日中国保险监督管理委员会令 2010 年第 1 号）

第 6 条　对中国保监会或者其派出机构的下列行为不能申请行政复议：

（一）对其工作人员作出的行政处分或者其他人事处理决定；

（二）不具有强制力的行政指导行为；

（三）对公民、法人或者其他组织的权利义务不产生实际影响的行为。

3. 《人力资源社会保障行政复议办法》（2010 年 3 月 16 日　人力资源和社会保障部令第 6 号）

第 8 条　公民、法人或者其他组织对下列事项，不能申请行政复议：

（一）人力资源社会保障部门作出的行政处分或者其他人事处理决定；

（二）劳动者与用人单位之间发生的劳动人事争议；

（三）劳动能力鉴定委员会的行为；

（四）劳动人事争议仲裁委员会的仲裁、调解等行为；

（五）已就同一事项向其他有权受理的行政机关申请行政复议的；

（六）向人民法院提起行政诉讼，人民法院已经依法受理的；

（七）法律、行政法规规定的其他情形。

4. 《中国证券监督管理委员会行政复议办法》（2010 年 5 月 4 日中国证券监督管理委员会令第 67 号）

第 8 条　中国证监会或其派出机构、授权组织的下列行为不属于行政复议申请的范围：

（一）中国证监会或其派出机构、授权组织对其工作人员作出的行政处分以及其他人事处理决定；

（二）中国证监会或其派出机构、授权组织对证券、期货民事争议所作的调解行为；

（三）由中国证监会或其派出机构作出的行政调解和行政和解行为；

（四）不具有强制力的证券、期货行政指导行为；

（五）中国证监会或其派出机构对公民、法人或者其他组织提起申诉的重复处理行为；

（六）证券、期货交易所或证券、期货业协会依据自律规则，对公民、法人或者其他组织作出的决定；

（七）对公民、法人或者其他组织的权利义务不产生实际影响的行为。

5.《农业部行政复议工作规定》（2010年12月22日　农政发〔2010〕5号）

第11条　行政复议申请属于下列情形的，农业行政复议机关不予受理：

（一）行政复议申请已由其他单位依法受理的；

（二）申请人就同一具体行政行为向人民法院提起行政诉讼，人民法院已经依法受理的；

（三）对不具有强制力的行政指导行为、农业技术服务行为等申请行政复议的；

（四）对植物新品种权的授予、不授予以及确认无效、更名等决定不服申请行政复议的；

（五）对农业技术鉴定行为申请行政复议的；

（六）超出法定申请期限提出行政复议申请的；

（七）其他不属于行政复议范围的。

对已生效的行政复议决定不服或者经行政复议机构同意，自愿撤回行政复议申请后，以同一事实和理由再次申请行政复议的，农业行政复议机关不再重复处理。

6.《国家知识产权局行政复议规程》（2012年7月18日　国家知识产权局令第66号）

第5条　对下列情形之一，不能申请行政复议：

（一）专利申请人对驳回专利申请的决定不服的；

（二）复审请求人对复审请求审查决定不服的；

（三）专利权人或者无效宣告请求人对无效宣告请求审查决定不服的；

（四）专利权人或者专利实施强制许可的被许可人对强制许可使用费的裁决不服的；

（五）国际申请的申请人对国家知识产权局作为国际申请的受理单位、国际检索单位和国际初步审查单位所作决定不服的；

（六）集成电路布图设计登记申请人对驳回登记申请的决定不服的；

（七）集成电路布图设计登记申请人对复审决定不服的；

（八）集成电路布图设计权利人对撤销布图设计登记的决定不服的；

（九）集成电路布图设计权利人、非自愿许可取得人对非自愿许可报酬的裁决不服的；

（十）集成电路布图设计权利人、被控侵权人对集成电路布图设计专有权侵权纠纷处理决定不服的；

（十一）法律、法规规定的其他不能申请行政复议的情形。

7.《海关行政复议办法》（2014年3月13日　海关总署令第218号）

第10条　海关工作人员不服海关作出的处分或者其他人事处理决定，依照有关法律、行政法规的规定提出申诉的，不适用本办法。

8.《住房城乡建设行政复议办法》（2015年9月7日　住房和城乡建设部令第25号）

第10条　有下列情形之一的，申请人提出行政复议申请，行政复议机关不予受理：

（一）不服县级以上人民政府住房城乡建设主管部门作出的行政处分、人事任免有关决定，或者认为住房城乡建设主管部门应当履行但未依法履行有关行政处分、人事任免职责的；

（二）不服县级以上人民政府住房城乡建设主管部门对有权处理的信访事项，根据《信访条例》作出的处理意见、复查意见、复核意见和不再受理决定的；

（三）不服县级以上人民政府住房城乡建设主管部门制定的规范性文件，以及作出的行政调解行为、行政和解行为、行政复议决定的；

（四）以行政复议申请名义，向行政复议机关提出批评、意见、建议、控告、检举、投诉，以及其他信访请求的；

（五）申请人已就同一事项先向其他有权受理的行政复议机关提出行政复议申请的，或者人民法院已就该事项立案登记的；

（六）被复议的行政行为已为其他生效法律文书的效力所羁束的；

（七）法律、法规规定的不应纳入行政复议范围的其他情形。

第十三条　对规范性文件的附带审查

公民、法人或者其他组织认为行政机关的行政行为所依据的下列规范性文件不合法，在对行政行为申请行政复议时，可以一并向行政复议机关提出对该规范性文件的附带审查申请：

（一）国务院部门的规范性文件；

（二）县级以上地方各级人民政府及其工作部门的规范性文件；

（三）乡、镇人民政府的规范性文件；

（四）法律、法规、规章授权的组织的规范性文件。

> 前款所列规范性文件不含规章。规章的审查依照法律、行政法规办理。

● 行政法规及文件

《行政复议法实施条例》（2007年5月29日　国务院令第499号）

第26条　依照行政复议法第七条的规定，申请人认为具体行政行为所依据的规定不合法的，可以在对具体行政行为申请行政复议的同时一并提出对该规定的审查申请；申请人在对具体行政行为提出行政复议申请时尚不知道该具体行政行为所依据的规定的，可以在行政复议机关作出行政复议决定前向行政复议机关提出对该规定的审查申请。

第二节　行政复议参加人

第十四条　申请人

依照本法申请行政复议的公民、法人或者其他组织是申请人。

有权申请行政复议的公民死亡的，其近亲属可以申请行政复议。有权申请行政复议的法人或者其他组织终止的，其权利义务承受人可以申请行政复议。

有权申请行政复议的公民为无民事行为能力人或者限制民事行为能力人的，其法定代理人可以代为申请行政复议。

● 行政法规及文件

1.《行政复议法实施条例》（2007年5月29日　国务院令第499号）

第5条　依照行政复议法和本条例的规定申请行政复议的公民、法人或者其他组织为申请人。

第 6 条　合伙企业申请行政复议的，应当以核准登记的企业为申请人，由执行合伙事务的合伙人代表该企业参加行政复议；其他合伙组织申请行政复议的，由合伙人共同申请行政复议。

前款规定以外的不具备法人资格的其他组织申请行政复议的，由该组织的主要负责人代表该组织参加行政复议；没有主要负责人的，由共同推选的其他成员代表该组织参加行政复议。

第 7 条　股份制企业的股东大会、股东代表大会、董事会认为行政机关作出的具体行政行为侵犯企业合法权益的，可以以企业的名义申请行政复议。

第 8 条　同一行政复议案件申请人超过 5 人的，推选 1 至 5 名代表参加行政复议。

第 9 条　行政复议期间，行政复议机构认为申请人以外的公民、法人或者其他组织与被审查的具体行政行为有利害关系的，可以通知其作为第三人参加行政复议。

行政复议期间，申请人以外的公民、法人或者其他组织与被审查的具体行政行为有利害关系的，可以向行政复议机构申请作为第三人参加行政复议。

第三人不参加行政复议，不影响行政复议案件的审理。

第 10 条　申请人、第三人可以委托 1 至 2 名代理人参加行政复议。申请人、第三人委托代理人的，应当向行政复议机构提交授权委托书。授权委托书应当载明委托事项、权限和期限。公民在特殊情况下无法书面委托的，可以口头委托。口头委托的，行政复议机构应当核实并记录在卷。申请人、第三人解除或者变更委托的，应当书面报告行政复议机构。

● 部门规章及文件

2.《人力资源社会保障行政复议办法》（2010年3月16日 人力资源和社会保障部令第6号）

第9条 依照本办法规定申请行政复议的公民、法人或者其他组织为人力资源社会保障行政复议申请人。

第10条 同一行政复议案件申请人超过5人的，推选1至5名代表参加行政复议，并提交全体行政复议申请人签字的授权委托书以及全体行政复议申请人的身份证复印件。

第11条 依照行政复议法实施条例第九条的规定，公民、法人或者其他组织申请作为第三人参加行政复议，应当提交《第三人参加行政复议申请书》，该申请书应当列明其参加行政复议的事实和理由。

申请作为第三人参加行政复议的，应当对其与被审查的具体行政行为有利害关系负举证责任。

行政复议机构通知或者同意第三人参加行政复议的，应当制作《第三人参加行政复议通知书》，送达第三人，并注明第三人参加行政复议的日期。

第12条 申请人、第三人可以委托1至2名代理人参加行政复议。

申请人、第三人委托代理人参加行政复议的，应当向行政复议机构提交授权委托书。授权委托书应当载明下列事项：

（一）委托人姓名或者名称，委托人为法人或者其他组织的，还应当载明法定代表人或者主要负责人的姓名、职务；

（二）代理人姓名、性别、职业、住所以及邮政编码；

（三）委托事项、权限和期限；

（四）委托日期以及委托人签字或者盖章。

申请人、第三人解除或者变更委托的，应当书面报告行政复议机构。

3.《海关行政复议办法》（2014年3月13日　海关总署令第218号）

第11条　依照本办法规定申请行政复议的公民、法人或者其他组织是海关行政复议申请人。

第12条　有权申请行政复议的公民死亡的，其近亲属可以申请行政复议。

第13条　有权申请行政复议的法人或者其他组织终止的，承受其权利的公民、法人或者其他组织可以申请行政复议。

法人或者其他组织实施违反海关法的行为后，有合并、分立或者其他资产重组情形，海关以原法人、组织作为当事人予以行政处罚并且以承受其权利义务的法人、组织作为被执行人的，被执行人可以以自己的名义申请行政复议。

第14条　行政复议期间，海关行政复议机构认为申请人以外的公民、法人或者其他组织与被审查的具体行政行为有利害关系的，应当通知其作为第三人参加行政复议。

行政复议期间，申请人以外的公民、法人或者其他组织认为与被审查的海关具体行政行为有利害关系的，可以向海关行政复议机构申请作为第三人参加行政复议。申请作为第三人参加行政复议的，应当对其与被审查的海关具体行政行为有利害关系负举证责任。

通知或者同意第三人参加行政复议的，应当制作《第三人参加行政复议通知书》，送达第三人。

第三人不参加行政复议，不影响行政复议案件的审理。

第15条　申请人、第三人可以委托1至2名代理人参加行政复议。

委托代理人参加行政复议的，应当向海关行政复议机构提交授权委托书。授权委托书应当载明下列事项：

（一）委托人姓名或者名称，委托人为法人或者其他组织的，还应当载明法定代表人或者主要负责人的姓名、职务；

（二）代理人姓名、性别、年龄、职业、地址及邮政编码；

（三）委托事项和代理期间；

（四）代理人代为提起、变更、撤回行政复议申请、参加行政复议调解、达成行政复议和解、参加行政复议听证、递交证据材料、收受行政复议法律文书等代理权限；

（五）委托日期及委托人签章。

公民在特殊情况下无法书面委托的，可以口头委托。公民口头委托的，海关行政复议机构应当核实并且记录在卷。

申请人、第三人解除或者变更委托的，应当书面报告海关行政复议机构。

第二节　被申请人和行政复议机关

第16条　公民、法人或者其他组织对海关作出的具体行政行为不服，依照本办法规定申请行政复议的，作出该具体行政行为的海关是被申请人。

第17条　对海关具体行政行为不服的，向作出该具体行政行为的海关的上一级海关提出行政复议申请。

对海关总署作出的具体行政行为不服的，向海关总署提出行政复议申请。

第18条　两个以上海关以共同的名义作出具体行政行为的，以作出具体行政行为的海关为共同被申请人，向其共同的上一级海关申请行政复议。

第19条　海关与其他行政机关以共同的名义作出具体行政行为的，海关和其他行政机关为共同被申请人，向海关和其他行政机关的共同上一级行政机关申请行政复议。

申请人对海关总署与国务院其他部门共同作出的具体行政行为不服，向海关总署或者国务院其他部门提出行政复议申请，由海关总署、国务院其他部门共同作出处理决定。

第20条 依照法律、行政法规或者海关规章的规定，下级海关经上级海关批准后以自己的名义作出具体行政行为的，以作出批准的上级海关为被申请人。

根据海关法和有关行政法规、海关规章的规定，经直属海关关长或者其授权的隶属海关关长批准后作出的具体行政行为，以直属海关为被申请人。

第21条 海关设立的派出机构、内设机构或者其他组织，未经法律、行政法规授权，对外以自己名义作出具体行政行为的，以该海关为被申请人，向该海关的上一级海关申请行政复议。

4.《税务行政复议规则》（2018年6月15日 国家税务总局令第44号）

第20条 合伙企业申请行政复议的，应当以核准登记的企业为申请人，由执行合伙事务的合伙人代表该企业参加行政复议；其他合伙组织申请行政复议的，由合伙人共同申请行政复议。

前款规定以外的不具备法人资格的其他组织申请行政复议的，由该组织的主要负责人代表该组织参加行政复议；没有主要负责人的，由共同推选的其他成员代表该组织参加行政复议。

第21条 股份制企业的股东大会、股东代表大会、董事会认为税务具体行政行为侵犯企业合法权益的，可以以企业的名义申请行政复议。

第22条 有权申请行政复议的公民死亡的，其近亲属可以申请行政复议；有权申请行政复议的公民为无行为能力人或者限制行为能力人，其法定代理人可以代理申请行政复议。

有权申请行政复议的法人或者其他组织发生合并、分立或终止的，承受其权利义务的法人或者其他组织可以申请行政复议。

第23条 行政复议期间，行政复议机关认为申请人以外的公民、法人或者其他组织与被审查的具体行政行为有利害关系的，可以通知其作为第三人参加行政复议。

行政复议期间，申请人以外的公民、法人或者其他组织与被审查的税务具体行政行为有利害关系的，可以向行政复议机关申请作为第三人参加行政复议。

第三人不参加行政复议，不影响行政复议案件的审理。

第24条　非具体行政行为的行政管理相对人，但其权利直接被该具体行政行为所剥夺、限制或者被赋予义务的公民、法人或其他组织，在行政管理相对人没有申请行政复议时，可以单独申请行政复议。

第25条　同一行政复议案件申请人超过5人的，应当推选1至5名代表参加行政复议。

第26条　申请人对具体行政行为不服申请行政复议的，作出该具体行政行为的税务机关为被申请人。

第27条　申请人对扣缴义务人的扣缴税款行为不服的，主管该扣缴义务人的税务机关为被申请人；对税务机关委托的单位和个人的代征行为不服的，委托税务机关为被申请人。

第28条　税务机关与法律、法规授权的组织以共同的名义作出具体行政行为的，税务机关和法律、法规授权的组织为共同被申请人。

税务机关与其他组织以共同名义作出具体行政行为的，税务机关为被申请人。

第29条　税务机关依照法律、法规和规章规定，经上级税务机关批准作出具体行政行为的，批准机关为被申请人。

申请人对经重大税务案件审理程序作出的决定不服的，审理委员会所在税务机关为被申请人。

第30条　税务机关设立的派出机构、内设机构或者其他组织，未经法律、法规授权，以自己名义对外作出具体行政行为的，税务机关为被申请人。

第31条 申请人、第三人可以委托1至2名代理人参加行政复议。申请人、第三人委托代理人的，应当向行政复议机构提交授权委托书。授权委托书应当载明委托事项、权限和期限。公民在特殊情况下无法书面委托的，可以口头委托。口头委托的，行政复议机构应当核实并记录在卷。申请人、第三人解除或者变更委托的，应当书面告知行政复议机构。

被申请人不得委托本机关以外人员参加行政复议。

● **案例指引**

冯某诉河北省衡水市人民政府撤销国有土地使用证案 ［最高人民法院行政审判十大典型案例（第一批)[1]之九］

裁判摘要：本案的典型意义在于进一步确定行政复议资格和权利的承继问题。行政复议制度是我国重要的行政救济制度。行政救济制度的核心理念在于"有权利必有救济"。行政相对人认为行政行为侵犯其合法权益的，可以向行政机关提出行政复议申请；申请人需与被申请的行政行为有利害关系，复议申请才予以受理。本案中，前手已经丧失行政复议的资格，后手则丧失了权利继受的基础。颁证之后，行政机关与行政相对人之间已形成稳定的行政法律关系，除非存在法定事由，法院和行政复议机关亦有义务维持行政法律关系的有序存在。公民、法人或者其他组织只有在符合行政复议法和行政诉讼法的关于利害关系人的规定的前提下，才能对既存法律关系发起复议或者诉讼"挑战"，这也正是维护法律安定性和行政秩序稳定性的需要。

---

[1] 载最高人民法院网站，https://www.court.gov.cn/zixun/xiangqing/47862.html，最后访问时间：2023年7月15日。

第十五条 代表人

同一行政复议案件申请人人数众多的，可以由申请人推选代表人参加行政复议。

代表人参加行政复议的行为对其所代表的申请人发生效力，但是代表人变更行政复议请求、撤回行政复议申请、承认第三人请求的，应当经被代表的申请人同意。

第十六条 第三人

申请人以外的同被申请行政复议的行政行为或者行政复议案件处理结果有利害关系的公民、法人或者其他组织，可以作为第三人申请参加行政复议，或者由行政复议机构通知其作为第三人参加行政复议。

第三人不参加行政复议，不影响行政复议案件的审理。

第十七条 代理人

申请人、第三人可以委托一至二名律师、基层法律服务工作者或者其他代理人代为参加行政复议。

申请人、第三人委托代理人的，应当向行政复议机构提交授权委托书、委托人及被委托人的身份证明文件。授权委托书应当载明委托事项、权限和期限。申请人、第三人变更或者解除代理人权限的，应当书面告知行政复议机构。

第十八条 法律援助

符合法律援助条件的行政复议申请人申请法律援助的，法律援助机构应当依法为其提供法律援助。

第十九条　被申请人

公民、法人或者其他组织对行政行为不服申请行政复议的，作出行政行为的行政机关或者法律、法规、规章授权的组织是被申请人。

两个以上行政机关以共同的名义作出同一行政行为的，共同作出行政行为的行政机关是被申请人。

行政机关委托的组织作出行政行为的，委托的行政机关是被申请人。

作出行政行为的行政机关被撤销或者职权变更的，继续行使其职权的行政机关是被申请人。

第三节　申请的提出

第二十条　一般申请期限

公民、法人或者其他组织认为行政行为侵犯其合法权益的，可以自知道或者应当知道该行政行为之日起六十日内提出行政复议申请；但是法律规定的申请期限超过六十日的除外。

因不可抗力或者其他正当理由耽误法定申请期限的，申请期限自障碍消除之日起继续计算。

行政机关作出行政行为时，未告知公民、法人或者其他组织申请行政复议的权利、行政复议机关和申请期限的，申请期限自公民、法人或者其他组织知道或者应当知道申请行政复议的权利、行政复议机关和申请期限之日起计算，但是自知道或者应当知道行政行为内容之日起最长不得超过一年。

● 行政法规及文件

1. 《行政复议法实施条例》（2007年5月29日　国务院令第499号）

　　第15条　行政复议法第九条第一款规定的行政复议申请期

限的计算，依照下列规定办理：

（一）当场作出具体行政行为的，自具体行政行为作出之日起计算；

（二）载明具体行政行为的法律文书直接送达的，自受送达人签收之日起计算；

（三）载明具体行政行为的法律文书邮寄送达的，自受送达人在邮件签收单上签收之日起计算；没有邮件签收单的，自受送达人在送达回执上签名之日起计算；

（四）具体行政行为依法通过公告形式告知受送达人的，自公告规定的期限届满之日起计算；

（五）行政机关作出具体行政行为时未告知公民、法人或者其他组织，事后补充告知的，自该公民、法人或者其他组织收到行政机关补充告知的通知之日起计算；

（六）被申请人能够证明公民、法人或者其他组织知道具体行政行为的，自证据材料证明其知道具体行政行为之日起计算。

行政机关作出具体行政行为，依法应当向有关公民、法人或者其他组织送达法律文书而未送达的，视为该公民、法人或者其他组织不知道该具体行政行为。

第16条 公民、法人或者其他组织依照行政复议法第六条第（八）项、第（九）项、第（十）项的规定申请行政机关履行法定职责，行政机关未履行的，行政复议申请期限依照下列规定计算：

（一）有履行期限规定的，自履行期限届满之日起计算，

（二）没有履行期限规定的，自行政机关收到申请满60日起计算。

公民、法人或者其他组织在紧急情况下请求行政机关履行保护人身权、财产权的法定职责，行政机关不履行的，行政复议申请期限不受前款规定的限制。

第17条 行政机关作出的具体行政行为对公民、法人或者

其他组织的权利、义务可能产生不利影响的，应当告知其申请行政复议的权利、行政复议机关和行政复议申请期限。

● 部门规章及文件

2.《公安机关办理行政复议案件程序规定》（2002年11月2日公安部令第65号）

第20条　申请人因不可抗力以外的其他正当理由耽误法定申请期限的，应当提交相应的证明材料，由公安行政复议机构认定。

前款规定中的其他正当理由包括：

（一）申请人因严重疾病不能在法定申请期限内申请行政复议的；

（二）申请人为无行为能力人或者限制行为能力人，其法定代理人在法定申请期限内不能确定的；

（三）法人或者其他组织合并、分立或者终止，承受其权利的法人或者其他组织在法定申请期限内不能确定的；

（四）公安行政复议机构认定的其他耽误法定申请期限的正当理由。

第21条　公安机关作出具体行政行为时，未告知公民、法人或者其他组织行政复议权或者申请行政复议期限的，申请行政复议期限从公民、法人或者其他组织知道或者应当知道行政复议权或者申请行政复议期限之日起计算。

公安机关作出具体行政行为时，未制作或者未送达法律文书，公民、法人或者其他组织不服申请行政复议的，只要能够证明具体行政行为存在，公安行政复议机关应当受理。申请行政复议期限从证明具体行政行为存在之日起计算。

第22条　下列时间可以认定为申请人知道具体行政行为的时间：

（一）当场作出具体行政行为的，具体行政行为作出时间为知道的时间；

（二）作出具体行政行为的法律文书直接送交受送达人的，受送达人签收的时间为知道的时间；送达时本人不在的，与其共同居住的有民事行为能力的亲属签收的时间为知道的时间；本人指定代收人的，代收人签收的时间为知道的时间；受送达人为法人或者其他组织的，其收发部门签收的时间为知道的时间；

（三）受送达人拒绝接收作出具体行政行为的法律文书，有送达人、见证人在送达回证上签名或者盖章的，送达回证上签署的时间为知道的时间；

（四）通过邮寄方式送达当事人的，当事人签收邮件的时间为知道的时间；

（五）通过公告形式告知当事人的，公告规定的时间届满之日的次日为知道的时间；

（六）法律、法规、规章和其他规范性文件未规定履行期限的，公安机关收到履行法定职责申请之日起60日的次日为申请人知道的时间；法律、法规、规章和其他规范性文件规定了履行期限的，期限届满之日的次日为知道的时间。

第23条　公民、法人或者其他组织申请公安机关履行法定职责，法律、法规、规章和其他规范性文件未规定履行期限的，公安机关在接到申请之日起60日内不履行，公民、法人或者其他组织可以依法申请行政复议。法律、法规、规章和其他规范性文件规定了履行期限的，从其规定。

申请人的合法权益正在受到侵犯或者处于其他紧急情况下请求公安机关履行法定职责，公安机关不履行的，申请人从即日起可以申请行政复议。

第24条　申请人在被限制人身自由期间申请行政复议的，执行场所应当登记并在3日内将其行政复议申请书转交公安行政复议机关。

转交行政复议申请的时间，不计入行政复议申请审查期限。

3.《中国保险监督管理委员会行政复议办法》（2010 年 1 月 6 日中国保险监督管理委员会令 2010 年第 1 号）

第 8 条 公民、法人或者其他组织认为中国保监会或者其派出机构的具体行政行为侵犯其合法权益的，可以自知道该具体行政行为之日起六十日内提出行政复议申请。法律规定的申请期限超过六十日的除外。

因不可抗力或者其他正当理由耽误法定申请期限的，经行政复议机构依法审查属实，申请期限自障碍消除之日起继续计算。

4.《国家知识产权局行政复议规程》（2012 年 7 月 18 日 国家知识产权局令第 66 号）

第 8 条 公民、法人或者其他组织认为国家知识产权局的具体行政行为侵犯其合法权益的，可以自知道该具体行政行为之日起 60 日内提出行政复议申请。

因不可抗力或者其他正当理由耽误前款所述期限的，该期限自障碍消除之日起继续计算。

5.《海关行政复议办法》（2014 年 3 月 13 日 海关总署令第 218 号）

第 23 条 公民、法人或者其他组织认为海关具体行政行为侵犯其合法权益的，可以自知道该具体行政行为之日起 60 日内提出行政复议申请。

前款规定的行政复议申请期限依照下列规定计算：

（一）当场作出具体行政行为的，自具体行政行为作出之日起计算；

（二）载明具体行政行为的法律文书直接送达的，自受送达人签收之日起计算；

（三）载明具体行政行为的法律文书依法留置送达的，自送达人和见证人在送达回证上签注的留置送达之日起计算；

（四）载明具体行政行为的法律文书邮寄送达的，自受送达人在邮政签收单上签收之日起计算；没有邮政签收单的，自受送达人在送达回执上签名之日起计算；

（五）具体行政行为依法通过公告形式告知受送达人的，自公告规定的期限届满之日起计算；

（六）被申请人作出具体行政行为时未告知有关公民、法人或者其他组织，事后补充告知的，自公民、法人或者其他组织收到补充告知的通知之日起计算；

（七）被申请人作出具体行政行为时未告知有关公民、法人或者其他组织，但是有证据材料能够证明有关公民、法人或者其他组织知道该具体行政行为的，自证据材料证明其知道具体行政行为之日起计算。

具体行政行为具有持续状态的，自该具体行政行为终了之日起计算。

海关作出具体行政行为，依法应当向有关公民、法人或者其他组织送达法律文书而未送达的，视为该有关公民、法人或者其他组织不知道该具体行政行为。

申请人因不可抗力或者其他正当理由耽误法定申请期限的，申请期限自障碍消除之日起继续计算。

6.《住房城乡建设行政复议办法》（2015年9月7日　住房和城乡建设部令第25号）

第13条　申请人认为行政行为侵犯其合法权益的，可以自知道或者应当知道该行政行为之日起60日内提出行政复议申请；但是法律规定的申请期限超过60日的除外。因不可抗力或者其他正当理由耽误法定申请期限的，申请期限自障碍消除之日起继续计算。

申请人认为行政机关不履行法定职责的，可以在法律、法规、规章规定的履行期限届满后，按照前款规定提出行政复议申请；法律、法规、规章没有规定履行期限的，可以自向行政机关提出申请满60日后，按照前款规定提出行政复议申请。

对涉及不动产的行政行为从作出之日起超过20年、其他行政行为从作出之日起超过5年申请行政复议的，行政复议机关不予受理。

7.《交通运输行政复议规定》（2015年9月9日　交通运输部令2015年第18号）

第8条　公民、法人或者其他组织向交通运输行政复议机关申请交通运输行政复议，应当自知道该具体行政行为之日起六十日内提出行政复议申请；但是法律规定的申请期限超过六十日的除外。

因不可抗力或者其他正当理由耽误法定申请期限的，申请人应当在交通运输行政复议申请书中注明，或者向交通运输行政复议机关说明，并由交通运输行政复议机关记录在《交通运输行政复议申请笔录》（见附件1）中，经交通运输行政复议机关依法确认的，申请期限自障碍消除之日起继续计算。

第二十一条　最长申请期限

因不动产提出的行政复议申请自行政行为作出之日起超过二十年，其他行政复议申请自行政行为作出之日起超过五年的，行政复议机关不予受理。

第二十二条　申请方式

申请人申请行政复议，可以书面申请；书面申请有困难的，也可以口头申请。

书面申请的，可以通过邮寄或者行政复议机关指定的互联网渠道等方式提交行政复议申请书，也可以当面提交行政复议申请书。行政机关通过互联网渠道送达行政行为决定书的，应当同时提供提交行政复议申请书的互联网渠道。

> 口头申请的，行政复议机关应当当场记录申请人的基本情况、行政复议请求、申请行政复议的主要事实、理由和时间。
>
> 申请人对两个以上行政行为不服的，应当分别申请行政复议。

● 行政法规及文件

《行政复议法实施条例》（2007年5月29日　国务院令第499号）

第18条　申请人书面申请行政复议的，可以采取当面递交、邮寄或者传真等方式提出行政复议申请。

有条件的行政复议机构可以接受以电子邮件形式提出的行政复议申请。

第19条　申请人书面申请行政复议的，应当在行政复议申请书中载明下列事项：

（一）申请人的基本情况，包括：公民的姓名、性别、年龄、身份证号码、工作单位、住所、邮政编码；法人或者其他组织的名称、住所、邮政编码和法定代表人或者主要负责人的姓名、职务；

（二）被申请人的名称；

（三）行政复议请求、申请行政复议的主要事实和理由；

（四）申请人的签名或者盖章；

（五）申请行政复议的日期。

第20条　申请人口头申请行政复议的，行政复议机构应当依照本条例第十九条规定的事项，当场制作行政复议申请笔录交申请人核对或者向申请人宣读，并由申请人签字确认。

第21条　有下列情形之一的，申请人应当提供证明材料：

（一）认为被申请人不履行法定职责的，提供曾经要求被申请人履行法定职责而被申请人未履行的证明材料；

（二）申请行政复议时一并提出行政赔偿请求的，提供受具体行政行为侵害而造成损害的证明材料；

（三）法律、法规规定需要申请人提供证据材料的其他情形。

第22条　申请人提出行政复议申请时错列被申请人的，行政复议机构应当告知申请人变更被申请人。

第二十三条　复议前置

有下列情形之一的，申请人应当先向行政复议机关申请行政复议，对行政复议决定不服的，可以再依法向人民法院提起行政诉讼：

（一）对当场作出的行政处罚决定不服；

（二）对行政机关作出的侵犯其已经依法取得的自然资源的所有权或者使用权的决定不服；

（三）认为行政机关存在本法第十一条规定的未履行法定职责情形；

（四）申请政府信息公开，行政机关不予公开；

（五）法律、行政法规规定应当先向行政复议机关申请行政复议的其他情形。

对前款规定的情形，行政机关在作出行政行为时应当告知公民、法人或者其他组织先向行政复议机关申请行政复议。

第四节　行政复议管辖

第二十四条　县级以上地方人民政府管辖

县级以上地方各级人民政府管辖下列行政复议案件：

（一）对本级人民政府工作部门作出的行政行为不服的；

（二）对下一级人民政府作出的行政行为不服的；

(三）对本级人民政府依法设立的派出机关作出的行政行为不服的；

（四）对本级人民政府或者其工作部门管理的法律、法规、规章授权的组织作出的行政行为不服的。

除前款规定外，省、自治区、直辖市人民政府同时管辖对本机关作出的行政行为不服的行政复议案件。

省、自治区人民政府依法设立的派出机关参照设区的市级人民政府的职责权限，管辖相关行政复议案件。

对县级以上地方各级人民政府工作部门依法设立的派出机构依照法律、法规、规章规定，以派出机构的名义作出的行政行为不服的行政复议案件，由本级人民政府管辖；其中，对直辖市、设区的市人民政府工作部门按照行政区划设立的派出机构作出的行政行为不服的，也可以由其所在地的人民政府管辖。

● **行政法规及文件**

1. 《行政复议法实施条例》（2007年5月29日　国务院令第499号）

第11条　公民、法人或者其他组织对行政机关的具体行政行为不服，依照行政复议法和本条例的规定申请行政复议的，作出该具体行政行为的行政机关为被申请人。

第12条　行政机关与法律、法规授权的组织以共同的名义作出具体行政行为的，行政机关和法律、法规授权的组织为共同被申请人。

行政机关与其他组织以共同名义作出具体行政行为的，行政机关为被申请人。

第13条　下级行政机关依照法律、法规、规章规定，经上级行政机关批准作出具体行政行为的，批准机关为被申请人。

第14条　行政机关设立的派出机构、内设机构或者其他组织，未经法律、法规授权，对外以自己名义作出具体行政行为的，该行政机关为被申请人。

● 部门规章及文件

2.《人力资源社会保障行政复议办法》（2010年3月16日　人力资源和社会保障部令第6号）

第13条　公民、法人或者其他组织对人力资源社会保障部门作出的具体行政行为不服，依照本办法规定申请行政复议的，作出该具体行政行为的人力资源社会保障部门为被申请人。

第14条　对县级以上人力资源社会保障行政部门的具体行政行为不服的，可以向上一级人力资源社会保障行政部门申请复议，也可以向该人力资源社会保障行政部门的本级人民政府申请行政复议。

对人力资源社会保障部作出的具体行政行为不服的，向人力资源社会保障部申请行政复议。

第15条　对人力资源社会保障行政部门按照国务院规定设立的社会保险经办机构（以下简称社会保险经办机构）依照法律、法规规定作出的具体行政行为不服，可以向直接管理该社会保险经办机构的人力资源社会保障行政部门申请行政复议。

第16条　对依法受委托的属于事业组织的公共就业服务机构、职业技能考核鉴定机构以及街道、乡镇人力资源社会保障工作机构等作出的具体行政行为不服的，可以向委托其行使行政管理职能的人力资源社会保障行政部门的上一级人力资源社会保障行政部门申请复议，也可以向该人力资源社会保障行政部门的本级人民政府申请行政复议。委托的人力资源社会保障行政部门为被申请人。

第17条　对人力资源社会保障部门和政府其他部门以共同

名义作出的具体行政行为不服的,可以向其共同的上一级行政部门申请复议。共同作出具体行政行为的人力资源社会保障部门为共同被申请人之一。

第18条 人力资源社会保障部门设立的派出机构、内设机构或者其他组织,未经法律、法规授权,对外以自己名义作出具体行政行为的,该人力资源社会保障部门为被申请人。

3.《税务行政复议规则》(2018年6月15日 国家税务总局令第44号)

第12条 各级行政复议机关可以成立行政复议委员会,研究重大、疑难案件,提出处理建议。

行政复议委员会可以邀请本机关以外的具有相关专业知识的人员参加。

第二十五条　国务院部门管辖

国务院部门管辖下列行政复议案件:

(一)对本部门作出的行政行为不服的;

(二)对本部门依法设立的派出机构依照法律、行政法规、部门规章规定,以派出机构的名义作出的行政行为不服的;

(三)对本部门管理的法律、行政法规、部门规章授权的组织作出的行政行为不服的。

第二十六条　原级行政复议决定的救济途径

对省、自治区、直辖市人民政府依照本法第二十四条第二款的规定、国务院部门依照本法第二十五条第一项的规定作出的行政复议决定不服的,可以向人民法院提起行政诉讼;也可以向国务院申请裁决,国务院依照本法的规定作出最终裁决。

第二十七条　垂直领导行政机关等管辖

对海关、金融、外汇管理等实行垂直领导的行政机关、税务和国家安全机关的行政行为不服的，向上一级主管部门申请行政复议。

第二十八条　司法行政部门的管辖

对履行行政复议机构职责的地方人民政府司法行政部门的行政行为不服的，可以向本级人民政府申请行政复议，也可以向上一级司法行政部门申请行政复议。

第二十九条　行政复议与行政诉讼的选择

公民、法人或者其他组织申请行政复议，行政复议机关已经依法受理的，在行政复议期间不得向人民法院提起行政诉讼。

公民、法人或者其他组织向人民法院提起行政诉讼，人民法院已经依法受理的，不得申请行政复议。

第三章　行政复议受理

第三十条　受理条件

行政复议机关收到行政复议申请后，应当在五日内进行审查。对符合下列规定的，行政复议机关应当予以受理：

（一）有明确的申请人和符合本法规定的被申请人；

（二）申请人与被申请行政复议的行政行为有利害关系；

（三）有具体的行政复议请求和理由；

（四）在法定申请期限内提出；

（五）属于本法规定的行政复议范围；

（六）属于本机关的管辖范围；

（七）行政复议机关未受理过该申请人就同一行政行为提出的行政复议申请，并且人民法院未受理过该申请人就同一行政行为提起的行政诉讼。

对不符合前款规定的行政复议申请，行政复议机关应当在审查期限内决定不予受理并说明理由；不属于本机关管辖的，还应当在不予受理决定中告知申请人有管辖权的行政复议机关。

行政复议申请的审查期限届满，行政复议机关未作出不予受理决定的，审查期限届满之日起视为受理。

● 行政法规及文件

1.《行政复议法实施条例》（2007年5月29日　国务院令第499号）

第27条　公民、法人或者其他组织认为行政机关的具体行政行为侵犯其合法权益提出行政复议申请，除不符合行政复议法和本条例规定的申请条件的，行政复议机关必须受理。

第28条　行政复议申请符合下列规定的，应当予以受理：

（一）有明确的申请人和符合规定的被申请人；

（二）申请人与具体行政行为有利害关系；

（三）有具体的行政复议请求和理由；

（四）在法定申请期限内提出；

（五）属于行政复议法规定的行政复议范围；

（六）属于收到行政复议申请的行政复议机构的职责范围；

（七）其他行政复议机关尚未受理同一行政复议申请，人民法院尚未受理同一主体就同一事实提起的行政诉讼。

第29条　行政复议申请材料不齐全或者表述不清楚的，行政复议机构可以自收到该行政复议申请之日起5日内书面通知申请人补正。补正通知应当载明需要补正的事项和合理的补正期限。无正当理由逾期不补正的，视为申请人放弃行政复议申请。补正申请材料所用时间不计入行政复议审理期限。

第30条　申请人就同一事项向两个或者两个以上有权受理的行政机关申请行政复议的，由最先收到行政复议申请的行政机关受理；同时收到行政复议申请的，由收到行政复议申请的行政机关在10日内协商确定；协商不成的，由其共同上一级行政机关在10日内指定受理机关。协商确定或者指定受理机关所用时间不计入行政复议审理期限。

● 部门规章及文件

2.《中国保险监督管理委员会行政复议办法》（2010年1月6日中国保险监督管理委员会令2010年第1号）

第20条　行政复议机构应当在收到申请人提交的或派出机构转呈的行政复议申请之日起五日内进行审查，对不符合行政复议法、行政复议实施条例和本办法规定的受理条件的行政复议申请，决定不予受理，并书面告知申请人。对符合行政复议法、行政复议实施条例和本办法规定的受理条件的行政复议申请，自行政复议机构收到之日起即为受理。

第21条　行政复议申请材料不齐全或者表述不清楚的，行政复议机构可以自收到该行政复议申请之日起五日内书面通知申请人补正。补正通知应当载明需要补正的事项和合理的补正期限。无正当理由逾期不补正的，视为申请人放弃行政复议申请。补正申请材料所用时间不计入行政复议审理期限。

申请人采取传真方式提出行政复议申请的，行政复议机构可以要求申请人依照行政复议实施条例第二十九条和本办法第二十二条的规定补充提交申请材料的原件。

第22条　有下列情形之一的,属于行政复议申请材料不齐全或者表述不清楚:

(一) 未依照本办法第十六条第(一)项的规定提供申请人基本情况;

(二) 无明确的被申请人;

(三) 行政复议请求不具体、不明确;

(四) 委托代理的手续不全或者权限不明确;

(五) 未依照本办法第十八条的规定提供证明材料;

(六) 其他行政复议申请材料不齐全或者表述不清楚的情形。

第23条　行政复议申请材料不齐全或者表述不清楚,或者采取传真方式提出行政复议申请,行政复议机构书面通知申请人补正申请材料或者提交申请材料原件的,受理的审查期限自收到补正后的申请材料或者申请材料原件之日起算。

第24条　下列情形不视为申请行政复议,行政复议机构可以转由其他机构处理并告知申请人:

(一) 对中国保监会或者其派出机构工作人员的个人违法违纪行为进行举报、控告的;

(二) 其他以行政复议申请名义,进行信访投诉的情形。

第25条　复议期间具体行政行为不停止执行;但是,有下列情形之一的,可以停止执行:

(一) 被申请人认为需要停止执行的;

(二) 中国保监会认为需要停止执行的;

(三) 申请人申请停止执行,中国保监会认为其要求合理,决定停止执行的;

(四) 法律规定停止执行的。

3.《人力资源社会保障行政复议办法》(2010年3月16日　人力资源和社会保障部令第6号)

第26条　行政复议机构收到行政复议申请后,应当在5日内进行审查，按照下列情况分别作出处理：

（一）对符合行政复议法实施条例第二十八条规定条件的，依法予以受理，制作《行政复议受理通知书》和《行政复议提出答复通知书》，送达申请人和被申请人；

（二）对符合本办法第七条规定的行政复议范围，但不属于本机关受理范围的，应当书面告知申请人向有关行政复议机关提出；

（三）对不符合法定受理条件的，应当作出不予受理决定，制作《行政复议不予受理决定书》，送达申请人，该决定书中应当说明不予受理的理由和依据。

对不符合前款规定的行政复议申请，行政复议机构应当将有关处理情况告知申请人。

第27条 人力资源社会保障行政部门的其他工作机构收到复议申请的，应当及时转送行政复议机构。

除不符合行政复议法定条件或者不属于本机关受理的行政复议申请外，行政复议申请自行政复议机构收到之日起即为受理。

4.《中国证券监督管理委员会行政复议办法》（2010年5月4日中国证券监督管理委员会令第67号）

第16条 对符合《行政复议法实施条例》第十八条、第二十八条的规定，属于行政复议机关受理的行政复议申请，自行政复议机构收到之日起即为受理。

行政复议机构收到行政复议申请的日期，属于申请人当面递交的，由行政复议机构经办人在申请书上注明收到日期，并且由递交人签字确认；属于直接从邮递渠道收取或者其他单位、部门转来的，由行政复议机构签收确认；属于申请人以传真方式提交的，以行政复议机构接收传真之日为准。

第17条 依照《行政复议法实施条例》第二十九条的规定，

行政复议机构可以自收到该行政复议申请之日起5日内书面通知申请人补正，有下列情形之一的，属于行政复议申请材料不齐全或者表述不清楚：

（一）未依照《行政复议法实施条例》第十九条第（一）项的规定提供申请人基本情况；

（二）无申请人身份证明文件；

（三）无明确的被申请人；

（四）行政复议请求不具体、不明确；

（五）委托代理申请复议的手续不全或者权限不明确；

（六）未依照《行政复议法实施条例》第二十一条的规定提供证明材料；

（七）其他行政复议申请材料不齐全或者表述不清楚的情形。

申请人收到补正通知后，无正当理由逾期不补正的，视为放弃行政复议申请。

第18条 申请人采取传真方式提出行政复议申请的，行政复议机构可以要求申请人依照《行政复议法实施条例》第二十九条、本办法第十七条的规定补充提交申请材料的原件。

第19条 行政复议申请材料不齐全或者表述不清楚，或者采取传真方式提出行政复议申请，行政复议机构书面通知申请人补正或者提交原件的，受理的审查期限应当自收到补正后的行政复议申请材料或者原件之日起算。

第20条 下列情形不视为申请行政复议，行政复议机构可以告知申请人处理结果或者转由其他机构处理并告知申请人：

（一）对中国证监会工作人员的个人违法违纪行为进行举报、控告的；

（二）不涉及中国证监会具体行政行为，只对中国证监会规章或者规范性文件有异议的；

（三）对行政处罚认定的事实、适用的依据、处罚种类、处罚幅度及处罚程序等没有异议，仅因经济困难，请求减、免、缓缴罚款的；

（四）请求解答法律、行政法规、规章的；

（五）其他以行政复议申请名义，进行信访投诉的情形。

5.《国家知识产权局行政复议规程》（2012年7月18日 国家知识产权局令第66号）

第15条 行政复议机构自收到行政复议申请书之日起5日内，根据情况分别作出如下处理：

（一）行政复议申请符合本规程规定的，予以受理，并向复议申请人发送受理通知书；

（二）行政复议申请不符合本规程规定的，决定不予受理并书面告知理由；

（三）行政复议申请书不符合本规程第十一条、第十二条规定的，通知复议申请人在指定期限内补正；期满未补正的，视为放弃行政复议申请。

6.《国家食品药品监督管理总局行政复议办法》（2013年11月6日 国家食品药品监督管理总局令第2号）

第8条 行政复议办公室在收到行政复议申请后5个工作日内，按照本办法第六条规定的条件进行审查，符合条件的，依法予以受理；不符合条件的，决定不予受理，并书面告知申请人。

已向其他有权行政机关申请行政复议或者向人民法院提起行政诉讼，该有权行政机关或者人民法院已经依法受理的，国家食品药品监督管理总局不受理其行政复议申请。

第9条 行政复议办公室应当自行政复议申请受理之日起7个工作日内将行政复议答复通知书、行政复议申请书副本或者口头申请笔录复印件发送被申请人。被申请人应当在接到答复通知之日起10日内提交答复意见及有关证据材料。答复意见应当包括当初作出具体行政行为的事实根据和法律依据。

被申请人是国家食品药品监督管理总局的，由有关司局或者机构依前款提交答复意见。

7.《海关行政复议办法》（2014年3月13日　海关总署令第218号）

第32条　海关行政复议机关收到行政复议申请后，应当在5日内进行审查。行政复议申请符合下列规定的，应当予以受理：

（一）有明确的申请人和符合规定的被申请人；

（二）申请人与具体行政行为有利害关系；

（三）有具体的行政复议请求和理由；

（四）在法定申请期限内提出；

（五）属于本办法第九条第一款规定的行政复议范围；

（六）属于收到行政复议申请的海关行政复议机构的职责范围；

（七）其他行政复议机关尚未受理同一行政复议申请，人民法院尚未受理同一主体就同一事实提起的行政诉讼。

对符合前款规定决定受理行政复议申请的，应当制作《行政复议申请受理通知书》和《行政复议答复通知书》分别送达申请人和被申请人。《行政复议申请受理通知书》应当载明受理日期、合议人员或者案件审理人员，告知申请人申请回避和申请举行听证的权利。《行政复议答复通知书》应当载明受理日期、提交答复的要求和合议人员或者案件审理人员，告知被申请人申请回避的权利。

对不符合本条第一款规定决定不予受理的，应当制作《行政复议申请不予受理决定书》，并且送达申请人。《行政复议申请不予受理决定书》应当载明不予受理的理由和法律依据，告知申请人主张权利的其他途径。

第33条　行政复议申请材料不齐全或者表述不清楚的，海关行政复议机构可以自收到该行政复议申请之日起 5 日内书面通知申请人补正。补正通知应当载明以下事项：

（一）行政复议申请书中需要修改、补充的具体内容；

（二）需要补正的有关证明材料的具体类型及其证明对象；

（三）补正期限。

申请人应当在收到补正通知之日起 10 日内向海关行政复议机构提交需要补正的材料。补正申请材料所用时间不计入行政复议审理期限。

申请人无正当理由逾期不补正的，视为其放弃行政复议申请。申请人有权在本办法第二十三条规定的期限内重新提出行政复议申请。

第 34 条　申请人以传真、电子邮件方式递交行政复议申请书、证明材料的，海关行政复议机构不得以其未递交原件为由拒绝受理。

海关行政复议机构受理申请人以传真、电子邮件方式提出的行政复议申请后，应当告知申请人自收到《行政复议申请受理通知书》之日起 10 日内提交有关材料的原件。

第 35 条　对符合本办法规定，且属于本海关受理的行政复议申请，自海关行政复议机构收到之日起即为受理。

海关行政复议机构收到行政复议申请的日期，属于申请人当面递交的，由海关行政复议机构经办人在申请书上注明收到日期，并且由递交人签字确认；属于直接从邮递渠道收取或者其他单位、部门转来的，由海关行政复议机构签收确认；属于申请人以传真或者电子邮件方式提交的，以海关行政复议机构接收传真之日或者海关互联网电子邮件系统记载的收件日期为准。

第 36 条　对符合本办法规定，但是不属于本海关管辖的行政复议申请，应当在审查期限内转送有管辖权的海关行政复议机关，并且告知申请人。口头告知的，应当记录告知的有关内容，并且当场交由申请人签字或者盖章确认；书面告知的，应当制作《行政复议告知书》，并且送达申请人。

第37条 申请人就同一事项向两个或者两个以上有权受理的海关申请行政复议的，由最先收到行政复议申请的海关受理；同时收到行政复议申请的，由收到行政复议申请的海关在10日内协商确定；协商不成的，由其共同上一级海关在10日内指定受理海关。协商确定或者指定受理海关所用时间不计入行政复议审理期限。

第38条 申请人依法提出行政复议申请，海关行政复议机关无正当理由不予受理的，上一级海关可以根据申请人的申请或者依职权先行督促其受理；经督促仍不受理的，应当责令其限期受理，并且制作《责令受理行政复议申请通知书》；必要时，上一级海关也可以直接受理，并且制作《直接受理行政复议申请通知书》，送达申请人和原海关行政复议机关。上一级海关经审查认为海关行政复议机关不予受理行政复议申请的决定符合本办法规定的，应当向申请人做好说明解释工作。

第39条 下列情形不视为申请行政复议，海关行政复议机关应当给予答复，或者转由其他机关处理并且告知申请人：

（一）对海关工作人员的个人违法违纪行为进行举报、控告或者对海关工作人员的态度作风提出异议的；

（二）对海关的业务政策、作业制度、作业方式和程序提出异议的；

（三）对海关工作效率提出异议的；

（四）对行政处罚认定的事实、适用的法律及处罚决定没有异议，仅因经济上不能承受而请求减免处罚的；

（五）不涉及海关具体行政行为，只对海关规章或者其他规范性文件有异议的；

（六）请求解答法律、行政法规、规章的。

第40条　行政复议期间海关具体行政行为不停止执行；但是有行政复议法第二十一条规定情形之一的，可以停止执行。决定停止执行的，应当制作《具体行政行为停止执行决定书》，并且送达申请人、被申请人和第三人。

第41条　有下列情形之一的，海关行政复议机关可以决定合并审理，并且以后一个申请行政复议的日期为正式受理的日期：

（一）两个以上的申请人对同一海关具体行政行为分别向海关行政复议机关申请行政复议的；

（二）同一申请人对同一海关的数个相同类型或者具有关联性的具体行政行为分别向海关行政复议机关申请行政复议的。

8.《住房城乡建设行政复议办法》（2015年9月7日　住房和城乡建设部令第25号）

第17条　行政复议机关收到行政复议申请后，应当在5日内进行审查，对不符合本办法第十八条规定的行政复议申请，决定不予受理，并书面告知申请人；对不属于本机关受理的行政复议申请，应当告知申请人向有关行政复议机关提出。

除前款规定外，行政复议申请自行政复议机构收到之日起即为受理。

第18条　行政复议机关对符合下列条件的行政复议申请，应当予以受理：

（一）有明确的申请人和符合规定的被申请人；
（二）申请人与行政行为有利害关系；
（三）有具体的行政复议请求和理由；
（四）在法定申请期限内提出；
（五）属于本办法规定的行政复议范围；
（六）属于收到行政复议申请的行政复议机构的职责范围；
（七）申请人尚未就同一事项向其他有权受理的行政复议机关

提出行政复议申请，人民法院尚未就申请人同一事项立案登记的；

（八）符合法律、法规规定的其他条件。

第19条 行政复议申请材料不齐全或者表述不清楚的，行政复议机构可以自收到该行政复议申请之日起5日内书面通知申请人补正。补正通知书应当载明下列事项：

（一）行政复议申请书中需要补充、说明、修改的具体内容；

（二）需要补正的材料、证据；

（三）合理的补正期限；

（四）逾期未补正的法律后果。

申请人应当按照补正通知书要求提交补正材料。申请人无正当理由逾期不补正的，视为放弃行政复议申请。申请人超过补正通知书载明的补正期限补正，或者补正材料不符合补正通知书要求的，行政复议机关可以不予受理其行政复议申请。

补正申请材料所用时间不计入行政复议审理期限。

第20条 行政复议机关应当自行政复议申请受理之日起7日内，向被申请人发出答复通知书，并将行政复议申请书副本或者行政复议申请笔录复印件发送被申请人。被申请人应当自收到答复通知书之日起10日内，提出书面答复。

第21条 被申请人的书面答复应当载明以下内容：

（一）被申请人的基本情况；

（二）作出行政行为的过程和相关情况；

（三）作出行政行为的事实依据和有关证据材料；

（四）对申请人提出的事实和理由进行答辩；

（五）作出行政行为所依据的法律、法规、规章和规范性文件；

（六）作出答复的时间。

9.《交通运输行政复议规定》（2015年9月9日 交通部令2015年第18号）

第11条 交通运输行政复议机关收到交通运输行政复议申

请后，应当在五日内进行审查。对符合《行政复议法》规定的行政复议申请，应当决定予以受理，并制作《交通运输行政复议申请受理通知书》（见附件2）送达申请人、被申请人；对不符合《行政复议法》规定的行政复议申请，决定不予受理，并制作《交通运输行政复议申请不予受理决定书》（见附件3）送达申请人；对符合《行政复议法》规定，但是不属于本机关受理的行政复议申请，应当告知申请人向有关行政复议机关提出。

除前款规定外，交通运输行政复议申请自交通运输行政复议机关设置的法制工作机构收到之日起即为受理。

第12条　公民、法人或者其他组织依法提出交通运输行政复议申请，交通运输行政复议机关无正当理由不予受理的，上级交通运输行政机关应当制作《责令受理通知书》（见附件4）责令其受理；必要时，上级交通运输行政机关可以直接受理。

10.《税务行政复议规则》（2018年6月15日　国家税务总局令第44号）

第44条　行政复议申请符合下列规定的，行政复议机关应当受理：

（一）属于本规则规定的行政复议范围。

（二）在法定申请期限内提出。

（三）有明确的申请人和符合规定的被申请人。

（四）申请人与具体行政行为有利害关系。

（五）有具体的行政复议请求和理由。

（六）符合本规则第三十三条和第三十四条规定的条件。

（七）属于收到行政复议申请的行政复议机关的职责范围。

（八）其他行政复议机关尚未受理同一行政复议申请，人民法院尚未受理同一主体就同一事实提起的行政诉讼。

第45条　行政复议机关收到行政复议申请以后，应当在5日内审查，决定是否受理。对不符合本规则规定的行政复议申请，决定不予受理，并书面告知申请人。

对不属于本机关受理的行政复议申请，应当告知申请人向有关行政复议机关提出。

行政复议机关收到行政复议申请以后未按照前款规定期限审查并作出不予受理决定的，视为受理。

第46条 对符合规定的行政复议申请，自行政复议机构收到之日起即为受理；受理行政复议申请，应当书面告知申请人。

第47条 行政复议申请材料不齐全、表述不清楚的，行政复议机构可以自收到该行政复议申请之日起5日内书面通知申请人补正。补正通知应当载明需要补正的事项和合理的补正期限。无正当理由逾期不补正的，视为申请人放弃行政复议申请。

补正申请材料所用时间不计入行政复议审理期限。

第48条 上级税务机关认为行政复议机关不予受理行政复议申请的理由不成立的，可以督促其受理；经督促仍然不受理的，责令其限期受理。

上级税务机关认为行政复议申请不符合法定受理条件的，应当告知申请人。

11.《自然资源行政复议规定》（2019年7月19日 自然资源部令第3号）

第10条 行政复议机构统一受理行政复议申请。

行政复议机关的其他机构收到行政复议申请的，应当自收到之日起1个工作日内将申请材料转送行政复议机构。

行政复议机构应当对收到的行政复议申请进行登记。

第13条 有下列情形之一的，行政复议机关不予受理：

（一）未按照本规定第十二条规定的补正通知要求提供补正材料的；

（二）对下级自然资源主管部门作出的行政复议决定或者行

政复议告知不服，申请行政复议的；

（三）其他不符合法定受理条件的。

对同一申请人以基本相同的事实和理由重复提出同一行政复议申请的，行政复议机关不再重复受理。

第14条　对政府信息公开答复不服申请行政复议，有下列情形之一，被申请人已经履行法定告知义务或者说明理由的，行政复议机关可以驳回行政复议申请：

（一）要求提供已经主动公开的政府信息，或者要求公开申请人已经知晓的政府信息，自然资源主管部门依法作出处理、答复的；

（二）要求自然资源主管部门制作、搜集政府信息和对已有政府信息进行汇总、分析、加工等，自然资源主管部门依法作出处理、答复的；

（三）申请人以政府信息公开申请的形式进行信访、投诉、举报等活动，自然资源主管部门告知申请人不作为政府信息公开申请处理的；

（四）申请人的政府信息公开申请符合《中华人民共和国政府信息公开条例》第三十六条第三、五、六、七项规定，自然资源主管部门依法作出处理、答复的；

（五）法律法规规定的其他情形。

符合前款规定情形的，行政复议机关可以不要求被申请人提供书面答复及证据、依据。

第15条　对投诉、举报、检举和反映问题等事项的处理不服申请行政复议的，属于下列情形之一，自然资源主管部门已经将处理情况予以告知，且告知行为未对申请人的实体权利义务产生不利影响的，行政复议机关可以不予受理或者受理审查后驳回行政复议申请：

（一）信访处理意见、复查意见、复核意见，或者未履行信访法定职责的行为；

（二）履行内部层级监督职责作出的处理、答复，或者未履行该职责的行为；

（三）对明显不具有事务、地域或者级别管辖权的投诉举报事项作出的处理、答复，或者未作处理、答复的行为；

（四）未设定申请人权利义务的重复处理行为、说明性告知行为及过程性行为。

● 案例指引

黄某等诉金华市工商行政管理局工商登记行政复议案（《最高人民法院公报》2012 年第 5 期）

裁判摘要：买卖、租赁民事合同一方当事人，与合同相对方因公司设立、股权和名称改变而进行的相应工商登记一般没有法律上的利害关系，其以合同相对方存在民事侵权行为为由申请行政复议的，行政复议机关可以不予受理。

第三十一条　申请材料补正

行政复议申请材料不齐全或者表述不清楚，无法判断行政复议申请是否符合本法第三十条第一款规定的，行政复议机关应当自收到申请之日起五日内书面通知申请人补正。补正通知应当一次性载明需要补正的事项。

申请人应当自收到补正通知之日起十日内提交补正材料。有正当理由不能按期补正的，行政复议机关可以延长合理的补正期限。无正当理由逾期不补正的，视为申请人放弃行政复议申请，并记录在案。

行政复议机关收到补正材料后，依照本法第三十条的规定处理。

第三十二条 部分案件的复核处理

对当场作出或者依据电子技术监控设备记录的违法事实作出的行政处罚决定不服申请行政复议的，可以通过作出行政处罚决定的行政机关提交行政复议申请。

行政机关收到行政复议申请后，应当及时处理；认为需要维持行政处罚决定的，应当自收到行政复议申请之日起五日内转送行政复议机关。

第三十三条 驳回复议申请

行政复议机关受理行政复议申请后，发现该行政复议申请不符合本法第三十条第一款规定的，应当决定驳回申请并说明理由。

第三十四条 复议前置后的行政诉讼

法律、行政法规规定应当先向行政复议机关申请行政复议、对行政复议决定不服再向人民法院提起行政诉讼的，行政复议机关决定不予受理、驳回申请或者受理后超过行政复议期限不作答复的，公民、法人或者其他组织可以自收到决定书之日起或者行政复议期限届满之日起十五日内，依法向人民法院提起行政诉讼。

第三十五条 对行政复议受理的监督

公民、法人或者其他组织依法提出行政复议申请，行政复议机关无正当理由不予受理、驳回申请或者受理后超过行政复议期限不作答复的，申请人有权向上级行政机关反映，上级行政机关应当责令其纠正；必要时，上级行政复议机关可以直接受理。

● **行政法规及文件**

《行政复议法实施条例》（2007年5月29日 国务院令第499号）

第31条 依照行政复议法第二十条的规定，上级行政机关认为行政复议机关不予受理行政复议申请的理由不成立的，可以先行督促其受理；经督促仍不受理的，应当责令其限期受理，必要时也可以直接受理；认为行政复议申请不符合法定受理条件的，应当告知申请人。

第四章　行政复议审理

第一节　一般规定

第三十六条 审理程序及要求

行政复议机关受理行政复议申请后，依照本法适用普通程序或者简易程序进行审理。行政复议机构应当指定行政复议人员负责办理行政复议案件。

行政复议人员对办理行政复议案件过程中知悉的国家秘密、商业秘密和个人隐私，应当予以保密。

第三十七条 审理依据

行政复议机关依照法律、法规、规章审理行政复议案件。

行政复议机关审理民族自治地方的行政复议案件，同时依照该民族自治地方的自治条例和单行条例。

第三十八条 提级审理

上级行政复议机关根据需要，可以审理下级行政复议机关管辖的行政复议案件。

下级行政复议机关对其管辖的行政复议案件，认为需要由上级行政复议机关审理的，可以报请上级行政复议机关决定。

第三十九条　复议中止

行政复议期间有下列情形之一的，行政复议中止：

（一）作为申请人的公民死亡，其近亲属尚未确定是否参加行政复议；

（二）作为申请人的公民丧失参加行政复议的行为能力，尚未确定法定代理人参加行政复议；

（三）作为申请人的公民下落不明；

（四）作为申请人的法人或者其他组织终止，尚未确定权利义务承受人；

（五）申请人、被申请人因不可抗力或者其他正当理由，不能参加行政复议；

（六）依照本法规定进行调解、和解，申请人和被申请人同意中止；

（七）行政复议案件涉及的法律适用问题需要有权机关作出解释或者确认；

（八）行政复议案件审理需要以其他案件的审理结果为依据，而其他案件尚未审结；

（九）有本法第五十六条或者第五十七条规定的情形；

（十）需要中止行政复议的其他情形。

行政复议中止的原因消除后，应当及时恢复行政复议案件的审理。

行政复议机关中止、恢复行政复议案件的审理，应当书面告知当事人。

第四十条　恢复审理

行政复议期间，行政复议机关无正当理由中止行政复议的，上级行政机关应当责令其恢复审理。

第四十一条　复议终止

行政复议期间有下列情形之一的，行政复议机关决定终止行政复议：

（一）申请人撤回行政复议申请，行政复议机构准予撤回；

（二）作为申请人的公民死亡，没有近亲属或者其近亲属放弃行政复议权利；

（三）作为申请人的法人或者其他组织终止，没有权利义务承受人或者其权利义务承受人放弃行政复议权利；

（四）申请人对行政拘留或者限制人身自由的行政强制措施不服申请行政复议后，因同一违法行为涉嫌犯罪，被采取刑事强制措施；

（五）依照本法第三十九条第一款第一项、第二项、第四项的规定中止行政复议满六十日，行政复议中止的原因仍未消除。

● 行政法规及文件

1. 《行政复议法实施条例》（2007年5月29日　国务院令第499号）

第38条　申请人在行政复议决定作出前自愿撤回行政复议申请的，经行政复议机构同意，可以撤回。

申请人撤回行政复议申请的，不得再以同一事实和理由提出行政复议申请。但是，申请人能够证明撤回行政复议申请违背其真实意思表示的除外。

● 部门规章及文件

2.《公安机关办理行政复议案件程序规定》(2002年11月2日公安部令第65号)

第61条 有下列情形之一的,不允许申请人撤回行政复议申请:

(一)撤回行政复议申请可能损害国家利益、公共利益或者他人合法权益的;

(二)撤回行政复议申请不是出于申请人自愿的;

(三)其他不允许撤回行政复议申请的情形。

3.《国家知识产权局行政复议规程》(2012年7月18日 国家知识产权局令第66号)

第18条 行政复议决定作出之前,复议申请人可以要求撤回行政复议申请。准予撤回的,行政复议程序终止。

4.《国家食品药品监督管理总局行政复议办法》(2013年11月6日 国家食品药品监督管理总局令第2号)

第12条 行政复议审理过程中,申请人说明理由后撤回行政复议申请的,行政复议自行终止。

5.《海关行政复议办法》(2014年3月13日 海关总署令第218号)

第80条 申请人在行政复议决定作出前自愿撤回行政复议申请的,经海关行政复议机构同意,可以撤回。

申请人撤回行政复议申请的,不得再以同一事实和理由提出行政复议申请。但是,申请人能够证明撤回行政复议申请违背其真实意思表示的除外。

6.《住房城乡建设行政复议办法》(2015年9月7日 住房和城乡建设部令第25号)

第28条 行政复议决定作出前,申请人可以撤回行政复议申请。

申请人撤回行政复议申请的,不得再以同一事实和理由提出行政复议申请。但是，申请人能够证明撤回行政复议申请违背其真实意思表示的除外。

7.《交通运输行政复议规定》（2015年9月9日　交通运输部令2015年第18号）

第15条　交通运输行政复议决定作出前，申请人要求撤回行政复议申请的，经说明理由并由复议机关记录在案，可以撤回。申请人撤回行政复议申请，应当提交撤回交通运输行政复议的书面申请书或者在《撤回交通运输行政复议申请笔录》（见附件7）上签名或者署印。

撤回行政复议申请的，交通运输行政复议终止，交通运输行政复议机关应当制作《交通运输行政复议终止通知书》（见附件8）送达申请人、被申请人、第三人。

8.《税务行政复议规则》（2018年6月15日　国家税务总局令第44号）

第71条　申请人在行政复议决定作出以前撤回行政复议申请的，经行政复议机构同意，可以撤回。

申请人撤回行政复议申请的，不得再以同一事实和理由提出行政复议申请。但是，申请人能够证明撤回行政复议申请违背其真实意思表示的除外。

第四十二条　复议期间行政行为不停止执行及其例外

行政复议期间行政行为不停止执行；但是有下列情形之一的，应当停止执行：

（一）被申请人认为需要停止执行；

（二）行政复议机关认为需要停止执行；

（三）申请人、第三人申请停止执行，行政复议机关认为其要求合理，决定停止执行；

（四）法律、法规、规章规定停止执行的其他情形。

第二节　行政复议证据

第四十三条　证据种类

行政复议证据包括：
（一）书证；
（二）物证；
（三）视听资料；
（四）电子数据；
（五）证人证言；
（六）当事人的陈述；
（七）鉴定意见；
（八）勘验笔录、现场笔录。
以上证据经行政复议机构审查属实，才能作为认定行政复议案件事实的根据。

第四十四条　举证责任

被申请人对其作出的行政行为的合法性、适当性负有举证责任。

有下列情形之一的，申请人应当提供证据：
（一）认为被申请人不履行法定职责的，提供曾经要求被申请人履行法定职责的证据，但是被申请人应当依职权主动履行法定职责或者申请人因正当理由不能提供的除外；
（二）提出行政赔偿请求的，提供受行政行为侵害而造成损害的证据，但是因被申请人原因导致申请人无法举证的，由被申请人承担举证责任；
（三）法律、法规规定需要申请人提供证据的其他情形。

第四十五条　调查取证

行政复议机关有权向有关单位和个人调查取证，查阅、复制、调取有关文件和资料，向有关人员进行询问。

调查取证时，行政复议人员不得少于两人，并应当出示行政复议工作证件。

被调查取证的单位和个人应当积极配合行政复议人员的工作，不得拒绝或者阻挠。

● 行政法规及文件

1.《行政复议法实施条例》（2007年5月29日　国务院令第499号）

第33条　行政复议机构认为必要时，可以实地调查核实证据；对重大、复杂的案件，申请人提出要求或者行政复议机构认为必要时，可以采取听证的方式审理。

第34条　行政复议人员向有关组织和人员调查取证时，可以查阅、复制、调取有关文件和资料，向有关人员进行询问。

调查取证时，行政复议人员不得少于2人，并应当向当事人或者有关人员出示证件。被调查单位和人员应当配合行政复议人员的工作，不得拒绝或者阻挠。

需要现场勘验的，现场勘验所用时间不计入行政复议审理期限。

第35条　行政复议机关应当为申请人、第三人查阅有关材料提供必要条件。

第36条　依照行政复议法第十四条的规定申请原级行政复议的案件，由原承办具体行政行为有关事项的部门或者机构提出书面答复，并提交作出具体行政行为的证据、依据和其他有关材料。

第37条　行政复议期间涉及专门事项需要鉴定的，当事人可以自行委托鉴定机构进行鉴定,也可以申请行政复议机构委托鉴定机构进行鉴定。鉴定费用由当事人承担。鉴定所用时间不计入行政复议审理期限。

● 部门规章及文件

2.《国家食品药品监督管理总局行政复议办法》(2013年11月6日 国家食品药品监督管理总局令第2号)

第13条 审理行政复议案件,应当认真研究案卷,对当事人提供的证据进行调查、核实,必要时可以实地调查取证或者委托地方食品药品监督管理部门调查取证。

3.《海关行政复议办法》(2014年3月13日 海关总署令第218号)

第46条 海关行政复议案件实行合议制审理。合议人员为不得少于3人的单数。合议人员由海关行政复议机构负责人指定的行政复议人员或者海关行政复议机构聘任或者特邀的其他具有专业知识的人员担任。

被申请人所属人员不得担任合议人员。对海关总署作出的具体行政行为不服向海关总署申请行政复议的,原具体行政行为经办部门的人员不得担任合议人员。

对于事实清楚、案情简单、争议不大的海关行政复议案件,也可以不适用合议制,但是应当由2名以上行政复议人员参加审理。

第47条 海关行政复议机构负责人应当指定一名行政复议人员担任主审,具体负责对行政复议案件事实的审查,并且对所认定案件事实的真实性和适用法律的准确性承担主要责任。

合议人员应当根据复议查明的事实,依据有关法律、行政法规和海关规章的规定,提出合议意见,并且对提出的合议意见的正确性负责。

第 48 条　申请人、被申请人或者第三人认为合议人员或者案件审理人员与本案有利害关系或者有其他关系可能影响公正审理行政复议案件的，可以申请合议人员或者案件审理人员回避，同时应当说明理由。

合议人员或者案件审理人员认为自己与本案有利害关系或者有其他关系的，应当主动申请回避。海关行政复议机构负责人也可以指令合议人员或者案件审理人员回避。

行政复议人员的回避由海关行政复议机构负责人决定。海关行政复议机构负责人的回避由海关行政复议机关负责人决定。

第 49 条　海关行政复议机构审理行政复议案件应当向有关组织和人员调查情况，听取申请人、被申请人和第三人的意见；海关行政复议机构认为必要时可以实地调查核实证据；对于事实清楚、案情简单、争议不大的案件，可以采取书面审查的方式进行审理。

第 50 条　海关行政复议机构向有关组织和人员调查取证时，可以查阅、复制、调取有关文件和资料，向有关人员进行询问。

调查取证时，行政复议人员不得少于 2 人，并且应当主动向有关人员出示调查证。被调查单位和人员应当配合行政复议人员的工作，不得拒绝或者阻挠。

调查情况、听取意见应当制作笔录，由被调查人员和行政复议人员共同签字确认。

第 51 条　行政复议期间涉及专门事项需要鉴定的，申请人、第三人可以自行委托鉴定机构进行鉴定，也可以申请行政复议机构委托鉴定机构进行鉴定。鉴定费用由申请人、第三人承担。鉴定所用时间不计入行政复议审理期限。

海关行政复议机构认为必要时也可以委托鉴定机构进行鉴定。

鉴定应当委托国家认可的鉴定机构进行。

第 52 条　需要现场勘验的，现场勘验所用时间不计入行政复议审理期限。

第四十六条　被申请人收集和补充证据限制

行政复议期间,被申请人不得自行向申请人和其他有关单位或者个人收集证据;自行收集的证据不作为认定行政行为合法性、适当性的依据。

行政复议期间,申请人或者第三人提出被申请行政复议的行政行为作出时没有提出的理由或者证据的,经行政复议机构同意,被申请人可以补充证据。

● **部门规章及文件**

《公安机关办理行政复议案件程序规定》（2002年11月2日　公安部令第65号）

第56条　在行政复议过程中,被申请人不得自行向申请人和其他组织或者个人收集证据。

有下列情形之一的,经公安行政复议机关准许,被申请人可以补充相关证据：

（一）在作出具体行政行为时已经收集证据,但因不可抗力等正当理由不能提供的；

（二）申请人或者第三人在行政复议过程中,提出了其在公安机关实施具体行政行为过程中没有提出的反驳理由或者证据的。

第四十七条　申请人等查阅、复制权利

行政复议期间,申请人、第三人及其委托代理人可以按照规定查阅、复制被申请人提出的书面答复、作出行政行为的证据、依据和其他有关材料,除涉及国家秘密、商业秘密、个人隐私或者可能危及国家安全、公共安全、社会稳定的情形外,行政复议机构应当同意。

第三节 普通程序

第四十八条 被申请人书面答复

行政复议机构应当自行政复议申请受理之日起七日内，将行政复议申请书副本或者行政复议申请笔录复印件发送被申请人。被申请人应当自收到行政复议申请书副本或者行政复议申请笔录复印件之日起十日内，提出书面答复，并提交作出行政行为的证据、依据和其他有关材料。

● 部门规章及文件

1.《农业部行政复议工作规定》（2010年12月22日 农政发〔2010〕5号）

第14条 行政复议机构应当自行政复议申请受理之日起7日内，将行政复议申请书副本或者行政复议申请笔录复印件发送被申请人。被申请人是省级农业部门的，发送给省级农业部门；被申请人是农业部的，发送给实施该具体行政行为的农业部业务机构。

省级农业部门或农业部业务机构应当自收到申请书副本或者行政复议申请笔录复印件之日起10日内提出书面答复，并提交当初作出具体行政行为的证据、依据和其他有关材料。

书面答复应当载明下列事项：

（一）作出具体行政行为的事实依据和有关证据；

（二）作出具体行政行为的法律依据；

（三）对申请人行政复议请求的意见和理由。

2.《国家知识产权局行政复议规程》（2012年7月18日 国家知识产权局令第66号）

第17条 行政复议机构应当自受理行政复议申请之日起7日内将行政复议申请书副本转交有关部门。该部门应当自收到行政复议申请书副本之日起10日内提出维持、撤销或者变更原具体行政行为的书面答复意见，并提交当时作出具体行政行为的证据、依据和其他有关材料。期满未提出答复意见的，不影响行政复议决定的作出。

复议申请人、第三人可以查阅前款所述书面答复意见以及作出具体行政行为所依据的证据、依据和其他有关材料，但涉及保密内容的除外。

3. **《国家食品药品监督管理总局行政复议办法》**（2013年11月6日 国家食品药品监督管理总局令第2号）

第9条 行政复议办公室应当自行政复议申请受理之日起7个工作日内将行政复议答复通知书、行政复议申请书副本或者口头申请笔录复印件发送被申请人。被申请人应当在接到答复通知之日起10日内提交答复意见及有关证据材料。答复意见应当包括当初作出具体行政行为的事实根据和法律依据。

被申请人是国家食品药品监督管理总局的，由有关司局或者机构依前款提交答复意见。

4. **《海关行政复议办法》**（2014年3月13日 海关总署令第218号）

第42条 海关行政复议机构应当自受理行政复议申请之日起7日内，将行政复议申请书副本或者行政复议申请笔录复印件以及申请人提交的证据、有关材料的副本发送被申请人。

第43条 被申请人应当自收到申请书副本或者行政复议申请笔录复印件之日起10日内，向海关行政复议机构提交《行政复议答复书》，并且提交当初作出具体行政行为的证据、依据和其他有关材料。

《行政复议答复书》应当载明下列内容：

（一）被申请人名称、地址、法定代表人姓名及职务；

（二）被申请人作出具体行政行为的事实、证据、理由及法律依据；

（三）对申请人的行政复议申请要求、事实、理由逐条进行答辩和必要的举证；

（四）对有关具体行政行为建议维持、变更、撤销或者确认违法，建议驳回行政复议申请，进行行政复议调解等答复意见；

（五）作出答复的时间。

《行政复议答复书》应当加盖被申请人印章。

被申请人提交的有关证据、依据和其他有关材料应当按照规定装订成卷。

第44条 海关行政复议机构应当在收到被申请人提交的《行政复议答复书》之日起7日内，将《行政复议答复书》副本发送申请人。

第45条 行政复议案件的答复工作由被申请人负责法制工作的机构具体负责。

对海关总署作出的具体行政行为不服向海关总署申请行政复议的，由原承办具体行政行为有关事项的部门或者机构具体负责提出书面答复，并且提交当初作出具体行政行为的证据、依据和其他有关材料。

5.《住房城乡建设行政复议办法》（2015年9月7日 住房和城乡建设部令第25号）

第20条 行政复议机关应当自行政复议申请受理之日起7日内，向被申请人发出答复通知书，并将行政复议申请书副本或者行政复议申请笔录复印件发送被申请人。被申请人应当自收到答复通知书之日起10日内，提出书面答复。

6.《交通运输行政复议规定》（2015年9月9日 交通运输部令2015年第18号）

第14条 交通运输行政复议机关设置的法制工作机构应当自行政复议申请受理之日起七日内，将交通运输行政复议申请书副本或者《交通运输行政复议申请笔录》复印件及《交通运输行政复议申请受理通知书》送达被申请人。

被申请人应当自收到前款通知之日起十日内向交通运输行政复议机关提交《交通运输行政复议答复意见书》（见附件6），并提交作出具体行政行为的证据、依据和其他有关材料。

7.《自然资源行政复议规定》（2019年7月19日　自然资源部令第3号）

第16条　行政复议机构应当自受理行政复议申请之日起7个工作日内，向被申请人发出答复通知书，并将行政复议申请书副本或者申请笔录复印件一并发送被申请人。

第17条　行政复议机构认为申请人以外的公民、法人或者其他组织与被复议的行政行为有利害关系的，可以通知其作为第三人参加行政复议。

申请人以外的公民、法人或者其他组织也可以向行政复议机构提出申请，并提交有利害关系的证明材料，经审查同意后作为第三人参加行政复议。

第18条　自然资源部为被申请人的，由行政行为的承办机构提出书面答复，报分管部领导审定。

地方自然资源主管部门为被申请人的，由行政行为的承办机构提出书面答复，报本部门负责人签发，并加盖本部门印章。

难以确定行政复议答复承办机构的，由本部门行政复议机构确定。承办机构有异议的，由行政复议机构报本部门负责人确定。

行政行为的承办机构应当指定1至2名代理人参加行政复议。

第19条　被申请人应当提交行政复议答复书及作出原行政行为的证据、依据和其他有关材料，并对其提交的证据材料分类编号，对证据材料的来源、证明对象和内容作简要说明。涉及国家秘密的，应当作出明确标识。

被申请人未按期提交行政复议答复书及证据材料的，视为原行政行为没有证据、依据，行政复议机关应当作出撤销该行政行为的行政复议决定。

第20条　被申请人应当自收到答复通知书之日起10日内，提交行政复议答复书。

行政复议答复书应当载明下列事项：

（一）被申请人的名称、地址、法定代表人的姓名、职务；

（二）委托代理人的姓名、单位、职务、联系方式；

（三）作出行政行为的事实和有关证据；

（四）作出行政行为所依据的法律、法规、规章和规范性文件的具体条款和内容；

（五）对申请人复议请求的意见和理由；

（六）作出答复的日期。

第21条　行政复议机关应当为申请人、第三人及其代理人查阅行政复议案卷材料提供必要的便利条件。

申请人、第三人申请查阅行政复议案卷材料的，应当出示身份证件；代理人申请查阅行政复议案卷材料的，应当出示身份证件及授权委托书。申请人、第三人及其代理人查阅行政复议案卷材料时，行政复议机构工作人员应当在场。

第22条　对受理的行政复议案件，行政复议机构可以根据案件审理的需要，征求本行政复议机关相关机构的意见。

相关机构应当按照本机构职责范围，按期对行政复议案件提出明确意见，并说明理由。

第23条　行政复议案件以书面审理为主。必要时，行政复议机构可以采取实地调查、审查会、听证会、专家论证等方式审理行政复议案件。

重大、复杂、疑难的行政复议案件，行政复议机构应当提请行政复议委员会审议。

第 24 条　申请人对自然资源主管部门作出的同一行政行为或者内容基本相同的行政行为，提出多个行政复议申请的，行政复议机构可以合并审理。

已经作出过行政复议决定，其他申请人以基本相同的事实和理由，对同一行政行为再次提出行政复议申请的，行政复议机构可以简化审理程序。

第四十九条　听取意见程序

适用普通程序审理的行政复议案件，行政复议机构应当当面或者通过互联网、电话等方式听取当事人的意见，并将听取的意见记录在案。因当事人原因不能听取意见的，可以书面审理。

第五十条　听证情形和人员组成

审理重大、疑难、复杂的行政复议案件，行政复议机构应当组织听证。

行政复议机构认为有必要听证，或者申请人请求听证的，行政复议机构可以组织听证。

听证由一名行政复议人员任主持人，两名以上行政复议人员任听证员，一名记录员制作听证笔录。

第五十一条　听证程序和要求

行政复议机构组织听证的，应当于举行听证的五日前将听证的时间、地点和拟听证事项书面通知当事人。

申请人无正当理由拒不参加听证的，视为放弃听证权利。

被申请人的负责人应当参加听证。不能参加的，应当说明理由并委托相应的工作人员参加听证。

第五十二条 行政复议委员会组成和职责

县级以上各级人民政府应当建立相关政府部门、专家、学者等参与的行政复议委员会，为办理行政复议案件提供咨询意见，并就行政复议工作中的重大事项和共性问题研究提出意见。行政复议委员会的组成和开展工作的具体办法，由国务院行政复议机构制定。

审理行政复议案件涉及下列情形之一的，行政复议机构应当提请行政复议委员会提出咨询意见：

（一）案情重大、疑难、复杂；

（二）专业性、技术性较强；

（三）本法第二十四条第二款规定的行政复议案件；

（四）行政复议机构认为有必要。

行政复议机构应当记录行政复议委员会的咨询意见。

第四节 简 易 程 序

第五十三条 简易程序适用情形

行政复议机关审理下列行政复议案件，认为事实清楚、权利义务关系明确、争议不大的，可以适用简易程序：

（一）被申请行政复议的行政行为是当场作出；

（二）被申请行政复议的行政行为是警告或者通报批评；

（三）案件涉及款额三千元以下；

（四）属于政府信息公开案件。

除前款规定以外的行政复议案件，当事人各方同意适用简易程序的，可以适用简易程序。

第五十四条 简易程序的具体要求

　　适用简易程序审理的行政复议案件，行政复议机构应当自受理行政复议申请之日起三日内，将行政复议申请书副本或者行政复议申请笔录复印件发送被申请人。被申请人应当自收到行政复议申请书副本或者行政复议申请笔录复印件之日起五日内，提出书面答复，并提交作出行政行为的证据、依据和其他有关材料。

　　适用简易程序审理的行政复议案件，可以书面审理。

第五十五条 简易程序向普通程序转换

　　适用简易程序审理的行政复议案件，行政复议机构认为不宜适用简易程序的，经行政复议机构的负责人批准，可以转为普通程序审理。

第五节　行政复议附带审查

第五十六条 规范性文件审查处理

　　申请人依照本法第十三条的规定提出对有关规范性文件的附带审查申请，行政复议机关有权处理的，应当在三十日内依法处理；无权处理的，应当在七日内转送有权处理的行政机关依法处理。

第五十七条 行政行为依据审查处理

　　行政复议机关在对被申请人作出的行政行为进行审查时，认为其依据不合法，本机关有权处理的，应当在三十日内依法处理；无权处理的，应当在七日内转送有权处理的国家机关依法处理。

第五十八条 附带审查处理程序

行政复议机关依照本法第五十六条、第五十七条的规定有权处理有关规范性文件或者依据的，行政复议机构应当自行政复议中止之日起三日内，书面通知规范性文件或者依据的制定机关就相关条款的合法性提出书面答复。制定机关应当自收到书面通知之日起十日内提交书面答复及相关材料。

行政复议机构认为必要时，可以要求规范性文件或者依据的制定机关当面说明理由，制定机关应当配合。

第五十九条 附带审查处理结果

行政复议机关依照本法第五十六条、第五十七条的规定有权处理有关规范性文件或者依据，认为相关条款合法的，在行政复议决定书中一并告知；认为相关条款超越权限或者违反上位法的，决定停止该条款的执行，并责令制定机关予以纠正。

第六十条 接受转送机关的职责

依照本法第五十六条、第五十七条的规定接受转送的行政机关、国家机关应当自收到转送之日起六十日内，将处理意见回复转送的行政复议机关。

第五章 行政复议决定

第六十一条 行政复议决定程序

行政复议机关依照本法审理行政复议案件，由行政复议机构对行政行为进行审查，提出意见，经行政复议机关的负责人同意或者集体讨论通过后,以行政复议机关的名义作出行政复议决定。

经过听证的行政复议案件,行政复议机关应当根据听证笔录、审查认定的事实和证据,依照本法作出行政复议决定。

提请行政复议委员会提出咨询意见的行政复议案件,行政复议机关应当将咨询意见作为作出行政复议决定的重要参考依据。

● 部门规章及文件

1.《公安机关办理行政复议案件程序规定》(2002年11月2日公安部令第65号)

第66条 有下列情形之一的,应当确认该具体行政行为违法:

(一)被申请人不履行法定职责,但决定其履行法定职责已无实际意义的;

(二)具体行政行为不具有可撤销、变更内容的;

(三)具体行政行为依法不能成立或者无效的。

第67条 公安行政复议机关决定撤销具体行政行为或者确认具体行政行为违法,并责令被申请人重新作出具体行政行为,必要时可以一并限定重新作出具体行政行为的期限;限定重新作出具体行政行为的期限最长不超过60日。

被申请人重新作出具体行政行为,应当书面报公安行政复议机关备案。

公民、法人或者其他组织对重新作出的具体行政行为不服,可以依法申请行政复议或者提起行政诉讼。

第68条 有下列情形之一的,应当认定该具体行政行为适用依据错误:

(一)适用的依据已经失效、废止的;

（二）适用的依据尚未生效的；

（三）适用的依据不当的；

（四）其他适用依据错误的情形。

第69条　有下列情形之一的，应当认定该具体行政行为违反法定程序：

（一）依法应当回避而未回避的；

（二）在作出行政处罚决定之前，没有依法履行告知义务的；

（三）拒绝听取当事人陈述、申辩的；

（四）应当听证而未听证的；

（五）其他违反法律、法规、规章规定程序的情形。

第70条　有下列情形之一的，应当认定该具体行政行为超越职权：

（一）超越地域管辖范围的；

（二）超越执法权限的；

（三）其他超越职权的情形。

第71条　被申请人在法定职权范围内故意作出不适当的具体行政行为，侵犯申请人合法权益的，可以认定该具体行政行为滥用职权。

第72条　被申请人作出的具体行政行为与其他同类性质、情节的具体行政行为存在明显差别的，公安行政复议机关可以认定该具体行政行为明显不当。

2.《住房城乡建设行政复议办法》（2015年9月7日　住房和城乡建设部令第25号）

第30条　行政行为认定事实清楚，证据确凿，适用依据正确，程序合法，内容适当的，行政复议机关应当决定维持。

第31条　行政行为有下列情形之一的，行政复议机关应当决定撤销：

（一）主要事实不清，证据不足的；

（二）适用依据错误的；

（三）违反法定程序的；

（四）超越或者滥用职权的；

（五）行政行为明显不当的。

第32条 行政行为有下列情形之一的，行政复议机关可以决定变更该行政行为：

（一）认定事实清楚，证据确凿，程序合法，但是明显不当或者适用依据错误的；

（二）认定事实不清，证据不足，经行政复议程序审理查明事实清楚，证据确凿的。

第33条 有下列情形之一的，行政复议机关应当决定驳回行政复议申请：

（一）申请人认为被申请人不履行法定职责申请行政复议，行政复议机关受理后发现被申请人没有相应法定职责或者在受理前已经履行法定职责的；

（二）行政复议机关受理行政复议申请后，发现该行政复议申请不属于本办法规定的行政复议受案范围或者不符合受理条件的；

（三）被复议的行政行为，已为人民法院或者行政复议机关作出的生效法律文书的效力所羁束的；

（四）法律、法规和规章规定的其他情形。

第34条 有下列情形之一的，行政复议机关应当决定被申请人在一定期限内履行法定职责：

（一）属于被申请人的法定职责，被申请人明确表示拒绝履行或者不予答复的；

（二）属于被申请人的法定职责，并有法定履行期限，被申请人无正当理由逾期未履行或者未予答复的；

（三）属于被申请人的法定职责，没有履行期限规定，被申请人自收到申请满60日起无正当理由未履行或者未予答复的。

前款规定的法定职责，是指县级以上人民政府住房城乡建设主管部门根据法律、法规或者规章的明确规定，在接到申请人的履责申请后应当履行的职责。

第35条　行政行为有下列情形之一的，行政复议机关应当确认违法，但不撤销或者变更行政行为：

（一）行政行为依法应当撤销或者变更，但撤销或者变更该行政行为将会给国家利益、社会公共利益造成重大损害的；

（二）行政行为程序轻微违法，但对申请人权利不产生实际影响的；

（三）被申请人不履行法定职责或者拖延履行法定职责，判令履行没有意义的；

（四）行政行为违法，但不具有可撤销、变更内容的；

（五）法律、法规和规章规定的其他情形。

3.《交通运输行政复议规定》（2015年9月9日　交通运输部令2015年第18号）

第18条　交通运输行政复议机关设置的法制工作机构应当对被申请人作出的具体行政行为进行审查，提出意见，经交通运输行政复议机关的负责人同意或者集体讨论通过后，按照下列规定作出交通运输行政复议决定：

（一）具体行政行为认定事实清楚，证据确凿，适用依据正确，程序合法，内容适当的，决定维持；

（二）被申请人不履行法定职责的，责令其在一定期限内履行；

（三）具体行政行为有下列情形之一的，决定撤销、变更或者确认该具体行政行为违法；决定撤销或者确认该具体行政行为违法的，可以责令被申请人在一定期限内重新作出具体行政行为：

1. 主要事实不清、证据不足的；
2. 适用依据错误的；
3. 违反法定程序的；
4. 超越或者滥用职权的；
5. 具体行政行为明显不当的。

（四）被申请人不按照《行政复议法》第二十三条的规定提出书面答复、提交当初作出具体行政行为的证据、依据和其他有关材料的，视为该具体行政行为没有证据、依据，决定撤销该具体行政行为。

交通运输行政复议机关责令被申请人重新作出具体行政行为的，被申请人不得以同一的事实和理由作出与原具体行政行为相同或者基本相同的具体行政行为。

4.《税务行政复议规则》（2018年6月15日　国家税务总局令第44号）

第75条　行政复议机构应当对被申请人的具体行政行为提出审查意见，经行政复议机关负责人批准，按照下列规定作出行政复议决定：

（一）具体行政行为认定事实清楚，证据确凿，适用依据正确，程序合法，内容适当的，决定维持。

（二）被申请人不履行法定职责的，决定其在一定期限内履行。

（三）具体行政行为有下列情形之一的，决定撤销、变更或者确认该具体行政行为违法；决定撤销或者确认该具体行政行为违法的，可以责令被申请人在一定期限内重新作出具体行政行为：

1. 主要事实不清、证据不足的；
2. 适用依据错误的；
3. 违反法定程序的；
4. 超越职权或者滥用职权的；

5. 具体行政行为明显不当的。

（四）被申请人不按照本规则第六十二条的规定提出书面答复，提交当初作出具体行政行为的证据、依据和其他有关材料的，视为该具体行政行为没有证据、依据，决定撤销该具体行政行为。

第77条　有下列情形之一的，行政复议机关可以决定变更：

（一）认定事实清楚，证据确凿，程序合法，但是明显不当或者适用依据错误的。

（二）认定事实不清，证据不足，但是经行政复议机关审理查明事实清楚，证据确凿的。

● 案例指引

张某诉徐州市人民政府房屋登记行政复议决定案（《最高人民法院公报》2005年第6期）

裁判摘要：行政机关在行政复议中可能作出不利于他人的决定时，如没有采取适当的方式通知其本人参加行政复议即作出复议决定，构成严重违反法定程序，应予撤销。

第六十二条　行政复议审理期限

适用普通程序审理的行政复议案件，行政复议机关应当自受理申请之日起六十日内作出行政复议决定；但是法律规定的行政复议期限少于六十日的除外。情况复杂，不能在规定期限内作出行政复议决定的，经行政复议机构的负责人批准，可以适当延长，并书面告知当事人；但是延长期限最多不得超过三十日。

适用简易程序审理的行政复议案件，行政复议机关应当自受理申请之日起三十日内作出行政复议决定。

第六十三条 变更行政行为

行政行为有下列情形之一的，行政复议机关决定变更该行政行为：

（一）事实清楚，证据确凿，适用依据正确，程序合法，但是内容不适当；

（二）事实清楚，证据确凿，程序合法，但是未正确适用依据；

（三）事实不清、证据不足，经行政复议机关查清事实和证据。

行政复议机关不得作出对申请人更为不利的变更决定，但是第三人提出相反请求的除外。

第六十四条 撤销或者部分撤销、责令重作行政行为

行政行为有下列情形之一的，行政复议机关决定撤销或者部分撤销该行政行为，并可以责令被申请人在一定期限内重新作出行政行为：

（一）主要事实不清、证据不足；

（二）违反法定程序；

（三）适用的依据不合法；

（四）超越职权或者滥用职权。

行政复议机关责令被申请人重新作出行政行为的，被申请人不得以同一事实和理由作出与被申请行政复议的行政行为相同或者基本相同的行政行为，但是行政复议机关以违反法定程序为由决定撤销或者部分撤销的除外。

第六十五条　确认行政行为违法

行政行为有下列情形之一的，行政复议机关不撤销该行政行为，但是确认该行政行为违法：

（一）依法应予撤销，但是撤销会给国家利益、社会公共利益造成重大损害；

（二）程序轻微违法，但是对申请人权利不产生实际影响。

行政行为有下列情形之一，不需要撤销或者责令履行的，行政复议机关确认该行政行为违法：

（一）行政行为违法，但是不具有可撤销内容；

（二）被申请人改变原违法行政行为，申请人仍要求撤销或者确认该行政行为违法；

（三）被申请人不履行或者拖延履行法定职责，责令履行没有意义。

第六十六条　限期履行法定职责

被申请人不履行法定职责的，行政复议机关决定被申请人在一定期限内履行。

第六十七条　确认行政行为无效

行政行为有实施主体不具有行政主体资格或者没有依据等重大且明显违法情形，申请人申请确认行政行为无效的，行政复议机关确认该行政行为无效。

第六十八条　维持行政行为

行政行为认定事实清楚，证据确凿，适用依据正确，程序合法，内容适当的，行政复议机关决定维持该行政行为。

第六十九条 驳回复议请求

行政复议机关受理申请人认为被申请人不履行法定职责的行政复议申请后，发现被申请人没有相应法定职责或者在受理前已经履行法定职责的，决定驳回申请人的行政复议请求。

第七十条 被申请人不提交书面答复等情形的处理

被申请人不按照本法第四十八条、第五十四条的规定提出书面答复、提交作出行政行为的证据、依据和其他有关材料的，视为该行政行为没有证据、依据，行政复议机关决定撤销、部分撤销该行政行为，确认该行政行为违法、无效或者决定被申请人在一定期限内履行，但是行政行为涉及第三人合法权益，第三人提供证据的除外。

第七十一条 行政协议案件处理

被申请人不依法订立、不依法履行、未按照约定履行或者违法变更、解除行政协议的，行政复议机关决定被申请人承担依法订立、继续履行、采取补救措施或者赔偿损失等责任。

被申请人变更、解除行政协议合法，但是未依法给予补偿或者补偿不合理的，行政复议机关决定被申请人依法给予合理补偿。

第七十二条 行政复议期间赔偿请求的处理

申请人在申请行政复议时一并提出行政赔偿请求，行政复议机关对依照《中华人民共和国国家赔偿法》的有关规定应当不予赔偿的，在作出行政复议决定时，应当同时决定驳回行政赔偿请求；对符合《中华人民共和国国家赔偿法》的有关规定应当给予赔偿的，在决定撤销或者部分撤销、变更行政行为或者确认行政行为违法、无效时，应当同时决定被申请人依法给予赔偿；确认行政行为违法的，还可以同时责令被申请人采取补救措施。

申请人在申请行政复议时没有提出行政赔偿请求的，行政复议机关在依法决定撤销或者部分撤销、变更罚款，撤销或者部分撤销违法集资、没收财物、征收征用、摊派费用以及对财产的查封、扣押、冻结等行政行为时，应当同时责令被申请人返还财产，解除对财产的查封、扣押、冻结措施，或者赔偿相应的价款。

第七十三条　行政复议调解处理

当事人经调解达成协议的，行政复议机关应当制作行政复议调解书，经各方当事人签字或者签章，并加盖行政复议机关印章，即具有法律效力。

调解未达成协议或者调解书生效前一方反悔的，行政复议机关应当依法审查或者及时作出行政复议决定。

第七十四条　行政复议和解处理

当事人在行政复议决定作出前可以自愿达成和解，和解内容不得损害国家利益、社会公共利益和他人合法权益，不得违反法律、法规的强制性规定。

当事人达成和解后，由申请人向行政复议机构撤回行政复议申请。行政复议机构准予撤回行政复议申请、行政复议机关决定终止行政复议的，申请人不得再以同一事实和理由提出行政复议申请。但是，申请人能够证明撤回行政复议申请违背其真实意愿的除外。

第七十五条　行政复议决定书

行政复议机关作出行政复议决定，应当制作行政复议决定书，并加盖行政复议机关印章。

行政复议决定书一经送达，即发生法律效力。

第七十六条　行政复议意见书

行政复议机关在办理行政复议案件过程中，发现被申请人或者其他下级行政机关的有关行政行为违法或者不当的，可以向其制发行政复议意见书。有关机关应当自收到行政复议意见书之日起六十日内，将纠正相关违法或者不当行政行为的情况报送行政复议机关。

第七十七条　复议文书的履行及不履行的后果

被申请人应当履行行政复议决定书、调解书、意见书。

被申请人不履行或者无正当理由拖延履行行政复议决定书、调解书、意见书的，行政复议机关或者有关上级行政机关应当责令其限期履行，并可以约谈被申请人的有关负责人或者予以通报批评。

第七十八条　行政复议决定书、调解书的强制执行

申请人、第三人逾期不起诉又不履行行政复议决定书、调解书的，或者不履行最终裁决的行政复议决定的，按照下列规定分别处理：

（一）维持行政行为的行政复议决定书，由作出行政行为的行政机关依法强制执行，或者申请人民法院强制执行；

（二）变更行政行为的行政复议决定书，由行政复议机关依法强制执行，或者申请人民法院强制执行；

（三）行政复议调解书，由行政复议机关依法强制执行，或者申请人民法院强制执行。

第七十九条　行政复议决定书公开和文书抄告

行政复议机关根据被申请行政复议的行政行为的公开情况，按照国家有关规定将行政复议决定书向社会公开。

县级以上地方各级人民政府办理以本级人民政府工作部门为被申请人的行政复议案件，应当将发生法律效力的行政复议决定书、意见书同时抄告被申请人的上一级主管部门。

第六章　法律责任

第八十条　行政复议机关不依法履职的法律责任

行政复议机关不依照本法规定履行行政复议职责，对负有责任的领导人员和直接责任人员依法给予警告、记过、记大过的处分，经有权监督的机关督促仍不改正或者造成严重后果的，依法给予降级、撤职、开除的处分。

● 法　律

1. 《公务员法》（2018年12月29日）

第59条　公务员应当遵纪守法，不得有下列行为：

（一）散布有损宪法权威、中国共产党和国家声誉的言论，组织或者参加旨在反对宪法、中国共产党领导和国家的集会、游行、示威等活动；

（二）组织或者参加非法组织，组织或者参加罢工；

（三）挑拨、破坏民族关系，参加民族分裂活动或者组织、利用宗教活动破坏民族团结和社会稳定；

（四）不担当，不作为，玩忽职守，贻误工作；

（五）拒绝执行上级依法作出的决定和命令；

（六）对批评、申诉、控告、检举进行压制或者打击报复；

（七）弄虚作假，误导、欺骗领导和公众；

（八）贪污贿赂，利用职务之便为自己或者他人谋取私利；

（九）违反财经纪律，浪费国家资财；

（十）滥用职权，侵害公民、法人或者其他组织的合法权益；

（十一）泄露国家秘密或者工作秘密；

（十二）在对外交往中损害国家荣誉和利益；

（十三）参与或者支持色情、吸毒、赌博、迷信等活动；

（十四）违反职业道德、社会公德和家庭美德；

（十五）违反有关规定参与禁止的网络传播行为或者网络活动；

（十六）违反有关规定从事或者参与营利性活动，在企业或者其他营利性组织中兼任职务；

（十七）旷工或者因公外出、请假期满无正当理由逾期不归；

（十八）违纪违法的其他行为。

第60条　公务员执行公务时，认为上级的决定或者命令有错误的，可以向上级提出改正或者撤销该决定或者命令的意见；上级不改变该决定或者命令，或者要求立即执行的，公务员应当执行该决定或者命令，执行的后果由上级负责，公务员不承担责任；但是，公务员执行明显违法的决定或者命令的，应当依法承担相应的责任。

第61条　公务员因违纪违法应当承担纪律责任的,依照本法给予处分或者由监察机关依法给予政务处分;违纪违法行为情节轻微,经批评教育后改正的,可以免予处分。

对同一违纪违法行为,监察机关已经作出政务处分决定的,公务员所在机关不再给予处分。

第62条　处分分为:警告、记过、记大过、降级、撤职、开除。

第63条　对公务员的处分,应当事实清楚、证据确凿、定性准确、处理恰当、程序合法、手续完备。

公务员违纪违法的,应当由处分决定机关决定对公务员违纪违法的情况进行调查,并将调查认定的事实以及拟给予处分的依据告知公务员本人。公务员有权进行陈述和申辩;处分决定机关不得因公务员申辩而加重处分。

处分决定机关认为对公务员应当给予处分的,应当在规定的期限内,按照管理权限和规定的程序作出处分决定。处分决定应当以书面形式通知公务员本人。

第64条　公务员在受处分期间不得晋升职务、职级和级别,其中受记过、记大过、降级、撤职处分的,不得晋升工资档次。

受处分的期间为:警告,六个月;记过,十二个月;记大过,十八个月;降级、撤职,二十四个月。

受撤职处分的,按照规定降低级别。

第65条　公务员受开除以外的处分,在受处分期间有悔改表现,并且没有再发生违纪违法行为的,处分期满后自动解除。

解除处分后,晋升工资档次、级别和职务、职级不再受原处分的影响。但是,解除降级、撤职处分的,不视为恢复原级别、原职务、原职级。

2.《公职人员政务处分法》(2020年6月20日)

第2条　本法适用于监察机关对违法的公职人员给予政务处

分的活动。

本法第二章、第三章适用于公职人员任免机关、单位对违法的公职人员给予处分。处分的程序、申诉等适用其他法律、行政法规、国务院部门规章和国家有关规定。

本法所称公职人员，是指《中华人民共和国监察法》第十五条规定的人员。

第 3 条　监察机关应当按照管理权限，加强对公职人员的监督，依法给予违法的公职人员政务处分。

公职人员任免机关、单位应当按照管理权限，加强对公职人员的教育、管理、监督，依法给予违法的公职人员处分。

监察机关发现公职人员任免机关、单位应当给予处分而未给予，或者给予的处分违法、不当的，应当及时提出监察建议。

第 4 条　给予公职人员政务处分，坚持党管干部原则，集体讨论决定；坚持法律面前一律平等，以事实为根据，以法律为准绳，给予的政务处分与违法行为的性质、情节、危害程度相当；坚持惩戒与教育相结合，宽严相济。

● 行政法规及文件

3.《行政复议法实施条例》（2007 年 5 月 29 日　国务院令第 499 号）

第 64 条　行政复议机关或者行政复议机构不履行行政复议法和本条例规定的行政复议职责，经有权监督的行政机关督促仍不改正的，对直接负责的主管人员和其他直接责任人员依法给予警告、记过、记大过的处分；造成严重后果的，依法给予降级、撤职、开除的处分。

第八十一条　行政复议机关工作人员法律责任

行政复议机关工作人员在行政复议活动中，徇私舞弊或者有其他渎职、失职行为的，依法给予警告、记过、记大过的处分；情节严重的，依法给予降级、撤职、开除的处分；构成犯罪的，依法追究刑事责任。

● **法　律**

《刑法》（2020年12月26日）

第399条　司法工作人员徇私枉法、徇情枉法，对明知是无罪的人而使他受追诉、对明知是有罪的人而故意包庇不使他受追诉，或者在刑事审判活动中故意违背事实和法律作枉法裁判的，处五年以下有期徒刑或者拘役；情节严重的，处五年以上十年以下有期徒刑；情节特别严重的，处十年以上有期徒刑。

在民事、行政审判活动中故意违背事实和法律作枉法裁判，情节严重的，处五年以下有期徒刑或者拘役；情节特别严重的，处五年以上十年以下有期徒刑。

在执行判决、裁定活动中，严重不负责任或者滥用职权，不依法采取诉讼保全措施、不履行法定执行职责，或者违法采取诉讼保全措施、强制执行措施，致使当事人或者其他人的利益遭受重大损失的，处五年以下有期徒刑或者拘役；致使当事人或者其他人的利益遭受特别重大损失的，处五年以上十年以下有期徒刑。

司法工作人员收受贿赂，有前三款行为的，同时又构成本法第三百八十五条规定之罪的，依照处罚较重的规定定罪处罚。

第八十二条　被申请人不书面答复等行为的法律责任

被申请人违反本法规定，不提出书面答复或者不提交作出行政行为的证据、依据和其他有关材料，或者阻挠、变相阻挠公民、法人或者其他组织依法申请行政复议的，对负有责任的领导人员和直接责任人员依法给予警告、记过、记大过的处分；进行报复陷害的，依法给予降级、撤职、开除的处分；构成犯罪的，依法追究刑事责任。

● 法　律

《刑法》（2020年12月26日）

第243条　捏造事实诬告陷害他人，意图使他人受刑事追究，情节严重的，处三年以下有期徒刑、拘役或者管制；造成严重后果的，处三年以上十年以下有期徒刑。

国家机关工作人员犯前款罪的，从重处罚。

不是有意诬陷，而是错告，或者检举失实的，不适用前两款的规定。

第308条　对证人进行打击报复的，处三年以下有期徒刑或者拘役；情节严重的，处三年以上七年以下有期徒刑。

第八十三条　被申请人不履行有关文书的法律责任

被申请人不履行或者无正当理由拖延履行行政复议决定书、调解书、意见书的，对负有责任的领导人员和直接责任人员依法给予警告、记过、记大过的处分；经责令履行仍拒不履行的，依法给予降级、撤职、开除的处分。

● 行政法规及文件

《行政复议法实施条例》（2007年5月29日　国务院令第499号）

第62条　被申请人在规定期限内未按照行政复议决定的要求重新作出具体行政行为，或者违反规定重新作出具体行政行为的，依照行政复议法第三十七条的规定追究法律责任。

第八十四条　拒绝、阻挠调查取证等行为的法律责任

拒绝、阻挠行政复议人员调查取证，故意扰乱行政复议工作秩序的，依法给予处分、治安管理处罚；构成犯罪的，依法追究刑事责任。

第八十五条 违法事实材料移送

行政机关及其工作人员违反本法规定的，行政复议机关可以向监察机关或者公职人员任免机关、单位移送有关人员违法的事实材料，接受移送的监察机关或者公职人员任免机关、单位应当依法处理。

第八十六条 职务违法犯罪线索移送

行政复议机关在办理行政复议案件过程中，发现公职人员涉嫌贪污贿赂、失职渎职等职务违法或者职务犯罪的问题线索，应当依照有关规定移送监察机关，由监察机关依法调查处置。

第七章　附　　则

第八十七条 受理申请不收费

行政复议机关受理行政复议申请，不得向申请人收取任何费用。

第八十八条 期间计算和文书送达

行政复议期间的计算和行政复议文书的送达，本法没有规定的，依照《中华人民共和国民事诉讼法》关于期间、送达的规定执行。

本法关于行政复议期间有关"三日"、"五日"、"七日"、"十日"的规定是指工作日，不含法定休假日。

第八十九条　适用范围补充规定

外国人、无国籍人、外国组织在中华人民共和国境内申请行政复议,适用本法。

第九十条　施行日期

本法自 2024 年 1 月 1 日起施行。

中华人民共和国行政诉讼法

（1989年4月4日第七届全国人民代表大会第二次会议通过　根据2014年11月1日第十二届全国人民代表大会常务委员会第十一次会议《关于修改〈中华人民共和国行政诉讼法〉的决定》第一次修正　根据2017年6月27日第十二届全国人民代表大会常务委员会第二十八次会议《关于修改〈中华人民共和国民事诉讼法〉和〈中华人民共和国行政诉讼法〉的决定》第二次修正）

目　　录

第一章　总　　则

第二章　受案范围

第三章　管　　辖

第四章　诉讼参加人

第五章　证　　据

第六章　起诉和受理

第七章　审理和判决

　第一节　一般规定

　第二节　第一审普通程序

　第三节　简易程序

　第四节　第二审程序

　第五节　审判监督程序

第八章　执　　行

第九章　涉外行政诉讼

第十章　附　　则

第一章 总　　则

第一条 立法目的

　　为保证人民法院公正、及时审理行政案件，解决行政争议，保护公民、法人和其他组织的合法权益，监督行政机关依法行使职权，根据宪法，制定本法。

● 宪　法

《宪法》（2018年3月11日）

　　第3条　中华人民共和国的国家机构实行民主集中制的原则。

　　全国人民代表大会和地方各级人民代表大会都由民主选举产生，对人民负责，受人民监督。

　　国家行政机关、监察机关、审判机关、检察机关都由人民代表大会产生，对它负责，受它监督。

　　中央和地方的国家机构职权的划分，遵循在中央的统一领导下，充分发挥地方的主动性、积极性的原则。

　　第5条　中华人民共和国实行依法治国，建设社会主义法治国家。

　　国家维护社会主义法制的统一和尊严。

　　一切法律、行政法规和地方性法规都不得同宪法相抵触。

　　一切国家机关和武装力量、各政党和各社会团体、各企业事业组织都必须遵守宪法和法律。一切违反宪法和法律的行为，必须予以追究。

　　任何组织或者个人都不得有超越宪法和法律的特权。

　　第27条　一切国家机关实行精简的原则，实行工作责任制，实行工作人员的培训和考核制度，不断提高工作质量和工作效率，反对官僚主义。

一切国家机关和国家工作人员必须依靠人民的支持，经常保持同人民的密切联系，倾听人民的意见和建议，接受人民的监督，努力为人民服务。

国家工作人员就职时应当依照法律规定公开进行宪法宣誓。

第二条　诉权

公民、法人或者其他组织认为行政机关和行政机关工作人员的行政行为侵犯其合法权益，有权依照本法向人民法院提起诉讼。

前款所称行政行为，包括法律、法规、规章授权的组织作出的行政行为。

● 法　律

1.《行政许可法》（2019年4月23日）

第7条　公民、法人或者其他组织对行政机关实施行政许可，享有陈述权、申辩权；有权依法申请行政复议或者提起行政诉讼；其合法权益因行政机关违法实施行政许可受到损害的，有权依法要求赔偿。

第38条　申请人的申请符合法定条件、标准的，行政机关应当依法作出准予行政许可的书面决定。

行政机关依法作出不予行政许可的书面决定的，应当说明理由，并告知申请人享有依法申请行政复议或者提起行政诉讼的权利。

第53条　实施本法第十二条第二项所列事项的行政许可的，行政机关应当通过招标、拍卖等公平竞争的方式作出决定。但是，法律、行政法规另有规定的，依照其规定。

行政机关通过招标、拍卖等方式作出行政许可决定的具体程序，依照有关法律、行政法规的规定。

行政机关按照招标、拍卖程序确定中标人、买受人后，应当作出准予行政许可的决定，并依法向中标人、买受人颁发行政许可证件。

行政机关违反本条规定，不采用招标、拍卖方式，或者违反招标、拍卖程序，损害申请人合法权益的，申请人可以依法申请行政复议或者提起行政诉讼。

2. 《行政处罚法》（2021年1月22日）

第7条　公民、法人或者其他组织对行政机关所给予的行政处罚，享有陈述权、申辩权；对行政处罚不服的，有权依法申请行政复议或者提起行政诉讼。

公民、法人或者其他组织因行政机关违法给予行政处罚受到损害的，有权依法提出赔偿要求。

3. 《行政强制法》（2011年6月30日）

第8条　公民、法人或者其他组织对行政机关实施行政强制，享有陈述权、申辩权；有权依法申请行政复议或者提起行政诉讼；因行政机关违法实施行政强制受到损害的，有权依法要求赔偿。

公民、法人或者其他组织因人民法院在强制执行中有违法行为或者扩大强制执行范围受到损害的，有权依法要求赔偿。

4. 《国家赔偿法》（2012年10月26日）

第3条　行政机关及其工作人员在行使行政职权时有下列侵犯人身权情形之一的，受害人有取得赔偿的权利：

（一）违法拘留或者违法采取限制公民人身自由的行政强制措施的；

（二）非法拘禁或者以其他方法非法剥夺公民人身自由的；

（三）以殴打、虐待等行为或者唆使、放纵他人以殴打、虐待等行为造成公民身体伤害或者死亡的；

（四）违法使用武器、警械造成公民身体伤害或者死亡的；

（五）造成公民身体伤害或者死亡的其他违法行为。

第4条　行政机关及其工作人员在行使行政职权时有下列侵犯财产权情形之一的，受害人有取得赔偿的权利：

（一）违法实施罚款、吊销许可证和执照、责令停产停业、没收财物等行政处罚的；

（二）违法对财产采取查封、扣押、冻结等行政强制措施的；

（三）违法征收、征用财产的；

（四）造成财产损害的其他违法行为。

第9条　赔偿义务机关有本法第三条、第四条规定情形之一的，应当给予赔偿。

赔偿请求人要求赔偿，应当先向赔偿义务机关提出，也可以在申请行政复议或者提起行政诉讼时一并提出。

● 司法解释及文件

5.《最高人民法院印发〈关于依法保护行政诉讼当事人诉权的意见〉的通知》（2009年11月9日　法发〔2009〕54号）

各省、自治区、直辖市高级人民法院，解放军军事法院，新疆维吾尔自治区高级人民法院生产建设兵团分院：

现将《最高人民法院关于依法保护行政诉讼当事人诉权的意见》印发给你们，请结合工作实际，认真贯彻落实。

最高人民法院关于依法保护行政诉讼当事人诉权的意见

行政诉讼法施行以来，人民法院依法受理和审理了大量行政案件，有效化解了行政争议，维护了人民群众合法权益，促进了行政机关依法行政，行政审判的特殊职能作用日益彰显。但是，行政诉讼"告状难"现象依然存在，已经成为人民群众反映强烈的突出问题之一。为不断满足人民群众日益增长的司法需求，切实解决行政诉讼有案不收、有诉不理的问题，现就进一步重

视和加强行政案件受理,依法保护当事人诉讼权利,切实解决行政诉讼"告状难"问题,提出如下意见:

一、切实提高对行政案件受理工作重要性的认识

行政诉讼制度是保障最广大人民群众利益最有效、最直接的法律制度之一,是新形势下解决人民内部矛盾的一种有效方式,是维护社会和谐稳定的重要手段。行政诉讼受理渠道是否畅通,是这一优良司法制度能否有效发挥功能和作用的前提。诉权保障不力,公民的合法权益就难以有效救济,人民群众日益增长的司法需求就不可能得到满足。随着社会利益格局日益多元化和复杂化,特别是受国际金融危机的影响,行政纠纷日益增多,日趋复杂多样化,有的还呈现出突发性、群体性、极端性的特点。只有畅通行政诉讼渠道,才能引导人民群众以理性合法的方式表达利益诉求,最大限度地减少社会不和谐因素,增进人民群众与政府之间的理解与信任。诉讼渠道不畅,必然导致上访增多,非理性行为加剧,必将严重影响社会和谐稳定,削弱人民法院行政审判"为大局服务,为人民司法"的职能作用。各级人民法院必须充分理解司法权源于人民、属于人民、服务人民、受人民监督的根本属性,从贯彻落实党的十七届四中全会精神和实现司法的人民性的高度,充分认识行政案件受理工作的重要性,认真抓好行政案件受理工作,切实解决行政诉讼"告状难"问题。

二、不得随意限缩受案范围、违法增设受理条件

行政诉讼法和相关司法解释根据我国国情和现阶段的法治发展程度,设计了符合实际的行政案件受案范围,这是人民法院受理行政诉讼案件的法定依据。各级人民法院要全面准确理解和适用,不得以任何借口随意限制受案范围。凡是行政诉讼法明确规定的可诉性事项,不得擅自加以排除;行政诉讼法没有明确规定但有单行法律、法规授权的,也要严格遵循;法律和司法解释没有明确排除的具体行政行为,应当属于人民法院

行政诉讼受案范围。不仅要保护公民、法人和其他组织的人身权和财产权，也要顺应权利保障的需要，依法保护法律、法规规定可以提起诉讼的与人身权、财产权密切相关的其他经济、社会权利。要坚决清除限制行政诉讼受理的各种"土政策"，严禁以服务地方中心工作、应对金融危机等为借口，拒绝受理某类依法应当受理的行政案件。要准确理解、严格执行行政诉讼法和相关司法解释关于起诉条件、诉讼主体资格、起诉期限的规定，不得在法律规定之外另行规定限制当事人起诉的其他条件。要正确处理起诉权和胜诉权的关系，不能以当事人的诉讼请求明显不成立而限制或者剥夺当事人的诉讼权利。要正确处理诉前协调和立案审理的关系，既要充分发挥诉前协调的作用，又不能使之成为妨碍当事人行使诉权的附加条件。要全面正确审查起诉期限，对不属于起诉人自身原因超过起诉期限的，应当根据案件具体情况依法提供有效救济。

三、依法积极受理新类型行政案件

随着形势的发展和法治的进步，行政行为的方式不断丰富，行政管理的领域不断拓展，人民群众的司法需求不断增长，行政争议的特点不断变化。各级人民法院要深入了解各阶层人民群众的生活现状和思想动向，了解人民群众对行政审判工作的期待，依法受理由此引发的各种新类型案件，积极回应人民群众的现实司法需求。要依法积极受理行政给付、行政监管、行政允诺、行政不作为等新类型案件；依法积极受理教育、劳动、医疗、社会保障等事关民生的案件；依法积极受理政府信息公开等涉及公民其他社会权利的案件；积极探讨研究公益诉讼案件的受理条件和裁判方式。对新类型案件拿不准的，应当在法定期间先予立案，必要时请示上级人民法院，不得随意作出不予受理决定。

完善工作机制，改进工作作风

行政案件立案专业性较强。各级人民法院的立案庭和行政庭要在行政案件受理环节加强协调、沟通与配合。要严格执行行政诉讼法和司法解释有关受理案件的程序制度，对于当事人的起诉要在法定期限内立案或者作出裁定；不能决定是否受理的，应当先予受理，经审查确实不符合法定立案条件的，裁定驳回起诉。要认真执行《关于行政案件管辖若干问题的规定》，对于起诉人向上一级人民法院起诉的，上一级人民法院应当依法及时作出处理，符合受理条件的，督促有管辖权的人民法院立案受理，也可以直接立案后由自己审理或者指定辖区其他人民法院审理。要改进工作作风，强化便民措施，简化立案环节，丰富立案方式，方便群众诉讼。对于情况紧急且涉及人民群众切身利益或公共利益符合立案条件的案件，要及时立案，尽快审理。要大力推行诉讼引导和指导、权利告知、风险提示等措施，由于起诉人法律知识不足导致起诉状内容欠缺、错列被告等情形的，应当给予必要的指导和释明，不得未经指导和释明即以起诉不符合条件为由予以驳回。要增强司法公开和透明，对依法不予受理或驳回起诉的，必须依法出具法律文书，并在法律文书中给出令人信服的理由。

五、加强对行政案件受理工作的监督

上级人民法院要通过审理上诉和申诉案件、受理举报、案件评查、专项检查、通报排名等各种措施，进一步加强对下级人民法院行政案件立案受理工作的指导和监督，切实防止因当事人告状无门而引发到处上访、激化社会矛盾的事件发生。要健全完善行政审判绩效考核办法，加大因违法不受理案件导致申诉信访的考核权重。要严格执行《人民法院审判人员违法审判责任追究办法（试行）》的规定，对于违反法律规定，擅自对应当受理的案件不予受理，或者因违法失职造成严重后果的责任人员，要依法依纪严肃处理。要坚决抵制非法干预行政案件受理的各种违法行为，彻底废除各种违法限制行政案件受理的"土政策"。对于干预、阻碍人民法院受理行政案件造成恶劣影响的，应当及时向当地党委、纪检监察机关和上级人民法院反映，上级人民法院要协助党委和纪检监察机关作出严肃处理。

六、努力营造行政案件立案受理的良好外部环境

要通过典型案例、普法宣传、诉讼指导等多种途径，加大行政诉讼法的宣传力度，提高当事人参与行政诉讼的能力和水平，引导人民群众通过理性合法的方式主张权利；要切实提高行政案件的办案质量，千方百计降低诉讼成本，缩短诉讼周期，加大执行力度，增强行政审判的公信力；要进一步改进工作作风，增强服务意识，提高服务水平，为人民群众提供更加便捷的救济；要采取强有力的法律保护手段，严厉查处打击报复当事人的行为，使人民群众敢于运用法律手段维护自己的合法权益。要建议政府和有关部门正确理解和评价行政诉讼败诉现象，修改和完善相关考评制度，防止和消除由此产生的负面影响。要更加主动自觉地争取党委的领导和人大的监督，取得政府机关及社会各界的支持。通过不懈努力，使行政案件受理难、审理难、执行难问题得到根本解决，使行政诉讼制度在保护合法权益，促进依法行政，化解行政争议，维护和谐稳定中发挥更加积极的作用。

第二条 行政机关负责人出庭应诉

人民法院应当保障公民、法人和其他组织的起诉权利，对应当受理的行政案件依法受理。

行政机关及其工作人员不得干预、阻碍人民法院受理行政案件。

被诉行政机关负责人应当出庭应诉。不能出庭的，应当委托行政机关相应的工作人员出庭。

● 司法解释及文件

1.《最高人民法院关于适用〈中华人民共和国行政诉讼法〉的解释》（2018年2月6日　法释〔2018〕1号）

第128条　行政诉讼法第三条第三款规定的行政机关负责人，包括行政机关的正职、副职负责人以及其他参与分管的负责人。

行政机关负责人出庭应诉的，可以另行委托一至二名诉讼代理人。行政机关负责人不能出庭的，应当委托行政机关相应的工作人员出庭，不得仅委托律师出庭。

第129条　涉及重大公共利益、社会高度关注或者可能引发群体性事件等案件以及人民法院书面建议行政机关负责人出庭的案件，被诉行政机关负责人应当出庭。

被诉行政机关负责人出庭应诉的，应当在当事人及其诉讼代理人基本情况、案件由来部分予以列明。

行政机关负责人有正当理由不能出庭应诉的，应当向人民法院提交情况说明，并加盖行政机关印章或者由该机关主要负责人签字认可。

行政机关拒绝说明理由的，不发生阻止案件审理的效果，人民法院可以向监察机关、上一级行政机关提出司法建议。

第130条　行政诉讼法第三条第三款规定的"行政机关相应的工作人员"，包括该行政机关具有国家行政编制身份的工作人员以及其他依法履行公职的人员。

被诉行政行为是地方人民政府作出的，地方人民政府法制工作机构的工作人员，以及被诉行政行为具体承办机关工作人员，可以视为被诉人民政府相应的工作人员。

第131条　行政机关负责人出庭应诉的，应当向人民法院提交能够证明该行政机关负责人职务的材料。

行政机关委托相应的工作人员出庭应诉的，应当向人民法院提交加盖行政机关印章的授权委托书，并载明工作人员的姓名、职务和代理权限。

第132条 行政机关负责人和行政机关相应的工作人员均不出庭，仅委托律师出庭的或者人民法院书面建议行政机关负责人出庭应诉，行政机关负责人不出庭应诉的，人民法院应当记录在案和在裁判文书中载明，并可以建议有关机关依法作出处理。

2.《最高人民法院关于行政机关负责人出庭应诉若干问题的规定》(2020年6月22日 法释〔2020〕3号)

为进一步规范行政机关负责人出庭应诉活动，根据《中华人民共和国行政诉讼法》等法律规定，结合人民法院行政审判工作实际，制定本规定。

第1条 行政诉讼法第三条第三款规定的被诉行政机关负责人应当出庭应诉，是指被诉行政机关负责人依法应当在第一审、第二审、再审等诉讼程序中出庭参加诉讼，行使诉讼权利，履行诉讼义务。

法律、法规、规章授权独立行使行政职权的行政机关内设机构、派出机构或者其他组织的负责人出庭应诉，适用本规定。

应当追加为被告而原告不同意追加，人民法院通知以第三人身份参加诉讼的行政机关，其负责人出庭应诉活动参照前款规定。

第2条 行政诉讼法第三条第三款规定的被诉行政机关负责人，包括行政机关的正职、副职负责人、参与分管被诉行政行为实施工作的副职级别的负责人以及其他参与分管的负责人。

被诉行政机关委托的组织或者下级行政机关的负责人，不能作为被诉行政机关负责人出庭。

第3条 有共同被告的行政案件，可以由共同被告协商确定行政机关负责人出庭应诉；也可以由人民法院确定。

第4条 对于涉及食品药品安全、生态环境和资源保护、公共卫生安全等重大公共利益，社会高度关注或者可能引发群体性事件等的案件，人民法院应当通知行政机关负责人出庭应诉。

有下列情形之一，需要行政机关负责人出庭的，人民法院可以通知行政机关负责人出庭应诉：

（一）被诉行政行为涉及公民、法人或者其他组织重大人身、财产权益的；

（二）行政公益诉讼；

（三）被诉行政机关的上级机关规范性文件要求行政机关负责人出庭应诉的；

（四）人民法院认为需要通知行政机关负责人出庭应诉的其他情形。

第5条 人民法院在向行政机关送达的权利义务告知书中，应当一并告知行政机关负责人出庭应诉的法定义务及相关法律后果等事项。

人民法院通知行政机关负责人出庭的，应当在开庭三日前送达出庭通知书，并告知行政机关负责人不出庭可能承担的不利法律后果。

行政机关在庭审前申请更换出庭应诉负责人且不影响正常开庭的，人民法院应当准许。

第6条 行政机关负责人出庭应诉的，应当于开庭前向人民法院提交出庭应诉负责人的身份证明。身份证明应当载明该负责人的姓名、职务等基本信息，并加盖行政机关印章。

人民法院应当对出庭应诉负责人的身份证明进行审查，经审查认为不符合条件，可以补正的，应当告知行政机关予以补正；不能补正或者补正可能影响正常开庭的，视为行政机关负责人未出庭应诉。

第7条 对于同一审级需要多次开庭的同一案件，行政机关负责人到庭参加一次庭审的，一般可以认定其已经履行出庭应诉义务，但人民法院通知行政机关负责人再次出庭的除外。

行政机关负责人在一个审理程序中出庭应诉，不免除其在其他审理程序出庭应诉的义务。

第8条　有下列情形之一的，属于行政诉讼法第三条第三款规定的行政机关负责人不能出庭的情形：

（一）不可抗力；

（二）意外事件；

（三）需要履行他人不能代替的公务；

（四）无法出庭的其他正当事由。

第9条　行政机关负责人有正当理由不能出庭的，应当提交相关证明材料，并加盖行政机关印章或者由该机关主要负责人签字认可。

人民法院应当对行政机关负责人不能出庭的理由以及证明材料进行审查。

行政机关负责人有正当理由不能出庭，行政机关申请延期开庭审理的，人民法院可以准许；人民法院也可以依职权决定延期开庭审理。

第10条　行政诉讼法第三条第三款规定的相应的工作人员，是指被诉行政机关中具体行使行政职权的工作人员。

行政机关委托行使行政职权的组织或者下级行政机关的工作人员，可以视为行政机关相应的工作人员。

人民法院应当参照本规定第六条第二款的规定，对行政机关相应的工作人员的身份证明进行审查。

第11条　诉讼参与人参加诉讼活动，应当依法行使诉讼权利，履行诉讼义务，遵守法庭规则，自觉维护诉讼秩序。

行政机关负责人或者行政机关委托的相应工作人员在庭审过程中应当就案件情况进行陈述、答辩、提交证据、辩论、发表最后意见，对所依据的规范性文件进行解释说明。

行政机关负责人出庭应诉的,应当就实质性解决行政争议发表意见。

诉讼参与人和其他人以侮辱、谩骂、威胁等方式扰乱法庭秩序的,人民法院应当制止,并根据行政诉讼法第五十九条规定进行处理。

第12条 有下列情形之一的,人民法院应当向监察机关、被诉行政机关的上一级行政机关提出司法建议:

(一)行政机关负责人未出庭应诉,且未说明理由或者理由不成立的;

(二)行政机关有正当理由申请延期开庭审理,人民法院准许后再次开庭审理时行政机关负责人仍未能出庭应诉,且无正当理由的;

(三)行政机关负责人和行政机关相应的工作人员均不出庭应诉的;

(四)行政机关负责人未经法庭许可中途退庭的;

(五)人民法院在庭审中要求行政机关负责人就有关问题进行解释或者说明,行政机关负责人拒绝解释或者说明,导致庭审无法进行的。

有前款情形之一的,人民法院应当记录在案并在裁判文书中载明。

第13条 当事人对行政机关具有本规定第十二条第一款情形提出异议的,人民法院可以在庭审笔录中载明,不影响案件的正常审理。

原告以行政机关具有本规定第十二条第一款情形为由拒不到庭、未经法庭许可中途退庭的,人民法院可以按照撤诉处理。

原告以行政机关具有本规定第十二条第一款情形为由在庭审中明确拒绝陈述或者以其他方式拒绝陈述,导致庭审无法进行,经法庭释明法律后果后仍不陈述意见的,人民法院可以视为放弃陈述权利，由其承担相应的法律后果。

第14条　人民法院可以通过适当形式将行政机关负责人出庭应诉情况向社会公开。

人民法院可以定期将辖区内行政机关负责人出庭应诉情况进行统计、分析、评价，向同级人民代表大会常务委员会报告，向同级人民政府进行通报。

第15条　本规定自2020年7月1日起施行。

第四条　独立行使审判权

人民法院依法对行政案件独立行使审判权，不受行政机关、社会团体和个人的干涉。

人民法院设行政审判庭，审理行政案件。

● 行政法规及文件

《国务院关于加强市县政府依法行政的决定》（2008年5月12日国发〔2008〕17号）

（二十二）加强行政复议和行政应诉工作。市县政府及其部门要认真贯彻执行行政复议法及其实施条例，充分发挥行政复议在行政监督、解决行政争议、化解人民内部矛盾和维护社会稳定方面的重要作用。要畅通行政复议渠道，坚持便民利民原则，依法应当受理的行政复议案件必须受理。要改进行政复议审理方式，综合运用书面审查、实地调查、听证、和解、调解等手段办案。要依法公正做出行政复议决定，对违法或者不当的行政行为，该撤销的坚决予以撤销，该变更的坚决予以变更。要按照行政复议法实施条例的规定，健全市县政府行政复议机构，充实行政复议工作人员，行政复议机构审理行政复议案件，应当由2名以上行政复议人员参加；推行行政复议人员资格管理制度，切实提高行政复议能力。要认真做好行政应诉工作，鼓励、倡导行政机关负责人出庭应诉。行政机关要自觉履行人民法院做出的判决和裁定。

（二十七）省级政府要切实担负起加强市县政府依法行政的领导责任。各省（区、市）人民政府要把加强市县政府依法行政作为当前和今后一个时期建设法治政府的重点任务来抓，加强工作指导和督促检查。要大力培育依法行政的先进典型，及时总结、交流和推广经验，充分发挥典型的示范带动作用。要建立依法行政考核制度，根据建设法治政府的目标和要求，把是否依照法定权限和程序行使权力、履行职责作为衡量市县政府及其部门各项工作好坏的重要标准，把是否依法决策、是否依法制定发布规范性文件、是否依法实施行政管理、是否依法受理和办理行政复议案件、是否依法履行行政应诉职责等作为考核内容，科学设定考核指标，一并纳入市县政府及其工作人员的实绩考核指标体系。依法行政考核结果要与奖励惩处、干部任免挂钩。加快实行以行政机关主要负责人为重点的行政问责和绩效管理制度。要合理分清部门之间的职责权限，在此基础上落实工作责任和考核要求。市县政府不履行对依法行政的领导职责，导致本行政区域一年内发生多起严重违法行政案件、造成严重社会影响的，要严肃追究该市县政府主要负责人的责任。

第五条 以事实为根据，以法律为准绳原则

人民法院审理行政案件，以事实为根据，以法律为准绳。

● 司法解释及文件

《最高人民法院关于印发〈关于审理行政案件适用法律规范问题的座谈会纪要〉的通知》（2004年5月18日 法〔2004〕96号）

各省、自治区、直辖市高级人民法院，新疆维吾尔自治区高级人民法院生产建设兵团分院：

现将《关于审理行政案件适用法律规范问题的座谈会纪要》印发给你们，请参照执行。执行中有什么问题，请及时报告我院。

附：关于审理行政案件适用法律规范问题的座谈会纪要

行政审判涉及的法律规范层级和门类较多，《立法法》施行以后有关法律适用规则亦发生了很大变化，在法律适用中经常遇到如何识别法律依据、解决法律规范冲突等各种疑难问题。这些问题能否妥当地加以解决，直接影响行政审判的公正和效率。而且，随着我国法治水平的提高和适应加入世贸组织的需要，行政审判在解决法律规范冲突、维护法制统一中的作用越来越突出。为准确适用法律规范，确保行政案件的公正审理，维护国家法制的统一和尊严，促进依法行政，最高人民法院行政审判庭曾就审理行政案件适用法律规范的突出问题进行专题调研，并征求有关部门意见。2003年10月，最高人民法院在上海召开全国法院行政审判工作座谈会期间，就审理行政案件适用法律规范问题进行了专题座谈。与会人员在总结审判经验的基础上，根据立法法、行政诉讼法及其他有关法律规定，对一些带有普遍性的问题形成了共识。现将有关内容纪要如下：

一、关于行政案件的审判依据

根据《行政诉讼法》和《立法法》有关规定，人民法院审理行政案件，依据法律、行政法规、地方性法规、自治条例和单行条例，参照规章。在参照规章时，应当对规章的规定是否合法有效进行判断，对于合法有效的规章应当适用。根据立法法、行政法规制定程序条例和规章制定程序条例关于法律、行政法规和规章的解释的规定，全国人大常委会的法律解释，国务院或者国务院授权的部门公布的行政法规解释，人民法院作为审理行政案件的法律依据；规章制定机关作出的与规章具有同等效力的规章解释，人民法院审理行政案件时参照适用。

考虑建国后我国立法程序的沿革情况，现行有效的行政法规有以下三种类型：一是国务院制定并公布的行政法规；二是立法法施行以前，按照当时有效的行政法规制定程序，经国务院批准、由国务院部门公布的行政法规。但在立法法施行以后，经国务院批准、由国务院部门公布的规范性文件，不再属于行政法规；三是在清理行政法规时由国务院确认的其他行政法规。

行政审判实践中，经常涉及有关部门为指导法律执行或者实施行政措施而作出的具体应用解释和制定的其他规范性文件，主要是：国务院部门以及省、市、自治区和较大的市的人民政府或其主管部门对于具体应用法律、法规或规章作出的解释；县级以上人民政府及其主管部门制定发布的具有普遍约束力的决定、命令或其他规范性文件。行政机关往往将这些具体应用解释和其他规范性文件作为具体行政行为的直接依据。这些具体应用解释和规范性文件不是正式的法律渊源，对人民法院不具有法律规范意义上的约束力。但是，人民法院经审查认为被诉具体行政行为依据的具体应用解释和其他规范性文件合法、有效并合理、适当的，在认定被诉具体行政行为合法性时应承认其效力；人民法院可以在裁判理由中对具体应用解释和其他规范性文件是否合法、有效、合理或适当进行评述。

二、关于法律规范冲突的适用规则

调整同一对象的两个或者两个以上的法律规范因规定不同的法律后果而产生冲突的，一般情况下应当按照《立法法》规定的上位法优于下位法、后法优于前法以及特别法优于一般法等法律适用规则，判断和选择所应适用的法律规范。冲突规范所涉及的事项比较重大、有关机关对是否存在冲突有不同意见、应当优先适用的法律规范的合法有效性尚有疑问或者按照法律适用规则不能确定如何适用时，依据《立法法》规定的程序逐级送请有权机关裁决。

（一）下位法不符合上位法的判断和适用

下位法的规定不符合上位法的，人民法院原则上应当适用上位法。当前许多具体行政行为是依据下位法作出的，并未援引和适用上位法。在这种情况下，为维护法制统一，人民法院审查具体行政行为的合法性时，应当对下位法是否符合上位法一并进行判断。经判断下位法与上位法相抵触的，应当依据上位法认定被诉具体行政行为的合法性。从审判实践看，下位法不符合上位法的常见情形有：下位法缩小上位法规定的权利主体范围，或者违反上位法立法目的扩大上位法规定的权利主体范围；下位法限制或者剥夺上位法规定的权利，或者违反上位法立法目的扩大上位法规定的权利范围；下位法扩大行政主体或其职权范围；下位法延长上位法规定的履行法定职责期限；下位法以参照、准用等方式扩大或者限缩上位法规定的义务或者义务主体的范围、性质或者条件；下位法增设或者限缩违反上位法规定的适用条件；下位法扩大或者限缩上位法规定的给予行政处罚的行为、种类和幅度的范围；下位法改变上位法已规定的违法行为的性质；下位法超出上位法规定的强制措施的适用范围、种类和方式，以及增设或者限缩其适用条件；法规、规章或者其他规范文件设定不符合行政许可法规定的行政许可，或者增设违反上位法的行政许可条件；其他相抵触的情形。

法律、行政法规或者地方性法规修改后，其实施性规定未被明文废止的，人民法院在适用时应当区分下列情形：实施性规定与修改后的法律、行政法规或者地方性法规相抵触的，不予适用；因法律、行政法规或者地方性法规的修改，相应的实施性规定丧失依据而不能单独施行的，不予适用；实施性规定与修改后的法律、行政法规或者地方性法规不相抵触的，可以适用。

（二）特别规定与一般规定的适用关系

同一法律、行政法规、地方性法规、自治条例和单行条例、规章内的不同条文对相同事项有一般规定和特别规定的，优先适用特别规定。

法律之间、行政法规之间或者地方性法规之间对同一事项的新的一般规定与旧的特别规定不一致的，人民法院原则上应按照下列情形适用：新的一般规定允许旧的特别规定继续适用的，适用旧的特别规定；新的一般规定废止旧的特别规定的，适用新的一般规定。不能确定新的一般规定是否允许旧的规定继续适用的，人民法院应当中止行政案件的审理，属于法律的，逐级上报最高人民法院送请全国人民代表大会常务委员会裁决；属于行政法规的，逐级上报最高人民法院送请国务院裁决；属于地方性法规的，由高级人民法院送请制定机关裁决。

（三）地方性法规与部门规章冲突的选择适用

地方性法规与部门规章之间对同一事项的规定不一致的，人民法院一般可以按照下列情形适用：（1）法律或者行政法规授权部门规章作出实施性规定的，其规定优先适用；（2）尚未制定法律、行政法规的，部门规章对于国务院决定、命令授权的事项，或者对于中央宏观调控的事项、需要全国统一的市场活动规则及对外贸易和外商投资等需要全国统一规定的事项作出的规定，应当优先适用；（3）地方性法规根据法律或者行政法规的授权，根据本行政区域的实际情况作出的具体规定，应当优先适用；（4）地方政府规章对属于地方性事务的事项作出的规定，应当优先适用；（5）尚未制定法律、行政法规的，地方性法规根据本行政区域的具体情况，对需要全国统一规定以外的事项作出的规定，应当优先适用；（6）能够直接适用的其他情形。不能确定如何适用的，应当中止行政案件的审理，逐级上报最高人民法院按照立法法第八十六条第一款第（二）项的规定送请有权机关处理。

（四）规章冲突的选择适用

部门规章与地方政府规章之间对相同事项的规定不一致的，人民法院一般可以按照下列情形适用：（1）法律或者行政法规授权部门规章作出实施性规定的，其规定优先适用；（2）尚未制定法律、行政法规的,部门规章对于国务院决定、命令授权的事项,或者对属于中央宏观调控的事项、需要全国统一的市场活动规则及对外贸易和外商投资等事项作出的规定,应当优先适用;(3)地方政府规章根据法律或者行政法规的授权,根据本行政区域的实际情况作出的具体规定,应当优先适用;(4)地方政府规章对属于本行政区域的具体行政管理事项作出的规定,应当优先适用;(5)能够直接适用的其他情形。不能确定如何适用的,应当中止行政案件的审理,逐级上报最高人民法院送请国务院裁决。

国务院部门之间制定的规章对同一事项的规定不一致的,人民法院一般可以按照下列情形选择适用:(1)适用与上位法不相抵触的部门规章规定;(2)与上位法均不抵触的,优先适用根据专属职权制定的规章规定;(3)两个以上的国务院部门就涉及其职权范围的事项联合制定的规章规定,优先于其中一个部门单独作出的规定;(4)能够选择适用的其他情形。不能确定如何适用的,应当中止行政案件的审理,逐级上报最高人民法院送请国务院裁决。

国务院部门或者省、市、自治区人民政府制定的其他规范性文件对相同事项的规定不一致的,参照上列精神处理。

三、关于新旧法律规范的适用规则

根据行政审判中的普遍认识和做法,行政相对人的行为发生在新法施行以前,具体行政行为作出在新法施行以后,人民法院审查具体行政行为的合法性时,实体问题适用旧法规定,程序问题适用新法规定,但下列情形除外:(一)法律、法规或规章另有规定的;(二)适用新法对保护行政相对人的合法权益更为有利的;(三)按照具体行政行为的性质应当适用新法的实体规定的。

关于法律规范具体应用解释问题

在裁判案件中解释法律规范,是人民法院适用法律的重要组成部分。人民法院对于所适用的法律规范,一般按照其通常语义进行解释;有专业上的特殊涵义的,该涵义优先;语义不清楚或者有歧义的，可以根据上下文和立法宗旨、目的和原则等确定其涵义。

法律规范在列举其适用的典型事项后，又以"等"、"其他"等词语进行表述的，属于不完全列举的例示性规定。以"等"、"其他"等概括性用语表示的事项，均为明文列举的事项以外的事项，且其所概括的情形应为与列举事项类似的事项。

人民法院在解释和适用法律时，应当妥善处理法律效果与社会效果的关系，既要严格适用法律规定和维护法律规定的严肃性，确保法律适用的确定性、统一性和连续性，又要注意与时俱进，注意办案的社会效果，避免刻板僵化地理解和适用法律条文，在法律适用中维护国家利益和社会公共利益。

第六条 合法性审查原则

人民法院审理行政案件，对行政行为是否合法进行审查。

● 司法解释及文件

1.《最高人民法院关于审理国际贸易行政案件若干问题的规定》（2002年8月27日 法释〔2002〕27号）

第6条 人民法院审理国际贸易行政案件，应当依照行政诉讼法，并根据案件具体情况，从以下方面对被诉具体行政行为进行合法性审查：

（一）主要证据是否确实、充分；
（二）适用法律、法规是否正确；
（三）是否违反法定程序；
（四）是否超越职权；
（五）是否滥用职权；
（六）行政处罚是否显失公正；
（七）是否不履行或者拖延履行法定职责。

2.《最高人民法院关于审理反倾销行政案件应用法律若干问题的规定》（2002年11月21日　法释〔2002〕35号）

第6条　人民法院依照行政诉讼法及其他有关反倾销的法律、行政法规，参照国务院部门规章，对被诉反倾销行政行为的事实问题和法律问题，进行合法性审查。

3.《最高人民法院关于审理反补贴行政案件应用法律若干问题的规定》（2002年11月21日　法释〔2002〕36号）

第6条　人民法院依照行政诉讼法及其他有关反补贴的法律、行政法规，参照国务院部门规章，对被诉反补贴行政行为的事实问题和法律问题，进行合法性审查。

4.《最高人民法院关于审理行政协议案件若干问题的规定》（2019年11月27日　法释〔2019〕17号）

第11条　人民法院审理行政协议案件，应当对被告订立、履行、变更、解除行政协议的行为是否具有法定职权、是否滥用职权、适用法律法规是否正确、是否遵守法定程序、是否明显不当、是否履行相应法定职责进行合法性审查。

原告认为被告未依法或者未按照约定履行行政协议的，人民法院应当针对其诉讼请求，对被告是否具有相应义务或者履行相应义务等进行审查。

第七条　合议、回避、公开审判和两审终审原则

人民法院审理行政案件，依法实行合议、回避、公开审判和两审终审制度。

● 司法解释及文件

《最高人民法院关于适用〈中华人民共和国行政诉讼法〉的解释》（2018年2月6日　法释〔2018〕1号）

第74条　当事人申请回避，应当说明理由，在案件开始审

理时提出；回避事由在案件开始审理后知道的，应当在法庭辩论终结前提出。

被申请回避的人员，在人民法院作出是否回避的决定前，应当暂停参与本案的工作，但案件需要采取紧急措施的除外。

对当事人提出的回避申请，人民法院应当在三日内以口头或者书面形式作出决定。对当事人提出的明显不属于法定回避事由的申请，法庭可以依法当庭驳回。

申请人对驳回回避申请决定不服的，可以向作出决定的人民法院申请复议一次。复议期间，被申请回避的人员不停止参与本案的工作。对申请人的复议申请，人民法院应当在三日内作出复议决定，并通知复议申请人。

第75条　在一个审判程序中参与过本案审判工作的审判人员，不得再参与该案其他程序的审判。

发回重审的案件，在一审法院作出裁判后又进入第二审程序的，原第二审程序中合议庭组成人员不受前款规定的限制。

第八条　法律地位平等原则

当事人在行政诉讼中的法律地位平等。

第九条　本民族语言文字原则

各民族公民都有用本民族语言、文字进行行政诉讼的权利。

在少数民族聚居或者多民族共同居住的地区，人民法院应当用当地民族通用的语言、文字进行审理和发布法律文书。

人民法院应当对不通晓当地民族通用的语言、文字的诉讼参与人提供翻译。

第十条　辩论原则

当事人在行政诉讼中有权进行辩论。

第十一条　法律监督原则

人民检察院有权对行政诉讼实行法律监督。

● 法　律

1.《人民检察院组织法》（2018 年 10 月 26 日）

第 2 条　人民检察院是国家的法律监督机关。

人民检察院通过行使检察权，追诉犯罪，维护国家安全和社会秩序，维护个人和组织的合法权益，维护国家利益和社会公共利益，保障法律正确实施，维护社会公平正义，维护国家法制统一、尊严和权威，保障中国特色社会主义建设的顺利进行。

第 20 条　人民检察院行使下列职权：

（一）依照法律规定对有关刑事案件行使侦查权；

（二）对刑事案件进行审查，批准或者决定是否逮捕犯罪嫌疑人；

（三）对刑事案件进行审查，决定是否提起公诉，对决定提起公诉的案件支持公诉；

（四）依照法律规定提起公益诉讼；

（五）对诉讼活动实行法律监督；

（六）对判决、裁定等生效法律文书的执行工作实行法律监督；

（七）对监狱、看守所的执法活动实行法律监督；

（八）法律规定的其他职权。

第 21 条　人民检察院行使本法第二十条规定的法律监督职权，可以进行调查核实，并依法提出抗诉、纠正意见、检察建议。有关单位应当予以配合，并及时将采纳纠正意见、检察建议的情况书面回复人民检察院。

抗诉、纠正意见、检察建议的适用范围及其程序，依照法律有关规定。

● 司法解释及文件

2.《最高人民法院、最高人民检察院关于对民事审判活动与行政诉讼实行法律监督的若干意见（试行）》（2011年3月10日高检会〔2011〕1号）

第1条 为了完善检察机关对民事审判活动、行政诉讼实行法律监督的范围和程序，维护司法公正，根据宪法和法律，结合司法实践，制定本意见。

第3条 人民检察院对于已经发生法律效力的判决、裁定、调解，有下列情形之一的，可以向当事人或者案外人调查核实：

（一）可能损害国家利益、社会公共利益的；

（二）民事诉讼的当事人或者行政诉讼的原告、第三人在原审中因客观原因不能自行收集证据，书面申请人民法院调查收集，人民法院应当调查收集而未调查收集的；

（三）民事审判、行政诉讼活动违反法定程序，可能影响案件正确判决、裁定的。

第4条 当事人在一审判决、裁定生效前向人民检察院申请抗诉的，人民检察院应当告知其依照法律规定提出上诉。当事人对可以上诉的一审判决、裁定在发生法律效力后提出申诉的，应当说明未提出上诉的理由；没有正当理由的，不予受理。

第5条 最高人民检察院对各级人民法院已经发生法律效力的民事判决、裁定，上级人民检察院对下级人民法院已经发生法律效力的民事判决、裁定，经过立案审查，发现有《中华人民共和国民事诉讼法》第一百七十九条规定情形之一，符合抗诉条件的，应当依照《中华人民共和国民事诉讼法》第一百八十七条之规定，向同级人民法院提出抗诉。

人民检察院发现人民法院已经发生法律效力的行政判决和不予受理、驳回起诉、管辖权异议等行政裁定，有《中华人民共和国行政诉讼法》第六十四条规定情形的，应当提出抗诉。

第6条　人民检察院发现人民法院已经发生法律效力的民事调解、行政赔偿调解损害国家利益、社会公共利益的，应当提出抗诉。

第7条　地方各级人民检察院对符合本意见第五条、第六条规定情形的判决、裁定、调解，经检察委员会决定，可以向同级人民法院提出再审检察建议。

人民法院收到再审检察建议后，应当在三个月内进行审查并将审查结果书面回复人民检察院。人民法院认为需要再审的，应当通知当事人。人民检察院认为人民法院不予再审的决定不当的，应当提请上级人民检察院提出抗诉。

第8条　人民法院裁定驳回再审申请后，当事人又向人民检察院申诉的，人民检察院对驳回再审申请的裁定不应当提出抗诉。人民检察院经审查认为原生效判决、裁定、调解符合抗诉条件的，应当提出抗诉。人民法院经审理查明，抗诉事由与被驳回的当事人申请再审事由实质相同的，可以判决维持原判。

第9条　人民法院的审判活动有本意见第五条、第六条以外违反法律规定情形，不适用再审程序的，人民检察院应当向人民法院提出检察建议。

当事人认为人民法院的审判活动存在前款规定情形，经提出异议,人民法院未予纠正，向人民检察院申诉的，人民检察院应当受理。

第10条　人民检察院提出检察建议的，人民法院应当在一个月内作出处理并将处理情况书面回复人民检察院。

人民检察院对人民法院的回复意见有异议的，可以通过上一级人民检察院向上一级人民法院提出。上一级人民法院认为人民检察院的意见正确的，应当监督下级人民法院及时纠正。

第 11 条　人民检察院办理行政申诉案件，发现行政机关有违反法律规定、可能影响人民法院公正审理的行为，应当向行政机关提出检察建议，并将相关情况告知人民法院。

第 12 条　人民检察院办理民事、行政申诉案件，经审查认为人民法院的审判活动合法、裁判正确的，应当及时将审查结果告知相关当事人并说明理由，做好服判息诉工作。

人民检察院办理民事申诉、行政赔偿诉讼申诉案件，当事人双方有和解意愿、符合和解条件的，可以建议当事人自行和解。

第 13 条　人民法院审理抗诉案件，应当通知人民检察院派员出席法庭。

检察人员出席再审法庭的任务是：

（一）宣读抗诉书；

（二）对人民检察院依职权调查收集的、包括有利于和不利于申诉人的证据予以出示，并对当事人提出的问题予以说明。

检察人员发现庭审活动违法的，应当待庭审结束或者休庭之后，向检察长报告，以人民检察院的名义提出检察建议。

第 14 条　人民检察院办理民事、行政诉讼监督案件，应当依法履行法律监督职责，严格遵守办案规则以及相关检察纪律规范，不得谋取任何私利，不得滥用监督权力。

第 15 条　人民法院发现检察监督行为违反法律或者检察纪律的，可以向人民检察院提出书面建议，人民检察院应当在一个月内将处理结果书面回复人民法院；人民法院对于人民检察院的回复意见有异议的，可以通过上一级人民法院向上一级人民检察院提出。上一级人民检察院认为人民法院建议正确的，应当要求下级人民检察院及时纠正。

第16条 人民检察院和人民法院应当建立相应的沟通协调机制，及时解决实践中出现的相关问题。

● 案例指引

1. 某材料公司诉重庆市某区安监局、市安监局行政处罚及行政复议检察监督案（最高人民检察院检例第116号）

裁判摘要：人民检察院办理行政诉讼监督案件，应当在履行法律监督职责中开展行政争议实质性化解工作，促进案结事了。人民检察院化解行政争议应当注重释法说理，有效回应当事人诉求，解心结、释法结。

2. 陈某诉江苏省某市某区人民政府强制拆迁及行政赔偿检察监督案（最高人民检察院检例第117号）

裁判摘要：人民检察院办理未经人民法院实体审理的行政赔偿监督案件，依据行政委托关系确定行政机关为赔偿责任主体的，可以促使双方当事人在法定补偿和赔偿标准幅度内达成和解。对于疑难复杂行政争议，应当充分发挥检察一体化优势，凝聚化解行政争议合力。

3. 山东省某包装公司及魏某安全生产违法行政非诉执行检察监督案（最高人民检察院检例第119号）

裁判摘要：人民检察院办理当事人申请监督并提出合法正当诉求的行政非诉执行监督案件，可以立足法律监督职能开展行政争议实质性化解工作。人民检察院通过监督人民法院非诉执行活动，审查行政行为是否合法，发现人民法院执行活动违反法律规定，行政机关违法行使职权或者不行使职权的，应当提出检察建议。

4. 湖南省某市人民检察院对市人民法院行政诉讼执行活动检察监督案（最高人民检察院检例第147号）

裁判摘要：人民检察院对人民法院行政诉讼执行活动实行法律监督，应当对执行立案、采取执行措施、执行结案全过程进行监督，促进行政裁判确定的内容得以依法及时实现。发现人民法院行政诉讼执行活动存在同类违法问题的，可以就纠正同类问题向人民法院提出检察建议，并持续跟踪督促落实，促进依法执行。人民法院跨行政区域集中管辖的行政案件，原则上由受理案件法院所在地同级对应的人民检察院管辖并履行相应的法律监督职责。

5. 糜某诉浙江省某市住房和城乡建设局、某市人民政府信息公开及行政复议检察监督案（最高人民检察院检例第 149 号）

裁判摘要：人民检察院办理因对送达日期存在争议引发的行政诉讼监督案件，发现法律文书送达不规范、影响当事人依法主张权利等普遍性问题，在监督纠正个案的同时，督促人民法院规范送达程序，促使邮政机构加强管理，确保有效送达。

第二章 受案范围

第十二条 行政诉讼受案范围

人民法院受理公民、法人或者其他组织提起的下列诉讼：

（一）对行政拘留、暂扣或者吊销许可证和执照、责令停产停业、没收违法所得、没收非法财物、罚款、警告等行政处罚不服的；

（二）对限制人身自由或者对财产的查封、扣押、冻结等行政强制措施和行政强制执行不服的；

（三）申请行政许可，行政机关拒绝或者在法定期限内不予答复，或者对行政机关作出的有关行政许可的其他决定不服的；

（四）对行政机关作出的关于确认土地、矿藏、水流、森林、山岭、草原、荒地、滩涂、海域等自然资源的所有权或者使用权的决定不服的；

（五）对征收、征用决定及其补偿决定不服的；

（六）申请行政机关履行保护人身权、财产权等合法权益的法定职责，行政机关拒绝履行或者不予答复的；

　　（七）认为行政机关侵犯其经营自主权或者农村土地承包经营权、农村土地经营权的；

　　（八）认为行政机关滥用行政权力排除或者限制竞争的；

　　（九）认为行政机关违法集资、摊派费用或者违法要求履行其他义务的；

　　（十）认为行政机关没有依法支付抚恤金、最低生活保障待遇或者社会保险待遇的；

　　（十一）认为行政机关不依法履行、未按照约定履行或者违法变更、解除政府特许经营协议、土地房屋征收补偿协议等协议的；

　　（十二）认为行政机关侵犯其他人身权、财产权等合法权益的。

　　除前款规定外，人民法院受理法律、法规规定可以提起诉讼的其他行政案件。

● 行政法规及文件

1.《政府信息公开条例》（2019年4月3日　国务院令第711号）

　　第51条　公民、法人或者其他组织认为行政机关在政府信息公开工作中侵犯其合法权益的，可以向上一级行政机关或者政府信息公开工作主管部门投诉、举报，也可以依法申请行政复议或者提起行政诉讼。

● 司法解释及文件

2.《最高人民法院关于审理行政赔偿案件若干问题的规定》（2022年3月20日　法释〔2022〕10号）

　　第2条　依据行政诉讼法第一条、第十二条第一款第十二项和国家赔偿法第二条规定，公民、法人或者其他组织认为行政机关及其工作人员违法行使行政职权对其劳动权、相邻权等合法权益造成人身、财产损害的，可以依法提起行政赔偿诉讼。

第3条 赔偿请求人不服赔偿义务机关下列行为的，可以依法提起行政赔偿诉讼：

（一）确定赔偿方式、项目、数额的行政赔偿决定；

（二）不予赔偿决定；

（三）逾期不作出赔偿决定；

（四）其他有关行政赔偿的行为。

第4条 法律规定由行政机关最终裁决的行政行为被确认违法后，赔偿请求人可以单独提起行政赔偿诉讼。

3.《最高人民法院关于审理国际贸易行政案件若干问题的规定》

（2002年8月27日　法释〔2002〕27号）

第1条 下列案件属于本规定所称国际贸易行政案件：

（一）有关国际货物贸易的行政案件；

（二）有关国际服务贸易的行政案件；

（三）与国际贸易有关的知识产权行政案件；

（四）其他国际贸易行政案件。

第2条 人民法院行政审判庭依法审理国际贸易行政案件。

第3条 自然人、法人或者其他组织认为中华人民共和国具有国家行政职权的机关和组织及其工作人员（以下统称行政机关）有关国际贸易的具体行政行为侵犯其合法权益的，可以依照行政诉讼法以及其他有关法律、法规的规定，向人民法院提起行政诉讼。

第4条 当事人的行为发生在新法生效之前，行政机关在新法生效之后对该行为作出行政处理决定的，当事人可以依照新法的规定提起行政诉讼。

4.《最高人民法院关于审理反倾销行政案件应用法律若干问题的规定》（2002年11月21日 法释〔2002〕35号）

第1条 人民法院依法受理对下列反倾销行政行为提起的行政诉讼：

（一）有关倾销及倾销幅度、损害及损害程度的终裁决定；

（二）有关是否征收反倾销税的决定以及追溯征收、退税、对新出口经营者征税的决定；

（三）有关保留、修改或者取消反倾销税以及价格承诺的复审决定；

（四）依照法律、行政法规规定可以起诉的其他反倾销行政行为。

5.《最高人民法院关于审理行政协议案件若干问题的规定》（2019年11月27日 法释〔2019〕17号）

第1条 行政机关为了实现行政管理或者公共服务目标，与公民、法人或者其他组织协商订立的具有行政法上权利义务内容的协议，属于行政诉讼法第十二条第一款第十一项规定的行政协议。

第2条 公民、法人或者其他组织就下列行政协议提起行政诉讼的，人民法院应当依法受理：

（一）政府特许经营协议；

（二）土地、房屋等征收征用补偿协议；

（三）矿业权等国有自然资源使用权出让协议；

（四）政府投资的保障性住房的租赁、买卖等协议；

（五）符合本规定第一条规定的政府与社会资本合作协议；

（六）其他行政协议。

第5条 下列与行政协议有利害关系的公民、法人或者其他组织提起行政诉讼的，人民法院应当依法受理：

（一）参与招标、拍卖、挂牌等竞争性活动，认为行政机关应当依法与其订立行政协议但行政机关拒绝订立，或者认为行政机关与他人订立行政协议损害其合法权益的公民、法人或者其他组织；

（二）认为征收征用补偿协议损害其合法权益的被征收征用土地、房屋等不动产的用益物权人、公房承租人；

（三）其他认为行政协议的订立、履行、变更、终止等行为损害其合法权益的公民、法人或者其他组织。

6.《最高人民法院关于审理政府信息公开行政案件若干问题的规定》（2011年7月29日　法释〔2011〕17号）

第1条　公民、法人或者其他组织认为下列政府信息公开工作中的具体行政行为侵犯其合法权益，依法提起行政诉讼的，人民法院应当受理：

（一）向行政机关申请获取政府信息，行政机关拒绝提供或者逾期不予答复的；

（二）认为行政机关提供的政府信息不符合其在申请中要求的内容或者法律、法规规定的适当形式的；

（三）认为行政机关主动公开或者依他人申请公开政府信息侵犯其商业秘密、个人隐私的；

（四）认为行政机关提供的与其自身相关的政府信息记录不准确，要求该行政机关予以更正，该行政机关拒绝更正、逾期不予答复或者不予转送有权机关处理的；

（五）认为行政机关在政府信息公开工作中的其他具体行政行为侵犯其合法权益的。

公民、法人或者其他组织认为政府信息公开行政行为侵犯其合法权益造成损害的，可以一并或单独提起行政赔偿诉讼。

7.《最高人民法院关于适用〈中华人民共和国行政诉讼法〉的解释》（2018年2月6日　法释〔2018〕1号）

第53条　人民法院对符合起诉条件的案件应当立案，依法保障当事人行使诉讼权利。

对当事人依法提起的诉讼，人民法院应当根据行政诉讼法第五十一条的规定接收起诉状。能够判断符合起诉条件的，应当当场登记立案；当场不能判断是否符合起诉条件的，应当在接收起诉状后七日内决定是否立案；七日内仍不能作出判断的，应当先予立案。

● 案例指引

1. **云南省剑川县人民检察院诉剑川县森林公安局怠于履行法定职责环境行政公益诉讼案**（最高人民法院指导案例137号）

　　裁判摘要：环境行政公益诉讼中，人民法院应当以相对人的违法行为是否得到有效制止，行政机关是否充分、及时、有效采取法定监管措施，以及国家利益或者社会公共利益是否得到有效保护，作为审查行政机关是否履行法定职责的标准。

2. **魏永高、陈守志诉来安县人民政府收回土地使用权批复案**（最高人民法院指导案例22号）

　　裁判摘要：地方人民政府对其所属行政管理部门的请示作出的批复，一般属于内部行政行为，不可对此提起诉讼。但行政管理部门直接将该批复付诸实施并对行政相对人的权利义务产生了实际影响，行政相对人对该批复不服提起诉讼的，人民法院应当依法受理。

第十三条　受案范围的排除

　　人民法院不受理公民、法人或者其他组织对下列事项提起的诉讼：

　　（一）国防、外交等国家行为；

　　（二）行政法规、规章或者行政机关制定、发布的具有普遍约束力的决定、命令；

　　（三）行政机关对行政机关工作人员的奖惩、任免等决定；

　　（四）法律规定由行政机关最终裁决的行政行为。

● 司法解释及文件

1.《最高人民法院关于适用〈中华人民共和国行政诉讼法〉的解释》（2018年2月6日 法释〔2018〕1号）

第1条 公民、法人或者其他组织对行政机关及其工作人员的行政行为不服，依法提起诉讼的，属于人民法院行政诉讼的受案范围。

下列行为不属于人民法院行政诉讼的受案范围：

（一）公安、国家安全等机关依照刑事诉讼法的明确授权实施的行为；

（二）调解行为以及法律规定的仲裁行为；

（三）行政指导行为；

（四）驳回当事人对行政行为提起申诉的重复处理行为；

（五）行政机关作出的不产生外部法律效力的行为；

（六）行政机关为作出行政行为而实施的准备、论证、研究、层报、咨询等过程性行为；

（七）行政机关根据人民法院的生效裁判、协助执行通知书作出的执行行为，但行政机关扩大执行范围或者采取违法方式实施的除外；

（八）上级行政机关基于内部层级监督关系对下级行政机关作出的听取报告、执法检查、督促履责等行为；

（九）行政机关针对信访事项作出的登记、受理、交办、转送、复查、复核意见等行为；

（十）对公民、法人或者其他组织权利义务不产生实际影响的行为。

第2条 行政诉讼法第十三条第一项规定的"国家行为"，是指国务院、中央军事委员会、国防部、外交部等根据宪法和法律的授权，以国家的名义实施的有关国防和外交事务的行为，以及经宪法和法律授权的国家机关宣布紧急状态等行为。

行政诉讼法第十三条第二项规定的"具有普遍约束力的决

定、命令",是指行政机关针对不特定对象发布的能反复适用的规范性文件。

行政诉讼法第十三条第三项规定的"对行政机关工作人员的奖惩、任免等决定",是指行政机关作出的涉及行政机关工作人员公务员权利义务的决定。

行政诉讼法第十三条第四项规定的"法律规定由行政机关最终裁决的行政行为"中的"法律",是指全国人民代表大会及其常务委员会制定、通过的规范性文件。

2.《最高人民法院关于审理行政赔偿案件若干问题的规定》（2022年3月20日　法释〔2022〕10号）

第5条　公民、法人或者其他组织认为国防、外交等国家行为或者行政机关制定发布行政法规、规章或者具有普遍约束力的决定、命令侵犯其合法权益造成损害，向人民法院提起行政赔偿诉讼的，不属于人民法院行政赔偿诉讼的受案范围。

3.《最高人民法院关于审理政府信息公开行政案件若干问题的规定》（2011年7月29日　法释〔2011〕17号）

第2条　公民、法人或者其他组织对下列行为不服提起行政诉讼的，人民法院不予受理：

（一）因申请内容不明确，行政机关要求申请人作出更改、补充且对申请人权利义务不产生实际影响的告知行为；

（二）要求行政机关提供政府公报、报纸、杂志、书籍等公开出版物，行政机关予以拒绝的；

（三）要求行政机关为其制作、搜集政府信息，或者对若干政府信息进行汇总、分析、加工，行政机关予以拒绝的；

（四）行政程序中的当事人、利害关系人以政府信息公开名义申请查阅案卷材料，行政机关告知其应当按照相关法律、法规的规定办理的。

4.《最高人民法院关于审理涉及农村集体土地行政案件若干问题的规定》（2011年8月7日　法释〔2011〕20号）

第2条　土地登记机构根据人民法院生效裁判文书、协助执行通知书或者仲裁机构的法律文书办理的土地权属登记行为，土地权利人不服提起诉讼的，人民法院不予受理，但土地权利人认为登记内容与有关文书内容不一致的除外。

5.《最高人民法院关于审理行政协议案件若干问题的规定》（2019年11月27日　法释〔2019〕17号）

第3条　因行政机关订立的下列协议提起诉讼的，不属于人民法院行政诉讼的受案范围：

（一）行政机关之间因公务协助等事由而订立的协议；

（二）行政机关与其工作人员订立的劳动人事协议。

第三章　管　　辖

第十四条　基层人民法院管辖第一审行政案件

基层人民法院管辖第一审行政案件。

第十五条　中级人民法院管辖的第一审行政案件

中级人民法院管辖下列第一审行政案件：

（一）对国务院部门或者县级以上地方人民政府所作的行政行为提起诉讼的案件；

（二）海关处理的案件；

（三）本辖区内重大、复杂的案件；

（四）其他法律规定由中级人民法院管辖的案件。

● 司法解释及文件

1.《最高人民法院关于适用〈中华人民共和国行政诉讼法〉的解释》(2018年2月6日　法释〔2018〕1号)

第5条　有下列情形之一的，属于行政诉讼法第十五条第三项规定的"本辖区内重大、复杂的案件"：

（一）社会影响重大的共同诉讼案件；

（二）涉外或者涉及香港特别行政区、澳门特别行政区、台湾地区的案件；

（三）其他重大、复杂案件。

第6条　当事人以案件重大复杂为由，认为有管辖权的基层人民法院不宜行使管辖权或者根据行政诉讼法第五十二条的规定，向中级人民法院起诉，中级人民法院应当根据不同情况在七日内分别作出以下处理：

（一）决定自行审理；

（二）指定本辖区其他基层人民法院管辖；

（三）书面告知当事人向有管辖权的基层人民法院起诉。

第7条　基层人民法院对其管辖的第一审行政案件，认为需要由中级人民法院审理或者指定管辖的，可以报请中级人民法院决定。中级人民法院应当根据不同情况在七日内分别作出以下处理：

（一）决定自行审理；

（二）指定本辖区其他基层人民法院管辖；

（三）决定由报请的人民法院审理。

2.《最高人民法院关于海关行政处罚案件诉讼管辖问题的解释》(2002年1月30日　法释〔2002〕4号)

为规范海事法院的受理案件范围，根据《中华人民共和国行政诉讼法》的有关规定，现就海关行政处罚案件的诉讼管辖问题解释如下：相对人不服海关作出的行政处罚决定提起诉讼的案件，由有管辖权的地方人民法院依照《中华人民共和国行政诉讼法》的有关规定审理。相对人向海事法院提起诉讼的，海事法院不予受理。

3.《最高人民法院关于审理国际贸易行政案件若干问题的规定》（2002年8月27日　法释〔2002〕27号）

第5条　第一审国际贸易行政案件由具有管辖权的中级以上人民法院管辖。

4.《最高人民法院办公厅关于海事行政案件管辖问题的通知》（2003年8月11日　法办〔2003〕253号）

行政案件、行政赔偿案件和审查行政机关申请执行其具体行政行为的案件仍由各级人民法院行政审判庭审理。海事等专门人民法院不审理行政案件、行政赔偿案件，亦不审查和执行行政机关申请执行其具体行政行为的案件。

5.《最高人民法院关于第一审知识产权民事、行政案件管辖的若干规定》（2022年4月20日　法释〔2022〕13号）

为进一步完善知识产权案件管辖制度，合理定位四级法院审判职能，根据《中华人民共和国民事诉讼法》《中华人民共和国行政诉讼法》等法律规定，结合知识产权审判实践，制定本规定。

第1条　发明专利、实用新型专利、植物新品种、集成电路布图设计、技术秘密、计算机软件的权属、侵权纠纷以及垄断纠纷第一审民事、行政案件由知识产权法院、省、自治区、直辖市人民政府所在地的中级人民法院和最高人民法院确定的中级人民法院管辖。

法律对知识产权法院的管辖有规定的，依照其规定。

第2条　外观设计专利的权属、侵权纠纷以及涉驰名商标认定第一审民事、行政案件由知识产权法院和中级人民法院管辖；经最高人民法院批准，也可以由基层人民法院管辖，但外观设计专利行政案件除外。

本规定第一条及本条第一款规定之外的第一审知识产权案件诉讼标的额在最高人民法院确定的数额以上的，以及涉及国务院部门、县级以上地方人民政府或者海关行政行为的，由中级人民法院管辖。

法律对知识产权法院的管辖有规定的，依照其规定。

第3条　本规定第一条、第二条规定之外的第一审知识产权民事、行政案件，由最高人民法院确定的基层人民法院管辖。

第4条　对新类型、疑难复杂或者具有法律适用指导意义等知识产权民事、行政案件，上级人民法院可以依照诉讼法有关规定，根据下级人民法院报请或者自行决定提级审理。

确有必要将本院管辖的第一审知识产权民事案件交下级人民法院审理的，应当依照民事诉讼法第三十九条第一款的规定，逐案报请其上级人民法院批准。

第5条　依照本规定需要最高人民法院确定管辖或者调整管辖的诉讼标的额标准、区域范围的，应当层报最高人民法院批准。

第6条　本规定自2022年5月1日起施行。

最高人民法院此前发布的司法解释与本规定不一致的，以本规定为准。

● 案例指引

某外贸公司诉某海关海关估价行政纠纷案（《最高人民法院公报》2006年第5期）

裁判摘要：我国行政诉讼有级别管辖之分，中级人民法院对特定案件的一审具有初审权，其中对海关处理的案件即是如此。

第十六条　高级人民法院管辖的第一审行政案件

高级人民法院管辖本辖区内重大、复杂的第一审行政案件。

● 司法解释及文件

1.《最高人民法院关于审理反倾销行政案件应用法律若干问题的规定》(2002年11月21日　法释〔2002〕35号)

第5条　第一审反倾销行政案件由下列人民法院管辖：

（一）被告所在地高级人民法院指定的中级人民法院；

（二）被告所在地高级人民法院。

2.《最高人民法院关于审理反补贴行政案件应用法律若干问题的规定》(2002年11月21日　法释〔2002〕36号)

第5条　第一审反补贴行政案件由下列人民法院管辖：

（一）被告所在地高级人民法院指定的中级人民法院；

（二）被告所在地高级人民法院。

● 案例指引

罗边槽村一社诉重庆市人民政府林权争议复议决定案（《最高人民法院公报》2000年第6期）

裁判摘要：高级人民法院管辖的是本辖区内重大、复杂的第一审行政案件，对于是否"重大、复杂"由高级人民法院结合案情、涉及面、影响等多项因素判断。本案即属于在重庆市的重大、复杂案件，依级别管辖原则由重庆市高级人民法院管辖。

第十七条　最高人民法院管辖的第一审行政案件

最高人民法院管辖全国范围内重大、复杂的第一审行政案件。

第十八条　一般地域管辖和法院跨行政区域管辖

行政案件由最初作出行政行为的行政机关所在地人民法院管辖。经复议的案件，也可以由复议机关所在地人民法院管辖。

经最高人民法院批准，高级人民法院可以根据审判工作的实际情况，确定若干人民法院跨行政区域管辖行政案件。

● 司法解释及文件

《最高人民法院关于国有资产产权管理行政案件管辖问题的解释》
（2001年2月16日　法释〔2001〕6号）

为了正确适用《中华人民共和国行政诉讼法》第十七条、第十九条的规定，现对国有资产产权管理行政案件的管辖问题作出如下解释：

当事人因国有资产产权界定行为提起行政诉讼的，应当根据不同情况确定管辖法院。产权界定行为直接针对不动产作出的，由不动产所在地人民法院管辖。产权界定行为针对包含不动产在内的整体产权作出的，由最初作出产权界定的行政机关所在地人民法院管辖；经过复议的案件，复议机关改变原产权界定行为的，也可以由复议机关所在地人民法院管辖。

第十九条　限制人身自由行政案件的管辖

对限制人身自由的行政强制措施不服提起的诉讼，由被告所在地或者原告所在地人民法院管辖。

● 司法解释及文件

《最高人民法院关于适用〈中华人民共和国行政诉讼法〉的解释》
（2018年2月6日　法释〔2018〕1号）

第8条　行政诉讼法第十九条规定的"原告所在地"，包括原告的户籍所在地、经常居住地和被限制人身自由地。

对行政机关基于同一事实，既采取限制公民人身自由的行政强制措施，又采取其他行政强制措施或者行政处罚不服的，由被告所在地或者原告所在地的人民法院管辖。

第二十条　不动产行政案件的管辖

因不动产提起的行政诉讼，由不动产所在地人民法院管辖。

● 司法解释及文件

1.《最高人民法院关于国有资产产权管理行政案件管辖问题的解释》（2001年2月16日　法释〔2001〕6号）

为了正确适用《中华人民共和国行政诉讼法》第十七条、第十九条的规定，现对国有资产产权管理行政案件的管辖问题作出如下解释：

当事人因国有资产产权界定行为提起行政诉讼的，应当根据不同情况确定管辖法院。产权界定行为直接针对不动产作出的，由不动产所在地人民法院管辖。产权界定行为针对包含不动产在内的整体产权作出的，由最初作出产权界定的行政机关所在地人民法院管辖；经过复议的案件，复议机关改变原产权界定行为的，也可以由复议机关所在地人民法院管辖。

2.《最高人民法院关于办理申请人民法院强制执行国有土地上房屋征收补偿决定案件若干问题的规定》（2012年3月26日　法释〔2012〕4号）

第1条　申请人民法院强制执行征收补偿决定案件，由房屋所在地基层人民法院管辖，高级人民法院可以根据本地实际情况决定管辖法院。

第二十一条　选择管辖

两个以上人民法院都有管辖权的案件，原告可以选择其中一个人民法院提起诉讼。原告向两个以上有管辖权的人民法院提起诉讼的，由最先立案的人民法院管辖。

第二十二条　移送管辖

人民法院发现受理的案件不属于本院管辖的，应当移送有管辖权的人民法院，受移送的人民法院应当受理。受移送的人民法院认为受移送的案件按照规定不属于本院管辖的，应当报请上级人民法院指定管辖，不得再自行移送。

● **司法解释及文件**

《最高人民法院关于适用〈中华人民共和国行政诉讼法〉的解释》（2018年2月6日　法释〔2018〕1号）

第10条　人民法院受理案件后，被告提出管辖异议的，应当在收到起诉状副本之日起十五日内提出。

对当事人提出的管辖异议，人民法院应当进行审查。异议成立的，裁定将案件移送有管辖权的人民法院；异议不成立的，裁定驳回。

人民法院对管辖异议审查后确定有管辖权的，不因当事人增加或者变更诉讼请求等改变管辖，但违反级别管辖、专属管辖规定的除外。

第11条　有下列情形之一的，人民法院不予审查：

（一）人民法院发回重审或者按第一审程序再审的案件，当事人提出管辖异议的；

（二）当事人在第一审程序中未按照法律规定的期限和形式提出管辖异议，在第二审程序中提出的。

● **案例指引**

夏某诉徐州市建设局行政证明案（《最高人民法院公报》2006年第9期）

裁判摘要：移送管辖是指某一人民法院受理原告起诉后，发现自己对该行政案件没有管辖权时，将该案件移送到自己认为有管辖权的法院，但受移送的人民法院即使在认为自己没有管辖权时也不能再自行移送，此时必须报他们的共同上级人民法院指定管辖。本案中，云龙区人民法院即是认为本院没有管辖权而将此案移送徐州市泉山区人民法院，最终由泉山区人民法院对本案进行了一审。

第二十三条 指定管辖

有管辖权的人民法院由于特殊原因不能行使管辖权的，由上级人民法院指定管辖。

人民法院对管辖权发生争议，由争议双方协商解决。协商不成的，报它们的共同上级人民法院指定管辖。

● **司法解释及文件**

《最高人民法院关于对与证券交易所监管职能相关的诉讼案件管辖与受理问题的规定》（2020年12月29日 法释〔2020〕20号）

为正确及时地管辖、受理与证券交易所监管职能相关的诉讼案件，特作出以下规定：

一、根据《中华人民共和国民事诉讼法》第三十七条和《中华人民共和国行政诉讼法》第二十三条的有关规定，指定上海证券交易所和深圳证券交易所所在地的中级人民法院分别管辖以上海证券交易所和深圳证券交易所为被告或第三人的与证券交易所监管职能相关的第一审民事和行政案件。

二、与证券交易所监管职能相关的诉讼案件包括：

（一）证券交易所根据《中华人民共和国公司法》《中华人民共和国证券法》《中华人民共和国证券投资基金法》《证券交易所管理办法》等法律、法规、规章的规定，对证券发行人及其相关人员、证券交易所会员及其相关人员、证券上市和交易活动做出处理决定引发的诉讼；

（二）证券交易所根据国务院证券监督管理机构的依法授权，

对证券发行人及其相关人员、证券交易所会员及其相关人员、证券上市和交易活动做出处理决定引发的诉讼;

(三)证券交易所根据其章程、业务规则、业务合同的规定,对证券发行人及其相关人员、证券交易所会员及其相关人员、证券上市和交易活动做出处理决定引发的诉讼;

(四)证券交易所在履行监管职能过程中引发的其他诉讼。

三、投资者对证券交易所履行监管职责过程中对证券发行人及其相关人员、证券交易所会员及其相关人员、证券上市和交易活动做出的不直接涉及投资者利益的行为提起的诉讼,人民法院不予受理。

本规定自发布之日起施行。

第二十四条　管辖权转移

上级人民法院有权审理下级人民法院管辖的第一审行政案件。

下级人民法院对其管辖的第一审行政案件,认为需要由上级人民法院审理或者指定管辖的,可以报请上级人民法院决定。

第四章　诉讼参加人

第二十五条　原告资格

行政行为的相对人以及其他与行政行为有利害关系的公民、法人或者其他组织,有权提起诉讼。

有权提起诉讼的公民死亡,其近亲属可以提起诉讼。

有权提起诉讼的法人或者其他组织终止,承受其权利的法人或者其他组织可以提起诉讼。

人民检察院在履行职责中发现生态环境和资源保护、食品药品安全、国有财产保护、国有土地使用权出让等领域负有监督管理职责的行政机关违法行使职权或者不作为，致使国家利益或者社会公共利益受到侵害的，应当向行政机关提出检察建议，督促其依法履行职责。行政机关不依法履行职责的，人民检察院依法向人民法院提起诉讼。

● 司法解释及文件

1.《最高人民法院关于适用〈中华人民共和国行政诉讼法〉的解释》（2018年2月6日　法释〔2018〕1号）

第12条　有下列情形之一的，属于行政诉讼法第二十五条第一款规定的"与行政行为有利害关系"：

（一）被诉的行政行为涉及其相邻权或者公平竞争权的；

（二）在行政复议等行政程序中被追加为第三人的；

（三）要求行政机关依法追究加害人法律责任的；

（四）撤销或者变更行政行为涉及其合法权益的；

（五）为维护自身合法权益向行政机关投诉，具有处理投诉职责的行政机关作出或者未作出处理的；

（六）其他与行政行为有利害关系的情形。

第13条　债权人以行政机关对债务人所作的行政行为损害债权实现为由提起行政诉讼的，人民法院应当告知其就民事争议提起民事诉讼，但行政机关作出行政行为时依法应予保护或者应予考虑的除外。

第14条　行政诉讼法第二十五条第二款规定的"近亲属"，包括配偶、父母、子女、兄弟姐妹、祖父母、外祖父母、孙子女、外孙子女和其他具有扶养、赡养关系的亲属。

公民因被限制人身自由而不能提起诉讼的，其近亲属可以依其口头或者书面委托以该公民的名义提起诉讼。近亲属起诉时无法与被限制人身自由的公民取得联系，近亲属可以先行起诉，并在诉讼中补充提交委托证明。

第 15 条　合伙企业向人民法院提起诉讼的，应当以核准登记的字号为原告。未依法登记领取营业执照的个人合伙的全体合伙人为共同原告；全体合伙人可以推选代表人，被推选的代表人，应当由全体合伙人出具推选书。

个体工商户向人民法院提起诉讼的，以营业执照上登记的经营者为原告。有字号的，以营业执照上登记的字号为原告，并应当注明该字号经营者的基本信息。

第 16 条　股份制企业的股东大会、股东会、董事会等认为行政机关作出的行政行为侵犯企业经营自主权的，可以企业名义提起诉讼。

联营企业、中外合资或者合作企业的联营、合资、合作各方，认为联营、合资、合作企业权益或者自己一方合法权益受行政行为侵害的，可以自己的名义提起诉讼。

非国有企业被行政机关注销、撤销、合并、强令兼并、出售、分立或者改变企业隶属关系的，该企业或者其法定代表人可以提起诉讼。

第 17 条　事业单位、社会团体、基金会、社会服务机构等非营利法人的出资人、设立人认为行政行为损害法人合法权益的，可以自己的名义提起诉讼。

第 18 条　业主委员会对于行政机关作出的涉及业主共有利益的行政行为，可以自己的名义提起诉讼。

业主委员会不起诉的，专有部分占建筑物总面积过半数或者占总户数过半数的业主可以提起诉讼。

2.《最高人民法院关于审理反倾销行政案件应用法律若干问题的规定》（2002 年 11 月 21 日　法释〔2002〕35 号）

第 2 条　与反倾销行政行为具有法律上利害关系的个人或者组织为利害关系人，可以依照行政诉讼法及其他有关法律、行政法规的规定，向人民法院提起行政诉讼。

前款所称利害关系人，是指向国务院主管部门提出反倾销调查书面申请的申请人，有关出口经营者和进口经营者及其他具有法律上利害关系的自然人、法人或者其他组织。

3.《最高人民法院关于审理反补贴行政案件应用法律若干问题的规定》（2002年11月21日　法释〔2002〕36号）

第2条　与反补贴行政行为具有法律上利害关系的个人或者组织为利害关系人，可以依照行政诉讼法及其他有关法律、行政法规的规定，向人民法院提起行政诉讼。

前款所称利害关系人，是指向国务院主管机关提出反补贴调查书面申请的申请人，有关出口经营者和进口经营者及其他具有法律上利害关系的自然人、法人或者其他组织。

4.《最高人民法院关于审理涉及农村集体土地行政案件若干问题的规定》（2011年8月7日　法释〔2011〕20号）

第3条　村民委员会或者农村集体经济组织对涉及农村集体土地的行政行为不起诉的，过半数的村民可以以集体经济组织名义提起诉讼。

农村集体经济组织成员全部转为城镇居民后，对涉及农村集体土地的行政行为不服的，过半数的原集体经济组织成员可以提起诉讼。

第4条　土地使用权人或者实际使用人对行政机关作出涉及其使用或实际使用的集体土地的行政行为不服的，可以以自己的名义提起诉讼。

● 案例指引

1. 陕西省宝鸡市环境保护局凤翔分局不全面履职案（最高人民检察院检例第49号）

裁判摘要：行政机关在履行环境保护监管职责时，虽有履职行为，但未依法全面运用行政监管手段制止违法行为，检察机关经诉前程序仍未实现督促行政机关依法全面履职目的的，应当向人民法院提起行政公益诉讼。

2. 北京市海淀区人民检察院督促落实未成年人禁烟保护案（最高人民检察院检例第88号）

　　裁判摘要：未成年人合法权益受到侵犯涉及公共利益的，人民检察院应当提起公益诉讼予以司法保护。校园周边存在向未成年人出售烟草制品等违法行为时，检察机关可以采取提出检察建议的方式，督促相关行政部门依法履职，加强校园周边环境整治，推进未成年人权益保护。

3. 黑龙江省检察机关督促治理二次供水安全公益诉讼案（最高人民检察院检例第89号）

　　裁判摘要：检察机关办理涉及重大民生的公益诉讼案件，如果其他地方存在类似问题时，应当在依法办理的同时，向上级人民检察院报告。对于较大区域内存在公共利益受损情形且涉及多个行政部门监管职责的问题，可以由上级人民检察院向人民政府提出检察建议，促使其统筹各部门协同整改。

4. 江苏省睢宁县人民检察院督促处置危险废物行政公益诉讼案（最高人民检察院检例第112号）

　　裁判摘要：对犯罪行为造成的持续污染，检察机关可综合运用刑事检察和公益诉讼检察职能，对损害国家利益和社会公共利益的情形进行全方位监督。公安机关调查取证完成后，犯罪嫌疑人无力处置污染物，行政机关又不履行代处置义务的，检察机关应当督促其依法履职。

5. 河南省人民检察院郑州铁路运输分院督促整治违建塘坝危害高铁运营安全行政公益诉讼案（最高人民检察院检例第113号）

　　裁判摘要：对于高铁运营安全存在的重大安全隐患，行政机关未依法履职的，检察机关可以开展行政公益诉讼。对于跨行政区划的公益诉讼案件，可以指定铁路运输检察机关管辖。涉及多级、多地人民政府及其职能部门职责的，对具有统筹协调职责的上级人民政府发出检察建议。

6. 福建省福清市人民检察院督促消除幼儿园安全隐患行政公益诉讼案（最高人民检察院检例第 143 号）

裁判摘要：教育服务场所存在安全隐患，但行政监管不到位，侵犯未成年人合法权益的，检察机关可以开展行政公益诉讼，督促行政机关依法充分履职。检察机关在办理未成年人保护公益诉讼案件中，可以综合运用不同类型检察建议，推动未成年人权益保护的源头治理和综合治理。检察机关在督促行政机关依法全面履职过程中，应当推动行政机关选择最有利于保护未成年人合法权益的履职方式。

7. 贵州省沿河土家族自治县人民检察院督促履行食品安全监管职责行政公益诉讼案（最高人民检察院检例第 144 号）

裁判摘要：检察机关在履职中可以通过多种渠道发现未成年人保护公益诉讼案件线索。消除校园周边食品安全隐患，规范校园周边秩序，是未成年人保护公益诉讼检察的重点领域。对于易发多发易反弹的未成年人保护顽疾问题，检察机关应当在诉前检察建议发出后持续跟进监督，对于行政机关未能依法全面、充分履职的，应依法提起诉讼，将公益保护落到实处。

8. 江苏省溧阳市人民检察院督促整治网吧违规接纳未成年人行政公益诉讼案（最高人民检察院检例第 145 号）

裁判摘要：不适宜未成年人活动场所违规接纳未成年人进入，损害未成年人身心健康，易滋生违法犯罪，侵犯社会公共利益。检察机关应当依法履行公益诉讼职责，推动行政机关落实监管措施。充分发挥未成年人检察工作社会支持体系作用，促进社会综合治理，形成未成年人保护合力。

9. 吉林省检察机关督促履行环境保护监管职责行政公益诉讼案
（最高人民检察院检例第162号）

裁判摘要：《中华人民共和国行政诉讼法》第二十五条第四款中的"监督管理职责"，不仅包括行政机关对违法行为的行政处罚职责，也包括行政机关为避免公益损害持续或扩大，依据法律、法规、规章等规定，运用公共权力、使用公共资金等对受损公益进行恢复等综合性治理职责。上级检察机关对于确有错误的生效公益诉讼裁判，应当依法提出抗诉。

10. 山西省检察机关督促整治浑源矿企非法开采行政公益诉讼案
（最高人民检察院检例第163号）

裁判摘要： 检察机关办理重大公益损害案件，要积极争取党委领导和政府支持。在多层级多个行政机关都负有监管职责的情况下，要统筹发挥一体化办案机制作用，根据同级监督原则，由不同层级检察机关督促相应行政机关依法履行职责。办案过程中，可以综合运用诉前检察建议和社会治理检察建议等相应监督办案方式，推动形成检察监督与行政层级监督合力，促进问题解决。

第二十六条 被告资格

> 公民、法人或者其他组织直接向人民法院提起诉讼的，作出行政行为的行政机关是被告。
>
> 经复议的案件，复议机关决定维持原行政行为的，作出原行政行为的行政机关和复议机关是共同被告；复议机关改变原行政行为的，复议机关是被告。
>
> 复议机关在法定期限内未作出复议决定，公民、法人或者其他组织起诉原行政行为的，作出原行政行为的行政机关是被告；起诉复议机关不作为的，复议机关是被告。
>
> 两个以上行政机关作出同一行政行为的，共同作出行政行为的行政机关是共同被告。

行政机关委托的组织所作的行政行为，委托的行政机关是被告。

行政机关被撤销或者职权变更的，继续行使其职权的行政机关是被告。

● 司法解释及文件

1.《最高人民法院关于适用〈中华人民共和国行政诉讼法〉的解释》（2018年2月6日 法释〔2018〕1号）

第19条 当事人不服经上级行政机关批准的行政行为，向人民法院提起诉讼的，以在对外发生法律效力的文书上署名的机关为被告。

第20条 行政机关组建并赋予行政管理职能但不具有独立承担法律责任能力的机构，以自己的名义作出行政行为，当事人不服提起诉讼的，应当以组建该机构的行政机关为被告。

法律、法规或者规章授权行使行政职权的行政机关内设机构、派出机构或者其他组织，超出法定授权范围实施行政行为，当事人不服提起诉讼的，应当以实施该行为的机构或者组织为被告。

没有法律、法规或者规章规定，行政机关授权其内设机构、派出机构或者其他组织行使行政职权的，属于行政诉讼法第二十六条规定的委托。当事人不服提起诉讼的，应当以该行政机关为被告。

第21条 当事人对由国务院、省级人民政府批准设立的开发区管理机构作出的行政行为不服提起诉讼的，以该开发区管理机构为被告；对由国务院、省级人民政府批准设立的开发区管理机构所属职能部门作出的行政行为不服提起诉讼的，以其职能部门为被告；对其他开发区管理机构所属职能部门作出的行政行为不服提起诉讼的，以开发区管理机构为被告；开发区管理机构没有行政主体资格的，以设立该机构的地方人民政府为被告。

第22条　行政诉讼法第二十六条第二款规定的"复议机关改变原行政行为"，是指复议机关改变原行政行为的处理结果。复议机关改变原行政行为所认定的主要事实和证据、改变原行政行为所适用的规范依据，但未改变原行政行为处理结果的，视为复议机关维持原行政行为。

复议机关确认原行政行为无效，属于改变原行政行为。

复议机关确认原行政行为违法，属于改变原行政行为，但复议机关以违反法定程序为由确认原行政行为违法的除外。

第23条　行政机关被撤销或者职权变更，没有继续行使其职权的行政机关的，以其所属的人民政府为被告；实行垂直领导的，以垂直领导的上一级行政机关为被告。

第24条　当事人对村民委员会或者居民委员会依据法律、法规、规章的授权履行行政管理职责的行为不服提起诉讼的，以村民委员会或者居民委员会为被告。

当事人对村民委员会、居民委员会受行政机关委托作出的行为不服提起诉讼的，以委托的行政机关为被告。

当事人对高等学校等事业单位以及律师协会、注册会计师协会等行业协会依据法律、法规、规章的授权实施的行政行为不服提起诉讼的，以该事业单位、行业协会为被告。

当事人对高等学校等事业单位以及律师协会、注册会计师协会等行业协会受行政机关委托作出的行为不服提起诉讼的，以委托的行政机关为被告。

第25条　市、县级人民政府确定的房屋征收部门组织实施房屋征收与补偿工作过程中作出行政行为，被征收人不服提起诉讼的，以房屋征收部门为被告。

征收实施单位受房屋征收部门委托，在委托范围内从事的行为，被征收人不服提起诉讼的，应当以房屋征收部门为被告。

第 26 条　原告所起诉的被告不适格，人民法院应当告知原告变更被告；原告不同意变更的，裁定驳回起诉。

应当追加被告而原告不同意追加的，人民法院应当通知其以第三人的身份参加诉讼，但行政复议机关作共同被告的除外。

第 133 条　行政诉讼法第二十六条第二款规定的"复议机关决定维持原行政行为"，包括复议机关驳回复议申请或者复议请求的情形，但以复议申请不符合受理条件为由驳回的除外。

第 134 条　复议机关决定维持原行政行为的，作出原行政行为的行政机关和复议机关是共同被告。原告只起诉作出原行政行为的行政机关或者复议机关的，人民法院应当告知原告追加被告。原告不同意追加的，人民法院应当将另一机关列为共同被告。

行政复议决定既有维持原行政行为内容，又有改变原行政行为内容或者不予受理申请内容的，作出原行政行为的行政机关和复议机关为共同被告。

复议机关作共同被告的案件，以作出原行政行为的行政机关确定案件的级别管辖。

2.《最高人民法院关于审理反倾销行政案件应用法律若干问题的规定》（2002 年 11 月 21 日　法释〔2002〕35 号）

第 3 条　反倾销行政案件的被告，应当是作出相应被诉反倾销行政行为的国务院主管部门。

3.《最高人民法院关于审理反补贴行政案件应用法律若干问题的规定》（2002 年 11 月 21 日　法释〔2002〕36 号）

第 3 条　反补贴行政案件的被告，应当是作出相应被诉反补贴行政行为的国务院主管部门。

4.《最高人民法院关于审理政府信息公开行政案件若干问题的规定》（2011 年 7 月 29 日　法释〔2011〕17 号）

第 4 条　公民、法人或者其他组织对国务院部门、地方各级人民政府及县级以上地方人民政府部门依申请公开政府信息行政行为不服提起诉讼的,以作出答复的机关为被告;逾期未作出答复的,以受理申请的机关为被告。

公民、法人或者其他组织对主动公开政府信息行政行为不服提起诉讼的,以公开该政府信息的机关为被告。

公民、法人或者其他组织对法律、法规授权的具有管理公共事务职能的组织公开政府信息的行为不服提起诉讼的,以该组织为被告。

有下列情形之一的,应当以在对外发生法律效力的文书上署名的机关为被告:

(一)政府信息公开与否的答复依法报经有权机关批准的;

(二)政府信息是否可以公开系由国家保密行政管理部门或者省、自治区、直辖市保密行政管理部门确定的;

(三)行政机关在公开政府信息前与有关行政机关进行沟通、确认的。

5.《最高人民法院关于审理涉及农村集体土地行政案件若干问题的规定》(2011年8月7日　法释〔2011〕20号)

第5条　土地权利人认为土地储备机构作出的行为侵犯其依法享有的农村集体土地所有权或使用权的,向人民法院提起诉讼的,应当以土地储备机构所隶属的土地管理部门为被告。

第6条　土地权利人认为乡级以上人民政府作出的土地确权决定侵犯其依法享有的农村集体土地所有权或者使用权,经复议后向人民法院提起诉讼的,人民法院应当依法受理。

法律、法规规定应当先申请行政复议的土地行政案件,复议机关作出不受理复议申请的决定或者以不符合受理条件为由驳回复议申请,复议申请人不服的,应当以复议机关为被告向人民法院提起诉讼。

6.《最高人民法院关于正确确定县级以上地方人民政府行政诉讼被告资格若干问题的规定》（2021 年 3 月 25 日　法释〔2021〕5号）

为准确适用《中华人民共和国行政诉讼法》，依法正确确定县级以上地方人民政府的行政诉讼被告资格，结合人民法院行政审判工作实际，制定本解释。

第 1 条　法律、法规、规章规定属于县级以上地方人民政府职能部门的行政职权，县级以上地方人民政府通过听取报告、召开会议、组织研究、下发文件等方式进行指导，公民、法人或者其他组织不服县级以上地方人民政府的指导行为提起诉讼的，人民法院应当释明，告知其以具体实施行政行为的职能部门为被告。

第 2 条　县级以上地方人民政府根据城乡规划法的规定，责成有关职能部门对违法建筑实施强制拆除，公民、法人或者其他组织不服强制拆除行为提起诉讼，人民法院应当根据行政诉讼法第二十六条第一款的规定，以作出强制拆除决定的行政机关为被告；没有强制拆除决定书的，以具体实施强制拆除行为的职能部门为被告。

第 3 条　公民、法人或者其他组织对集体土地征收中强制拆除房屋等行为不服提起诉讼的，除有证据证明系县级以上地方人民政府具体实施外，人民法院应当根据行政诉讼法第二十六条第一款的规定，以作出强制拆除决定的行政机关为被告；没有强制拆除决定书的，以具体实施强制拆除等行为的行政机关为被告。

县级以上地方人民政府已经作出国有土地上房屋征收与补偿决定，公民、法人或者其他组织不服具体实施房屋征收与补偿工作中的强制拆除房屋等行为提起诉讼的，人民法院应当根据行政诉讼法第二十六条第一款的规定，以作出强制拆除决定的行政机关为被告；没有强制拆除决定书的，以县级以上地方人民政府确定的房屋征收部门为被告。

第4条　公民、法人或者其他组织向县级以上地方人民政府申请履行法定职责或者给付义务，法律、法规、规章规定该职责或者义务属于下级人民政府或者相应职能部门的行政职权，县级以上地方人民政府已经转送下级人民政府或者相应职能部门处理并告知申请人，申请人起诉要求履行法定职责或者给付义务的，以下级人民政府或者相应职能部门为被告。

第5条　县级以上地方人民政府确定的不动产登记机构或者其他实际履行该职责的职能部门按照《不动产登记暂行条例》的规定办理不动产登记，公民、法人或者其他组织不服提起诉讼的，以不动产登记机构或者实际履行该职责的职能部门为被告。

公民、法人或者其他组织对《不动产登记暂行条例》实施之前由县级以上地方人民政府作出的不动产登记行为不服提起诉讼的，以继续行使其职权的不动产登记机构或者实际履行该职责的职能部门为被告。

第6条　县级以上地方人民政府根据《中华人民共和国政府信息公开条例》的规定，指定具体机构负责政府信息公开日常工作，公民、法人或者其他组织对该指定机构以自己名义所作的政府信息公开行为不服提起诉讼的，以该指定机构为被告。

第7条　被诉行政行为不是县级以上地方人民政府作出，公民、法人或者其他组织以县级以上地方人民政府作为被告的，人民法院应当予以指导和释明，告知其向有管辖权的人民法院起诉；公民、法人或者其他组织经人民法院释明仍不变更的，人民法院可以裁定不予立案，也可以将案件移送有管辖权的人民法院。

第8条　本解释自2021年4月1日起施行。本解释施行后，最高人民法院此前作出的相关司法解释与本解释相抵触的，以本解释为准。

7. **《最高人民法院关于审理行政赔偿案件若干问题的规定》**（2022年3月20日 法释〔2022〕10号）

第8条 两个以上行政机关共同实施侵权行政行为造成损害的，共同侵权行政机关为共同被告。赔偿请求人坚持对其中一个或者几个侵权机关提起行政赔偿诉讼，以被起诉的机关为被告，未被起诉的机关追加为第三人。

第9条 原行政行为造成赔偿请求人损害，复议决定加重损害的，复议机关与原行政行为机关为共同被告。赔偿请求人坚持对作出原行政行为机关或者复议机关提起行政赔偿诉讼，以被起诉的机关为被告，未被起诉的机关追加为第三人。

第10条 行政机关依据行政诉讼法第九十七条的规定申请人民法院强制执行其行政行为，因据以强制执行的行政行为违法而发生行政赔偿诉讼的，申请强制执行的行政机关为被告。

● 案例指引

1. 田永诉北京科技大学拒绝颁发毕业证、学位证案（最高人民法院指导案例第38号）

裁判摘要：（1）高等学校对受教育者因违反校规、校纪而拒绝颁发学历证书、学位证书，受教育者不服的，可以依法提起行政诉讼。（2）高等学校依据违背国家法律、行政法规或规章的校规、校纪，对受教育者作出退学处理等决定的，人民法院不予支持。（3）高等学校对因违反校规、校纪的受教育者作出影响其基本权利的决定时，应当允许其申辩并在决定作出后及时送达，否则视为违反法定程序。

2. 何某诉某大学履行法定职责案（《最高人民法院公报》2012年第2期）

裁判摘要：根据有关行政法规、规章及民办高校办学相关政策、规范性文件的规定，大学作为独立学院的挂名高校，具有授予独立学院符合条件毕业生学士学位的法定职责，学生以独立学院无根据未授予学士学位为由起诉的，大学应为适格被告。因独立学院作出具有终局性的初审行为，对学生的利益有直接利害关系，亦应作为被告。学生坚持起诉大学，而不起诉独立学院的，法院应将独立学院列为第三人。

学位授予类行政诉讼案件司法审查的深度和广度应当以合法性审查为基本原则。各高等院校根据自身的教学水平和实际情况在法定的基本原则范围内确定各自学士学位授予的学术标准，是学术自治原则在高等院校办学过程中的具体体现，对学士学位授予的司法审查不能干涉和影响高等院校的学术自治原则，有学士学位授予权的大学在国家学士学位授予基本原则范围内，有权自行制定授予学士学位的学术标准和规则。

第二十七条　共同诉讼

当事人一方或者双方为二人以上，因同一行政行为发生的行政案件，或者因同类行政行为发生的行政案件、人民法院认为可以合并审理并经当事人同意的，为共同诉讼。

● **司法解释及文件**

《最高人民法院关于适用〈中华人民共和国行政诉讼法〉的解释》（2018年2月6日　法释〔2018〕1号）

第27条　必须共同进行诉讼的当事人没有参加诉讼的，人民法院应当依法通知其参加；当事人也可以向人民法院申请参加。

人民法院应当对当事人提出的申请进行审查，申请理由不成立的，裁定驳回；申请理由成立的，书面通知其参加诉讼。

前款所称的必须共同进行诉讼，是指按照行政诉讼法第二十七条的规定，当事人一方或者双方为两人以上，因同一行政行为发生行政争议，人民法院必须合并审理的诉讼。

第28条　人民法院追加共同诉讼的当事人时，应当通知其他当事人。应当追加的原告，已明确表示放弃实体权利的，可不予追加；既不愿意参加诉讼，又不放弃实体权利的，应追加为第三人，其不参加诉讼，不能阻碍人民法院对案件的审理和裁判。

第73条　根据行政诉讼法第二十七条的规定，有下列情形之一的，人民法院可以决定合并审理：

（一）两个以上行政机关分别对同一事实作出行政行为，公民、法人或者其他组织不服向同一人民法院起诉的；

（二）行政机关就同一事实对若干公民、法人或者其他组织分别作出行政行为，公民、法人或者其他组织不服分别向同一人民法院起诉的；

（三）在诉讼过程中，被告对原告作出新的行政行为，原告不服向同一人民法院起诉的；

（四）人民法院认为可以合并审理的其他情形。

● 案例指引

宣某等18人诉衢州市国土资源局收回土地使用权案（《最高人民法院公报》2004年第4期）

裁判摘要：从案情来看，18名原告之间的权利义务是各自独立的，其中一人的诉讼行为，无须得到其他人的承认，对其他人也不发生法律效力。因此，如果不合并审理的话，本案也可以分解为18个独立的诉讼。但为了简化诉讼程序，节省诉讼时间和费用，并避免人民法院在同一或同类案件上作出相互矛盾的判决，本案可按普通共同诉讼将18名原告的诉讼请求合并审理。

第二十八条　代表人诉讼

当事人一方人数众多的共同诉讼，可以由当事人推选代表人进行诉讼。代表人的诉讼行为对其所代表的当事人发生效力，但代表人变更、放弃诉讼请求或者承认对方当事人的诉讼请求，应当经被代表的当事人同意。

● 司法解释及文件

《最高人民法院关于适用〈中华人民共和国行政诉讼法〉的解释》（2018年2月6日　法释〔2018〕1号）

第29条　行政诉讼法第二十八条规定的"人数众多"，一般指十人以上。

根据行政诉讼法第二十八条的规定，当事人一方人数众多的，由当事人推选代表人。当事人推选不出的，可以由人民法院在起诉的当事人中指定代表人。

行政诉讼法第二十八条规定的代表人为二至五人。代表人可以委托一至二人作为诉讼代理人。

第二十九条　诉讼第三人

公民、法人或者其他组织同被诉行政行为有利害关系但没有提起诉讼，或者同案件处理结果有利害关系的，可以作为第三人申请参加诉讼，或者由人民法院通知参加诉讼。

人民法院判决第三人承担义务或者减损第三人权益的，第三人有权依法提起上诉。

● 司法解释及文件

1.《最高人民法院关于适用〈中华人民共和国行政诉讼法〉的解释》（2018年2月6日　法释〔2018〕1号）

第30条　行政机关的同一行政行为涉及两个以上利害关系人，其中一部分利害关系人对行政行为不服提起诉讼，人民法院应当通知没有起诉的其他利害关系人作为第三人参加诉讼。

与行政案件处理结果有利害关系的第三人，可以申请参加诉讼，或者由人民法院通知其参加诉讼。人民法院判决其承担义务或者减损其权益的第三人，有权提出上诉或者申请再审。

行政诉讼法第二十九条规定的第三人，因不能归责于本人的事由未参加诉讼，但有证据证明发生法律效力的判决、裁定、调解书损害其合法权益的，可以依照行政诉讼法第九十条的规定，自知道或者应当知道其合法权益受到损害之日起六个月内，向上一级人民法院申请再审。

2.《最高人民法院关于审理反倾销行政案件应用法律若干问题的规定》(2002年11月21日　法释〔2002〕35号)

第4条　与被诉反倾销行政行为具有法律上利害关系的其他国务院主管部门，可以作为第三人参加诉讼。

3.《最高人民法院关于审理反补贴行政案件应用法律若干问题的规定》(2002年11月21日　法释〔2002〕36号)

第4条　与被诉反补贴行政行为具有法律上利害关系的其他国务院主管部门，可以作为第三人参加诉讼。

第三十条　法定代理人

没有诉讼行为能力的公民，由其法定代理人代为诉讼。法定代理人互相推诿代理责任的，由人民法院指定其中一人代为诉讼。

第三十一条　委托代理人

当事人、法定代理人，可以委托一至二人作为诉讼代理人。

下列人员可以被委托为诉讼代理人：

(一) 律师、基层法律服务工作者；

(二) 当事人的近亲属或者工作人员；

(三) 当事人所在社区、单位以及有关社会团体推荐的公民。

● 司法解释及文件

《最高人民法院关于适用〈中华人民共和国行政诉讼法〉的解释》
（2018年2月6日 法释〔2018〕1号）

第31条 当事人委托诉讼代理人，应当向人民法院提交由委托人签名或者盖章的授权委托书。委托书应当载明委托事项和具体权限。公民在特殊情况下无法书面委托的，也可以由他人代书，并由自己捺印等方式确认，人民法院应当核实并记录在卷；被诉行政机关或者其他有义务协助的机关拒绝人民法院向被限制人身自由的公民核实的，视为委托成立。当事人解除或者变更委托的，应当书面报告人民法院。

第32条 依照行政诉讼法第三十一条第二款第二项规定，与当事人有合法劳动人事关系的职工，可以当事人工作人员的名义作为诉讼代理人。以当事人的工作人员身份参加诉讼活动，应当提交以下证据之一加以证明：

（一）缴纳社会保险记录凭证；

（二）领取工资凭证；

（三）其他能够证明其为当事人工作人员身份的证据。

第33条 根据行政诉讼法第三十一条第二款第三项规定，有关社会团体推荐公民担任诉讼代理人的，应当符合下列条件：

（一）社会团体属于依法登记设立或者依法免予登记设立的非营利性法人组织；

（二）被代理人属于该社会团体的成员，或者当事人一方住所地位于该社会团体的活动地域；

（三）代理事务属于该社会团体章程载明的业务范围；

（四）被推荐的公民是该社会团体的负责人或者与该社会团体有合法劳动人事关系的工作人员。

专利代理人经中华全国专利代理人协会推荐，可以在专利行政案件中担任诉讼代理人。

第三十二条 当事人及诉讼代理人权利

代理诉讼的律师,有权按照规定查阅、复制本案有关材料,有权向有关组织和公民调查,收集与本案有关的证据。对涉及国家秘密、商业秘密和个人隐私的材料,应当依照法律规定保密。

当事人和其他诉讼代理人有权按照规定查阅、复制本案庭审材料,但涉及国家秘密、商业秘密和个人隐私的内容除外。

第五章 证 据

第三十三条 证据种类

证据包括:

(一)书证;

(二)物证;

(三)视听资料;

(四)电子数据;

(五)证人证言;

(六)当事人的陈述;

(七)鉴定意见;

(八)勘验笔录、现场笔录。

以上证据经法庭审查属实,才能作为认定案件事实的根据。

● 司法解释及文件

1.《最高人民法院关于适用〈中华人民共和国行政诉讼法〉的解释》(2018年2月6日 法释〔2018〕1号)

第39条 当事人申请调查收集证据,但该证据与待证事实无关联、对证明待证事实无意义或者其他无调查收集必要的，人民法院不予准许。

第42条　能够反映案件真实情况、与待证事实相关联、来源和形式符合法律规定的证据，应当作为认定案件事实的根据。

2.《最高人民法院关于行政诉讼证据若干问题的规定》（2002年7月24日　法发〔2002〕21号）

第10条　根据行政诉讼法第三十一条第一款第（一）项的规定，当事人向人民法院提供书证的，应当符合下列要求：

（一）提供书证的原件，原本、正本和副本均属于书证的原件。提供原件确有困难的，可以提供与原件核对无误的复印件、照片、节录本；

（二）提供由有关部门保管的书证原件的复制件、影印件或者抄录件的，应当注明出处，经该部门核对无异后加盖其印章；

（三）提供报表、图纸、会计账册、专业技术资料、科技文献等书证的，应当附有说明材料；

（四）被告提供的被诉具体行政行为所依据的询问、陈述、谈话类笔录，应当有行政执法人员、被询问人、陈述人、谈话人签名或者盖章。

法律、法规、司法解释和规章对书证的制作形式另有规定的，从其规定。

第11条　根据行政诉讼法第三十一条第一款第（二）项的规定，当事人向人民法院提供物证的，应当符合下列要求：

（一）提供原物。提供原物确有困难的，可以提供与原物核对无误的复制件或者证明该物证的照片、录像等其他证据；

（二）原物为数量较多的种类物的，提供其中的一部分。

第12条　根据行政诉讼法第三十一条第一款第（三）项的规定，当事人向人民法院提供计算机数据或者录音、录像等视听资料的，应当符合下列要求：

（一）提供有关资料的原始载体。提供原始载体确有困难的，可以提供复制件；

（二）注明制作方法、制作时间、制作人和证明对象等；

（三）声音资料应当附有该声音内容的文字记录。

第13条　根据行政诉讼法第三十一条第一款第（四）项的规定，当事人向人民法院提供证人证言的，应当符合下列要求：

（一）写明证人的姓名、年龄、性别、职业、住址等基本情况；

（二）有证人的签名，不能签名的，应当以盖章等方式证明；

（三）注明出具日期；

（四）附有居民身份证复印件等证明证人身份的文件。

第14条　根据行政诉讼法第三十一条第一款第（六）项的规定，被告向人民法院提供的在行政程序中采用的鉴定结论，应当载明委托人和委托鉴定的事项、向鉴定部门提交的相关材料、鉴定的依据和使用的科学技术手段、鉴定部门和鉴定人鉴定资格的说明，并应有鉴定人的签名和鉴定部门的盖章。通过分析获得的鉴定结论，应当说明分析过程。

第15条　根据行政诉讼法第三十一条第一款第（七）项的规定，被告向人民法院提供的现场笔录，应当载明时间、地点和事件等内容，并由执法人员和当事人签名。当事人拒绝签名或者不能签名的，应当注明原因。有其他人在现场的，可由其他人签名。

法律、法规和规章对现场笔录的制作形式另有规定的，从其规定。

第16条　当事人向人民法院提供的在中华人民共和国领域外形成的证据，应当说明来源，经所在国公证机关证明，并经中华人民共和国驻该国使领馆认证，或者履行中华人民共和国与证据所在国订立的有关条约中规定的证明手续。

当事人提供的在中华人民共和国香港特别行政区、澳门特别行政区和台湾地区内形成的证据，应当具有按照有关规定办理的证明手续。

第17条　当事人向人民法院提供外文书证或者外国语视听资料的，应当附有由具有翻译资质的机构翻译的或者其他翻译准确的中文译本，由翻译机构盖章或者翻译人员签名。

第18条　证据涉及国家秘密、商业秘密或者个人隐私的，提供人应当作出明确标注，并向法庭说明，法庭予以审查确认。

第19条　当事人应当对其提交的证据材料分类编号，对证据材料的来源、证明对象和内容作简要说明，签名或者盖章，注明提交日期。

第20条　人民法院收到当事人提交的证据材料，应当出具收据，注明证据的名称、份数、页数、件数、种类等以及收到的时间，由经办人员签名或者盖章。

第21条　对于案情比较复杂或者证据数量较多的案件，人民法院可以组织当事人在开庭前向对方出示或者交换证据，并将交换证据的情况记录在卷。

第33条　人民法院可以依当事人申请或者依职权勘验现场。

勘验现场时，勘验人必须出示人民法院的证件，并邀请当地基层组织或者当事人所在单位派人参加。当事人或其成年亲属应当到场，拒不到场的，不影响勘验的进行，但应当在勘验笔录中说明情况。

第34条　审判人员应当制作勘验笔录，记载勘验的时间、地点、勘验人、在场人、勘验的经过和结果，由勘验人、当事人、在场人签名。

勘验现场时绘制的现场图，应当注明绘制的时间、方位、绘制人姓名和身份等内容。

当事人对勘验结论有异议的，可以在举证期限内申请重新勘验，是否准许由人民法院决定。

四、证据的对质辨认和核实

第35条 证据应当在法庭上出示，并经庭审质证。未经庭审质证的证据，不能作为定案的依据。

当事人在庭前证据交换过程中没有争议并记录在卷的证据，经审判人员在庭审中说明后，可以作为认定案件事实的依据。

第36条 经合法传唤，因被告无正当理由拒不到庭而需要依法缺席判决的，被告提供的证据不能作为定案的依据，但当事人在庭前交换证据中没有争议的证据除外。

第37条 涉及国家秘密、商业秘密和个人隐私或者法律规定的其他应当保密的证据，不得在开庭时公开质证。

第38条 当事人申请人民法院调取的证据，由申请调取证据的当事人在庭审中出示，并由当事人质证。

人民法院依职权调取的证据，由法庭出示，并可就调取该证据的情况进行说明，听取当事人意见。

第39条 当事人应当围绕证据的关联性、合法性和真实性，针对证据有无证明效力以及证明效力大小，进行质证。

经法庭准许，当事人及其代理人可以就证据问题相互发问，也可以向证人、鉴定人或者勘验人发问。

当事人及其代理人相互发问，或者向证人、鉴定人、勘验人发问时，发问的内容应当与案件事实有关联，不得采用引诱、威胁、侮辱等语言或者方式。

第40条 对书证、物证和视听资料进行质证时，当事人应当出示证据的原件或者原物。但有下列情况之一的除外：

（一）出示原件或者原物确有困难并经法庭准许可以出示复制件或者复制品；

（二）原件或者原物已不存在，可以出示证明复制件、复制品与原件、原物一致的其他证据。

视听资料应当当庭播放或者显示，并由当事人进行质证。

第 41 条　凡是知道案件事实的人，都有出庭作证的义务。有下列情形之一的，经人民法院准许，当事人可以提交书面证言：

（一）当事人在行政程序或者庭前证据交换中对证人证言无异议的；

（二）证人因年迈体弱或者行动不便无法出庭的；

（三）证人因路途遥远、交通不便无法出庭的；

（四）证人因自然灾害等不可抗力或者其他意外事件无法出庭的；

（五）证人因其他特殊原因确实无法出庭的。

第 42 条　不能正确表达意志的人不能作证。

根据当事人申请，人民法院可以就证人能否正确表达意志进行审查或者交由有关部门鉴定。必要时，人民法院也可以依职权交由有关部门鉴定。

第 43 条　当事人申请证人出庭作证的，应当在举证期限届满前提出，并经人民法院许可。人民法院准许证人出庭作证的，应当在开庭审理前通知证人出庭作证。

当事人在庭审过程中要求证人出庭作证的，法庭可以根据审理案件的具体情况，决定是否准许以及是否延期审理。

第 44 条　有下列情形之一，原告或者第三人可以要求相关行政执法人员作为证人出庭作证：

（一）对现场笔录的合法性或者真实性有异议的；

（二）对扣押财产的品种或者数量有异议的；

（三）对检验的物品取样或者保管有异议的；

（四）对行政执法人员的身份的合法性有异议的；

（五）需要出庭作证的其他情形。

第 45 条　证人出庭作证时，应当出示证明其身份的证件。法庭应当告知其诚实作证的法律义务和作伪证的法律责任。

出庭作证的证人不得旁听案件的审理。法庭询问证人时，其他证人不得在场,但组织证人对质的除外。

第46条 证人应当陈述其亲历的具体事实。证人根据其经历所作的判断、推测或者评论,不能作为定案的依据。

第47条 当事人要求鉴定人出庭接受询问的,鉴定人应当出庭。鉴定人因正当事由不能出庭的,经法庭准许,可以不出庭,由当事人对其书面鉴定结论进行质证。

鉴定人不能出庭的正当事由,参照本规定第四十一条的规定。

对于出庭接受询问的鉴定人,法庭应当核实其身份、与当事人及案件的关系,并告知鉴定人如实说明鉴定情况的法律义务和故意作虚假说明的法律责任。

第48条 对被诉具体行政行为涉及的专门性问题,当事人可以向法庭申请由专业人员出庭进行说明,法庭也可以通知专业人员出庭说明。必要时,法庭可以组织专业人员进行对质。

当事人对出庭的专业人员是否具备相应专业知识、学历、资历等专业资格等有异议的,可以进行询问。由法庭决定其是否可以作为专业人员出庭。

专业人员可以对鉴定人进行询问。

第49条 法庭在质证过程中,对与案件没有关联的证据材料,应予排除并说明理由。

法庭在质证过程中,准许当事人补充证据的,对补充的证据仍应进行质证。

法庭对经过庭审质证的证据,除确有必要外,一般不再进行质证。

第50条 在第二审程序中,对当事人依法提供的新的证据,法庭应当进行质证;当事人对第一审认定的证据仍有争议的,法庭也应当进行质证。

第51条 按照审判监督程序审理的案件,对当事人依法提供的新的证据，法庭应当进行质证；因原判决、裁定认定事实的证据不足而提起再审所涉及的主要证据，法庭也应当进行质证。

第52条 本规定第五十条和第五十一条中的"新的证据"是指以下证据：

（一）在一审程序中应当准予延期提供而未获准许的证据；

（二）当事人在一审程序中依法申请调取而未获准许或者未取得，人民法院在第二审程序中调取的证据；

（三）原告或者第三人提供的在举证期限届满后发现的证据。

五、证据的审核认定

第53条 人民法院裁判行政案件，应当以证据证明的案件事实为依据。

第54条 法庭应当对经过庭审质证的证据和无需质证的证据进行逐一审查和对全部证据综合审查，遵循法官职业道德，运用逻辑推理和生活经验，进行全面、客观和公正地分析判断，确定证据材料与案件事实之间的证明关系，排除不具有关联性的证据材料，准确认定案件事实。

第55条 法庭应当根据案件的具体情况，从以下方面审查证据的合法性：

（一）证据是否符合法定形式；

（二）证据的取得是否符合法律、法规、司法解释和规章的要求；

（三）是否有影响证据效力的其他违法情形。

第56条 法庭应当根据案件的具体情况，从以下方面审查证据的真实性：

（一）证据形成的原因；

（二）发现证据时的客观环境；

（三）证据是否为原件、原物，复制件、复制品与原件、原物是否相符；

（四）提供证据的人或者证人与当事人是否具有利害关系；

（五）影响证据真实性的其他因素。

第 57 条　下列证据材料不能作为定案依据：

（一）严重违反法定程序收集的证据材料；

（二）以偷拍、偷录、窃听等手段获取侵害他人合法权益的证据材料；

（三）以利诱、欺诈、胁迫、暴力等不正当手段获取的证据材料；

（四）当事人无正当事由超出举证期限提供的证据材料；

（五）在中华人民共和国领域以外或者在中华人民共和国香港特别行政区、澳门特别行政区和台湾地区形成的未办理法定证明手续的证据材料；

（六）当事人无正当理由拒不提供原件、原物，又无其他证据印证，且对方当事人不予认可的证据的复制件或者复制品；

（七）被当事人或者他人进行技术处理而无法辨明真伪的证据材料；

（八）不能正确表达意志的证人提供的证言；

（九）不具备合法性和真实性的其他证据材料。

第 58 条　以违反法律禁止性规定或者侵犯他人合法权益的方法取得的证据，不能作为认定案件事实的依据。

第 59 条　被告在行政程序中依照法定程序要求原告提供证据，原告依法应当提供而拒不提供，在诉讼程序中提供的证据，人民法院一般不予采纳。

第 60 条　下列证据不能作为认定被诉具体行政行为合法的依据：

（一）被告及其诉讼代理人在作出具体行政行为后或者在诉讼程序中自行收集的证据；

（二）被告在行政程序中非法剥夺公民、法人或者其他组织依法享有的陈述、申辩或者听证权利所采用的证据；

（三）原告或者第三人在诉讼程序中提供的、被告在行政程序中未作为具体行政行为依据的证据。

第61条　复议机关在复议程序中收集和补充的证据，或者作出原具体行政行为的行政机关在复议程序中未向复议机关提交的证据，不能作为人民法院认定原具体行政行为合法的依据。

第62条　对被告在行政程序中采纳的鉴定结论，原告或者第三人提出证据证明有下列情形之一的，人民法院不予采纳：

（一）鉴定人不具备鉴定资格；

（二）鉴定程序严重违法；

（三）鉴定结论错误、不明确或者内容不完整。

第63条　证明同一事实的数个证据，其证明效力一般可以按照下列情形分别认定：

（一）国家机关以及其他职能部门依职权制作的公文文书优于其他书证；

（二）鉴定结论、现场笔录、勘验笔录、档案材料以及经过公证或者登记的书证优于其他书证、视听资料和证人证言；

（三）原件、原物优于复制件、复制品；

（四）法定鉴定部门的鉴定结论优于其他鉴定部门的鉴定结论；

（五）法庭主持勘验所制作的勘验笔录优于其他部门主持勘验所制作的勘验笔录；

（六）原始证据优于传来证据；

（七）其他证人证言优于与当事人有亲属关系或者其他密切关系的证人提供的对该当事人有利的证言；

（八）出庭作证的证人证言优于未出庭作证的证人证言；

（九）数个种类不同、内容一致的证据优于一个孤立的证据。

第64条　以有形载体固定或者显示的电子数据交换、电子邮件以及其他数据资料，其制作情况和真实性经对方当事人确认，或者以公证等其他有效方式予以证明的，与原件具有同等的证明效力。

第65条　在庭审中一方当事人或者其代理人在代理权限范围内对另一方当事人陈述的案件事实明确表示认可的，人民法院可以对该事实予以认定。但有相反证据足以推翻的除外。

第66条　在行政赔偿诉讼中，人民法院主持调解时当事人为达成调解协议而对案件事实的认可，不得在其后的诉讼中作为对其不利的证据。

第67条　在不受外力影响的情况下，一方当事人提供的证据，对方当事人明确表示认可的，可以认定该证据的证明效力；对方当事人予以否认，但不能提供充分的证据进行反驳的，可以综合全案情况审查认定该证据的证明效力。

第68条　下列事实法庭可以直接认定：

（一）众所周知的事实；

（二）自然规律及定理；

（三）按照法律规定推定的事实；

（四）已经依法证明的事实；

（五）根据日常生活经验法则推定的事实。

前款（一）、（三）、（四）、（五）项，当事人有相反证据足以推翻的除外。

第69条　原告确有证据证明被告持有的证据对原告有利，被告无正当事由拒不提供的，可以推定原告的主张成立。

第70条　生效的人民法院裁判文书或者仲裁机构裁决文书确认的事实，可以作为定案依据。但是如果发现裁判文书或者裁决文书认定的事实有重大问题的，应当中止诉讼，通过法定程序予以纠正后恢复诉讼。

第71条　下列证据不能单独作为定案依据：

（一）未成年人所作的与其年龄和智力状况不相适应的证言；

（二）与一方当事人有亲属关系或者其他密切关系的证人所作的对该当事人有利的证言，或者与一方当事人有不利关系的证人所作的对该当事人不利的证言；

（三）应当出庭作证而无正当理由不出庭作证的证人证言；

（四）难以识别是否经过修改的视听资料；

（五）无法与原件、原物核对的复制件或者复制品；

（六）经一方当事人或者他人改动，对方当事人不予认可的证据材料；

（七）其他不能单独作为定案依据的证据材料。

第72条　庭审中经过质证的证据，能够当庭认定的，应当当庭认定；不能当庭认定的，应当在合议庭合议时认定。

人民法院应当在裁判文书中阐明证据是否采纳的理由。

第73条　法庭发现当庭认定的证据有误，可以按照下列方式纠正：

（一）庭审结束前发现错误的，应当重新进行认定；

（二）庭审结束后宣判前发现错误的，在裁判文书中予以更正并说明理由，也可以再次开庭予以认定；

（三）有新的证据材料可能推翻已认定的证据的，应当再次开庭予以认定。

第三十四条　被告举证责任

被告对作出的行政行为负有举证责任，应当提供作出该行政行为的证据和所依据的规范性文件。

被告不提供或者无正当理由逾期提供证据，视为没有相应证据。但是，被诉行政行为涉及第三人合法权益，第三人提供证据的除外。

● **司法解释及文件**

1. 《最高人民法院关于适用〈中华人民共和国行政诉讼法〉的解释》（2018年2月6日　法释〔2018〕1号）

第46条　原告或者第三人确有证据证明被告持有的证据对原告或者第三人有利的，可以在开庭审理前书面申请人民法院责令行政机关提交。

申请理由成立的，人民法院应当责令行政机关提交，因提交证据所产生的费用，由申请人预付。行政机关无正当理由拒不提交的，人民法院可以推定原告或者第三人基于该证据主张的事实成立。

持有证据的当事人以妨碍对方当事人使用为目的，毁灭有关证据或者实施其他致使证据不能使用行为的，人民法院可以推定对方当事人基于该证据主张的事实成立，并可依照行政诉讼法第五十九条规定处理。

2. 《最高人民法院关于行政诉讼证据若干问题的规定》（2002年7月24日　法发〔2002〕21号）

第60条　下列证据不能作为认定被诉具体行政行为合法的依据：

（一）被告及其诉讼代理人在作出具体行政行为后或者在诉讼程序中自行收集的证据；

（二）被告在行政程序中非法剥夺公民、法人或者其他组织依法享有的陈述、申辩或者听证权利所采用的证据；

（三）原告或者第三人在诉讼程序中提供的、被告在行政程序中未作为具体行政行为依据的证据。

第61条　复议机关在复议程序中收集和补充的证据，或者作出原具体行政行为的行政机关在复议程序中未向复议机关提交的证据，不能作为人民法院认定原具体行政行为合法的依据。

3.《最高人民法院关于审理反倾销行政案件应用法律若干问题的规定》（2002年11月21日　法释〔2002〕35号）

第8条　原告对其主张的事实有责任提供证据。经人民法院依照法定程序审查，原告提供的证据具有关联性、合法性和真实性的，可以作为定案的根据。

被告在反倾销行政调查程序中依照法定程序要求原告提供证据，原告无正当理由拒不提供、不如实提供或者以其他方式严重妨碍调查，而在诉讼程序中提供的证据，人民法院不予采纳。

第9条　在反倾销行政调查程序中，利害关系人无正当理由拒不提供证据、不如实提供证据或者以其他方式严重妨碍调查的，国务院主管部门根据能够获得的证据得出的事实结论，可以认定为证据充分。

4.《最高人民法院关于审理反补贴行政案件应用法律若干问题的规定》（2002年11月21日　法释〔2002〕36号）

第8条　原告对其主张的事实有责任提供证据。经人民法院依照法定程序审查，原告提供的证据具有关联性、合法性和真实性的，可以作为定案的根据。

被告在反补贴行政调查程序中依照法定程序要求原告提供证据，原告无正当理由拒不提供、不如实提供或者以其他方式严重妨碍调查，而在诉讼程序中提供的证据，人民法院不予采纳。

第9条　在反补贴行政调查程序中，利害关系人无正当理由拒不提供证据、不如实提供证据或者以其他方式严重妨碍调查的，国务院主管部门根据能够获得的证据得出的事实结论，可以认定为证据充分。

5.《最高人民法院印发〈关于审理证券行政处罚案件证据若干问题的座谈会纪要〉的通知》（2011年7月13日　法〔2011〕225号）

一、关于证券行政处罚案件的举证问题

会议认为，监管机构根据行政诉讼法第三十二条、最高人民法院《关于行政诉讼证据若干问题的规定》第一条的规定，对作出的被诉行政处罚决定承担举证责任。人民法院在审理证券行政处罚案件时，也应当考虑到部分类型的证券违法行为的特殊性，由监管机构承担主要违法事实的证明责任，通过推定的方式适当向原告、第三人转移部分特定事实的证明责任。

监管机构在听证程序中书面明确告知行政相对人享有提供排除其涉嫌违法行为证据的权利，行政相对人能够提供但无正当理由拒不提供，后又在诉讼中提供的，人民法院一般不予采纳。行政处罚相对人在行政程序中未提供但有正当理由，在诉讼中依照最高人民法院《关于行政诉讼证据若干问题的规定》提供的证据，人民法院应当采纳。

监管机构除依法向人民法院提供据以作出被诉行政处罚决定的证据和依据外，还应当提交原告、第三人在行政程序中提供的证据材料。

6.《最高人民法院关于审理政府信息公开行政案件若干问题的规定》（2011年7月29日　法释〔2011〕17号）

第5条　被告拒绝向原告提供政府信息的，应当对拒绝的根据以及履行法定告知和说明理由义务的情况举证。

因公共利益决定公开涉及商业秘密、个人隐私政府信息的，被告应当对认定公共利益以及不公开可能对公共利益造成重大影响的理由进行举证和说明。

被告拒绝更正与原告相关的政府信息记录的，应当对拒绝的理由进行举证和说明。

被告能够证明政府信息涉及国家秘密，请求在诉讼中不予提交的，人民法院应当准许。

被告主张政府信息不存在，原告能够提供该政府信息系由被告制作或者保存的相关线索的，可以申请人民法院调取证据。

被告以政府信息与申请人自身生产、生活、科研等特殊需要无关为由不予提供的，人民法院可以要求原告对特殊需要事由作出说明。

原告起诉被告拒绝更正政府信息记录的，应当提供其向被告提出过更正申请以及政府信息与其自身相关且记录不准确的事实根据。

第三十五条　行政机关收集证据的限制

在诉讼过程中，被告及其诉讼代理人不得自行向原告、第三人和证人收集证据。

● 司法解释及文件

1.《最高人民法院关于适用〈中华人民共和国行政诉讼法〉的解释》（2018 年 2 月 6 日　法释〔2018〕1 号）

第 45 条　被告有证据证明其在行政程序中依照法定程序要求原告或者第三人提供证据，原告或者第三人依法应当提供而没有提供，在诉讼程序中提供的证据，人民法院一般不予采纳。

2.《最高人民法院关于行政诉讼证据若干问题的规定》（2002 年 7 月 24 日　法发〔2002〕21 号）

第 3 条　根据行政诉讼法第二十三条的规定，在诉讼过程中，被告及其诉讼代理人不得自行向原告和证人收集证据。

第 60 条　下列证据不能作为认定被诉具体行政行为合法的依据：

（一）被告及其诉讼代理人在作出具体行政行为后或者在诉讼程序中自行收集的证据；

（二）被告在行政程序中非法剥夺公民、法人或者其他组织依法享有的陈述、申辩或者听证权利所采用的证据；

（三）原告或者第三人在诉讼程序中提供的、被告在行政程序中未作为具体行政行为依据的证据。

第三十六条　被告延期提供证据和补充证据

被告在作出行政行为时已经收集了证据，但因不可抗力等正当事由不能提供的，经人民法院准许，可以延期提供。

原告或者第三人提出了其在行政处理程序中没有提出的理由或者证据的，经人民法院准许，被告可以补充证据。

● 司法解释及文件

《最高人民法院关于适用〈中华人民共和国行政诉讼法〉的解释》（2018年2月6日　法释〔2018〕1号）

第34条　根据行政诉讼法第三十六条第一款的规定，被告申请延期提供证据的，应当在收到起诉状副本之日起十五日内以书面方式向人民法院提出。人民法院准许延期提供的，被告应当在正当事由消除后十五日内提供证据。逾期提供的，视为被诉行政行为没有相应的证据。

第35条　原告或者第三人应当在开庭审理前或者人民法院指定的交换证据清单之日提供证据。因正当事由申请延期提供证据的，经人民法院准许，可以在法庭调查中提供。逾期提供证据的，人民法院应当责令其说明理由；拒不说明理由或者理由不成立的，视为放弃举证权利。

原告或者第三人在第一审程序中无正当事由未提供而在第二审程序中提供的证据，人民法院不予接纳。

第36条　当事人申请延长举证期限，应当在举证期限届满前向人民法院提出书面申请。

申请理由成立的，人民法院应当准许，适当延长举证期限，并通知其他当事人。申请理由不成立的，人民法院不予准许，并通知申请人。

第三十七条　原告可以提供证据

原告可以提供证明行政行为违法的证据。原告提供的证据不成立的，不免除被告的举证责任。

第三十八条　原告举证责任

在起诉被告不履行法定职责的案件中，原告应当提供其向被告提出申请的证据。但有下列情形之一的除外：

（一）被告应当依职权主动履行法定职责的；

（二）原告因正当理由不能提供证据的。

在行政赔偿、补偿的案件中，原告应当对行政行为造成的损害提供证据。因被告的原因导致原告无法举证的，由被告承担举证责任。

● 司法解释及文件

《最高人民法院关于适用〈中华人民共和国行政诉讼法〉的解释》
（2018年2月6日　法释〔2018〕1号）

第47条　根据行政诉讼法第三十八条第二款的规定，在行政赔偿、补偿案件中，因被告的原因导致原告无法就损害情况举证的，应当由被告就该损害情况承担举证责任。

对于各方主张损失的价值无法认定的，应当由负有举证责任的一方当事人申请鉴定，但法律、法规、规章规定行政机关在作出行政行为时依法应当评估或者鉴定的除外；负有举证责任的当事人拒绝申请鉴定的，由其承担不利的法律后果。

当事人的损失因客观原因无法鉴定的，人民法院应当结合当事人的主张和在案证据，遵循法官职业道德，运用逻辑推理和生活经验、生活常识等，酌情确定赔偿数额。

第三十九条　法院要求当事人提供或者补充证据

人民法院有权要求当事人提供或者补充证据。

● 司法解释及文件

《最高人民法院关于适用〈中华人民共和国行政诉讼法〉的解释》（2018年2月6日　法释〔2018〕1号）

第37条　根据行政诉讼法第三十九条的规定，对当事人无争议，但涉及国家利益、公共利益或者他人合法权益的事实，人民法院可以责令当事人提供或者补充有关证据。

第44条　人民法院认为有必要的，可以要求当事人本人或者行政机关执法人员到庭，就案件有关事实接受询问。在询问之前，可以要求其签署保证书。

保证书应当载明据实陈述、如有虚假陈述愿意接受处罚等内容。当事人或者行政机关执法人员应当在保证书上签名或者捺印。

负有举证责任的当事人拒绝到庭、拒绝接受询问或者拒绝签署保证书，待证事实又欠缺其他证据加以佐证的，人民法院对其主张的事实不予认定。

第四十条　法院调取证据

人民法院有权向有关行政机关以及其他组织、公民调取证据。但是，不得为证明行政行为的合法性调取被告作出行政行为时未收集的证据。

● 司法解释及文件

《最高人民法院关于行政诉讼证据若干问题的规定》（2002年7月24日　法发〔2002〕21号）

第22条　根据行政诉讼法第三十四条第二款的规定，有下列情形之一的，人民法院有权向有关行政机关以及其他组织、公民调取证据：

（一）涉及国家利益、公共利益或者他人合法权益的事实认定的；

（二）涉及依职权追加当事人、中止诉讼、终结诉讼、回避等程序性事项的。

第23条 原告或者第三人不能自行收集，但能够提供确切线索的，可以申请人民法院调取下列证据材料：

（一）由国家有关部门保存而须由人民法院调取的证据材料；

（二）涉及国家秘密、商业秘密和个人隐私的证据材料；

（三）确因客观原因不能自行收集的其他证据材料。

人民法院不得为证明被诉具体行政行为的合法性，调取被告在作出具体行政行为时未收集的证据。

第24条 当事人申请人民法院调取证据的，应当在举证期限内提交调取证据申请书。

调取证据申请书应当载明下列内容：

（一）证据持有人的姓名或者名称、住址等基本情况；

（二）需要调取证据的内容；

（三）申请调取证据的原因及其要证明的案件事实。

第25条 人民法院对当事人调取证据的申请，经审查符合调取证据条件的，应当及时决定调取；不符合调取证据条件的，应当向当事人或者其诉讼代理人送达通知书，说明不准许调取的理由。

当事人及其诉讼代理人可以在收到通知书之日起三日内向受理申请的人民法院书面申请复议一次。人民法院应当在收到复议申请之日起五日内作出答复。

人民法院根据当事人申请，经调取未能取得相应证据的，应当告知申请人并说明原因。

第26条 人民法院需要调取的证据在异地的，可以书面委托证据所在地人民法院调取。受托人民法院应当在收到委托书后，按照委托要求及时完成调取证据工作，送交委托人民法院。受托人民法院不能完成委托内容的，应当告知委托的人民法院并说明原因。

第四十一条　申请法院调取证据

与本案有关的下列证据，原告或者第三人不能自行收集的，可以申请人民法院调取：

（一）由国家机关保存而须由人民法院调取的证据；

（二）涉及国家秘密、商业秘密和个人隐私的证据；

（三）确因客观原因不能自行收集的其他证据。

第四十二条　证据保全

在证据可能灭失或者以后难以取得的情况下，诉讼参加人可以向人民法院申请保全证据，人民法院也可以主动采取保全措施。

● 司法解释及文件

《最高人民法院关于行政诉讼证据若干问题的规定》（2002年7月24日　法发〔2002〕21号）

第27条　当事人根据行政诉讼法第三十六条的规定向人民法院申请保全证据的，应当在举证期限届满前以书面形式提出，并说明证据的名称和地点、保全的内容和范围、申请保全的理由等事项。

当事人申请保全证据的，人民法院可以要求其提供相应的担保。

法律、司法解释及文件规定诉前保全证据的，依照其规定办理。

第28条　人民法院依照行政诉讼法第三十六条①规定保全证

---

① 对应2017年《行政诉讼法》第42条。

据的，可以根据具体情况，采取查封、扣押、拍照、录音、录像、复制、鉴定、勘验、制作询问笔录等保全措施。

人民法院保全证据时，可以要求当事人或者其诉讼代理人到场。

第四十三条　证据适用规则

证据应当在法庭上出示，并由当事人互相质证。对涉及国家秘密、商业秘密和个人隐私的证据，不得在公开开庭时出示。

人民法院应当按照法定程序，全面、客观地审查核实证据。对未采纳的证据应当在裁判文书中说明理由。

以非法手段取得的证据，不得作为认定案件事实的根据。

● 司法解释及文件

《最高人民法院关于适用〈中华人民共和国行政诉讼法〉的解释》（2018年2月6日　法释〔2018〕1号）

第43条　有下列情形之一的，属于行政诉讼法第四十三条第三款规定的"以非法手段取得的证据"：

（一）严重违反法定程序收集的证据材料；

（二）以违反法律强制性规定的手段获取且侵害他人合法权益的证据材料；

（三）以利诱、欺诈、胁迫、暴力等手段获取的证据材料。

第六章　起诉和受理

第四十四条　行政复议与行政诉讼的关系

对属于人民法院受案范围的行政案件，公民、法人或者其他组织可以先向行政机关申请复议，对复议决定不服的，再向人民法院提起诉讼；也可以直接向人民法院提起诉讼。

法律、法规规定应当先向行政机关申请复议，对复议决定不服再向人民法院提起诉讼的，依照法律、法规的规定。

● 司法解释及文件

《最高人民法院关于适用〈中华人民共和国行政诉讼法〉的解释》
（2018年2月6日 法释〔2018〕1号）

第56条 法律、法规规定应当先申请复议，公民、法人或者其他组织未申请复议直接提起诉讼的，人民法院裁定不予立案。

依照行政诉讼法第四十五条的规定，复议机关不受理复议申请或者在法定期限内不作出复议决定，公民、法人或者其他组织不服，依法向人民法院提起诉讼的，人民法院应当依法立案。

第57条 法律、法规未规定行政复议为提起行政诉讼必经程序，公民、法人或者其他组织既提起诉讼又申请行政复议的，由先立案的机关管辖；同时立案的，由公民、法人或者其他组织选择。公民、法人或者其他组织已经申请行政复议，在法定复议期间内又向人民法院提起诉讼的，人民法院裁定不予立案。

第58条 法律、法规未规定行政复议为提起行政诉讼必经程序，公民、法人或者其他组织向复议机关申请行政复议后，又经复议机关同意撤回复议申请，在法定起诉期限内对原行政行为提起诉讼的，人民法院应当依法立案。

第59条 公民、法人或者其他组织向复议机关申请行政复议后，复议机关作出维持决定的，应当以复议机关和原行为机关为共同被告，并以复议决定送达时间确定起诉期限。

● **案例指引**

杨某诉山东省人民政府行政复议案［最高人民法院行政审判十大典型案例（第一批）①之十］

裁判摘要：当事人申请行政复议和提起行政诉讼应当具有利用复议制度和诉讼制度解决行政争议的正当性。行政诉讼是解决行政争议，保护公民、法人和其他组织合法权益，监督行政机关依法行使职权的法律救济途径。人民法院既要充分保障当事人正当诉权的行使，又要引导、规范当事人行使诉权。人民法院有义务识别、判断当事人的请求是否具有足以利用行政复议制度和行政诉讼制度加以解决的必要性，避免因缺乏诉的利益而不当行使诉权的情形发生，坚决抵制滥用诉权的行为。对于明显违背行政复议制度、明显具有任性恣意色彩的反复申请，即使行政复议机关予以拒绝，当事人不服提起诉讼的，人民法院也可以不予立案，或者在立案之后裁定驳回起诉。

第四十五条 经行政复议的起诉期限

公民、法人或者其他组织不服复议决定的，可以在收到复议决定书之日起十五日内向人民法院提起诉讼。复议机关逾期不作决定的，申请人可以在复议期满之日起十五日内向人民法院提起诉讼。法律另有规定的除外。

● **法　律**

1.《行政复议法》（2023年9月1日）

第62条　适用普通程序审理的行政复议案件，行政复议机关应当自受理申请之日起六十日内作出行政复议决定；但是法律规定的行政复议期限少于六十日的除外。情况复杂，不能在规定

---

① 载最高人民法院网站，https://www.court.gov.cn/zixun/xiangqing/47862.html，最后访问时间：2023年7月15日。

期限内作出行政复议决定的，经行政复议机构的负责人批准，可以适当延长，并书面告知当事人；但是延长期限最多不得超过三十日。

适用简易程序审理的行政复议案件，行政复议机关应当自受理申请之日起三十日内作出行政复议决定。

● 司法解释及文件

2.《最高人民法院关于适用〈中华人民共和国行政诉讼法〉的解释》（2018年2月6日　法释〔2018〕1号）

第56条　法律、法规规定应当先申请复议，公民、法人或者其他组织未申请复议直接提起诉讼的，人民法院裁定不予立案。

依照行政诉讼法第四十五条的规定，复议机关不受理复议申请或者在法定期限内不作出复议决定，公民、法人或者其他组织不服，依法向人民法院提起诉讼的，人民法院应当依法立案。

第57条　法律、法规未规定行政复议为提起行政诉讼必经程序，公民、法人或者其他组织既提起诉讼又申请行政复议的，由先立案的机关管辖；同时立案的，由公民、法人或者其他组织选择。公民、法人或者其他组织已经申请行政复议，在法定复议期间内又向人民法院提起诉讼的，人民法院裁定不予立案。

第58条　法律、法规未规定行政复议为提起行政诉讼必经程序，公民、法人或者其他组织向复议机关申请行政复议后，又经复议机关同意撤回复议申请，在法定起诉期限内对原行政行为提起诉讼的，人民法院应当依法立案。

第59条　公民、法人或者其他组织向复议机关申请行政复议后，复议机关作出维持决定的，应当以复议机关和原行为机关为共同被告，并以复议决定送达时间确定起诉期限。

第四十六条 一般起诉期限

公民、法人或者其他组织直接向人民法院提起诉讼的，应当自知道或者应当知道作出行政行为之日起六个月内提出。法律另有规定的除外。

因不动产提起诉讼的案件自行政行为作出之日起超过二十年，其他案件自行政行为作出之日起超过五年提起诉讼的，人民法院不予受理。

● 司法解释及文件

《最高人民法院关于适用〈中华人民共和国行政诉讼法〉的解释》（2018年2月6日　法释〔2018〕1号）

第65条　公民、法人或者其他组织不知道行政机关作出的行政行为内容的，其起诉期限从知道或者应当知道该行政行为内容之日起计算，但最长不得超过行政诉讼法第四十六条第二款规定的起诉期限。

第138条　人民法院决定在行政诉讼中一并审理相关民事争议，或者案件当事人一致同意相关民事争议在行政诉讼中一并解决，人民法院准许的，由受理行政案件的人民法院管辖。

公民、法人或者其他组织请求一并审理相关民事争议，人民法院经审查发现行政案件已经超过起诉期限，民事案件尚未立案的，告知当事人另行提起民事诉讼；民事案件已经立案的，由原审判组织继续审理。

人民法院在审理行政案件中发现民事争议为解决行政争议的基础，当事人没有请求人民法院一并审理相关民事争议的，人民法院应当告知当事人依法申请一并解决民事争议。当事人就民事争议另行提起民事诉讼并已立案的，人民法院应当中止行政诉讼的审理。民事争议处理期间不计算在行政诉讼审理期限内。

第四十七条　行政机关不履行法定职责的起诉期限

公民、法人或者其他组织申请行政机关履行保护其人身权、财产权等合法权益的法定职责，行政机关在接到申请之日起两个月内不履行的，公民、法人或者其他组织可以向人民法院提起诉讼。法律、法规对行政机关履行职责的期限另有规定的，从其规定。

公民、法人或者其他组织在紧急情况下请求行政机关履行保护其人身权、财产权等合法权益的法定职责，行政机关不履行的，提起诉讼不受前款规定期限的限制。

● 司法解释及文件

《最高人民法院关于适用〈中华人民共和国行政诉讼法〉的解释》（2018年2月6日　法释〔2018〕1号）

第66条　公民、法人或者其他组织依照行政诉讼法第四十七条第一款的规定，对行政机关不履行法定职责提起诉讼的，应当在行政机关履行法定职责期限届满之日起六个月内提出。

第四十八条　起诉期限的扣除和延长

公民、法人或者其他组织因不可抗力或者其他不属于其自身的原因耽误起诉期限的，被耽误的时间不计算在起诉期限内。

公民、法人或者其他组织因前款规定以外的其他特殊情况耽误起诉期限的，在障碍消除后十日内，可以申请延长期限，是否准许由人民法院决定。

第四十九条　起诉条件

提起诉讼应当符合下列条件：

（一）原告是符合本法第二十五条规定的公民、法人或者其他组织；
　　（二）有明确的被告；
　　（三）有具体的诉讼请求和事实根据；
　　（四）属于人民法院受案范围和受诉人民法院管辖。

● 司法解释及文件

1.《最高人民法院关于审理行政协议案件若干问题的规定》（2019年11月27日　法释〔2019〕17号）

　　第9条　在行政协议案件中，行政诉讼法第四十九条第三项规定的"有具体的诉讼请求"是指：
　　（一）请求判决撤销行政机关变更、解除行政协议的行政行为，或者确认该行政行为违法；
　　（二）请求判决行政机关依法履行或者按照行政协议约定履行义务；
　　（三）请求判决确认行政协议的效力；
　　（四）请求判决行政机关依法或者按照约定订立行政协议；
　　（五）请求判决撤销、解除行政协议；
　　（六）请求判决行政机关赔偿或者补偿；
　　（七）其他有关行政协议的订立、履行、变更、终止等诉讼请求。

2.《最高人民法院关于适用〈中华人民共和国行政诉讼法〉的解释》（2018年2月6日　法释〔2018〕1号）

　　第54条　依照行政诉讼法第四十九条的规定，公民、法人或者其他组织提起诉讼时应当提交以下起诉材料：
　　（一）原告的身份证明材料以及有效联系方式；
　　（二）被诉行政行为或者不作为存在的材料；
　　（三）原告与被诉行政行为具有利害关系的材料；

（四）人民法院认为需要提交的其他材料。

由法定代理人或者委托代理人代为起诉的，还应当在起诉状中写明或者在口头起诉时向人民法院说明法定代理人或者委托代理人的基本情况，并提交法定代理人或者委托代理人的身份证明和代理权限证明等材料。

第67条 原告提供被告的名称等信息足以使被告与其他行政机关相区别的，可以认定为行政诉讼法第四十九条第二项规定的"有明确的被告"。

起诉状列写被告信息不足以认定明确的被告的，人民法院可以告知原告补正；原告补正后仍不能确定明确的被告的，人民法院裁定不予立案。

第68条 行政诉讼法第四十九条第三项规定的"有具体的诉讼请求"是指：

（一）请求判决撤销或者变更行政行为；
（二）请求判决行政机关履行特定法定职责或者给付义务；
（三）请求判决确认行政行为违法；
（四）请求判决确认行政行为无效；
（五）请求判决行政机关予以赔偿或者补偿；
（六）请求解决行政协议争议；
（七）请求一并审查规章以下规范性文件；
（八）请求一并解决相关民事争议；
（九）其他诉讼请求。

当事人单独或者一并提起行政赔偿、补偿诉讼的，应当有具体的赔偿、补偿事项以及数额；请求一并审查规章以下规范性文件的，应当提供明确的文件名称或者审查对象；请求一并解决相关民事争议的，应当有具体的民事诉讼请求。

当事人未能正确表达诉讼请求的，人民法院应当要求其明确诉讼请求。

3. 《最高人民法院关于审理反倾销行政案件应用法律若干问题的规定》（2002年11月21日　法释〔2002〕35号）

第2条　与反倾销行政行为具有法律上利害关系的个人或者组织为利害关系人，可以依照行政诉讼法及其他有关法律、行政法规的规定，向人民法院提起行政诉讼。

前款所称利害关系人，是指向国务院主管部门提出反倾销调查书面申请的申请人，有关出口经营者和进口经营者及其他具有法律上利害关系的自然人、法人或者其他组织。

4. 《最高人民法院关于审理反补贴行政案件应用法律若干问题的规定》（2002年11月21日　法释〔2002〕36号）

第2条　与反补贴行政行为具有法律上利害关系的个人或者组织为利害关系人，可以依照行政诉讼法及其他有关法律、行政法规的规定，向人民法院提起行政诉讼。

前款所称利害关系人，是指向国务院主管机关提出反补贴调查书面申请的申请人，有关出口经营者和进口经营者及其他具有法律上利害关系的自然人、法人或者其他组织。

第五十条　起诉方式

起诉应当向人民法院递交起诉状，并按照被告人数提出副本。

书写起诉状确有困难的，可以口头起诉，由人民法院记入笔录，出具注明日期的书面凭证，并告知对方当事人。

第五十一条　登记立案

人民法院在接到起诉状时对符合本法规定的起诉条件的，应当登记立案。

对当场不能判定是否符合本法规定的起诉条件的，应当接收起诉状，出具注明收到日期的书面凭证，并在七日内决定是否立案。不符合起诉条件的，作出不予立案的裁定。裁定书应当载明不予立案的理由。原告对裁定不服的，可以提起上诉。

起诉状内容欠缺或者有其他错误的，应当给予指导和释明，并一次性告知当事人需要补正的内容。不得未经指导和释明即以起诉不符合条件为由不接收起诉状。

对于不接收起诉状、接收起诉状后不出具书面凭证，以及不一次性告知当事人需要补正的起诉状内容的，当事人可以向上级人民法院投诉，上级人民法院应当责令改正，并对直接负责的主管人员和其他直接责任人员依法给予处分。

● **司法解释及文件**

《最高人民法院关于适用〈中华人民共和国行政诉讼法〉的解释》
（2018年2月6日　法释〔2018〕1号）

第49条　行政诉讼法第五十一条第二款规定的立案期限，因起诉状内容欠缺或者有其他错误通知原告限期补正的，从补正后递交人民法院的次日起算。由上级人民法院转交下级人民法院立案的案件，从受诉人民法院收到起诉状的次日起算。

第53条　人民法院对符合起诉条件的案件应当立案，依法保障当事人行使诉讼权利。

对当事人依法提起的诉讼，人民法院应当根据行政诉讼法第五十一条的规定接收起诉状。能够判断符合起诉条件的，应当当场登记立案；当场不能判断是否符合起诉条件的，应当在接收起诉状后七日内决定是否立案；七日内仍不能作出判断的，应当先予立案。

第60条　人民法院裁定准许原告撤诉后，原告以同一事实和理由重新起诉的，人民法院不予立案。

准予撤诉的裁定确有错误，原告申请再审的，人民法院应当通过审判监督程序撤销原准予撤诉的裁定，重新对案件进行审理。

第61条　原告或者上诉人未按规定的期限预交案件受理费，又不提出缓交、减交、免交申请，或者提出申请未获批准的，按自动撤诉处理。在按撤诉处理后，原告或者上诉人在法定期限内再次起诉或者上诉，并依法解决诉讼费预交问题的，人民法院应予立案。

第62条　人民法院判决撤销行政机关的行政行为后，公民、法人或者其他组织对行政机关重新作出的行政行为不服向人民法院起诉的，人民法院应当依法立案。

第63条　行政机关作出行政行为时，没有制作或者没有送达法律文书，公民、法人或者其他组织只要能证明行政行为存在，并在法定期限内起诉的，人民法院应当依法立案。

第69条　有下列情形之一，已经立案的，应当裁定驳回起诉：

（一）不符合行政诉讼法第四十九条规定的；

（二）超过法定起诉期限且无行政诉讼法第四十八条规定情形的；

（三）错列被告且拒绝变更的；

（四）未按照法律规定由法定代理人、指定代理人、代表人为诉讼行为的；

（五）未按照法律、法规规定先向行政机关申请复议的；

（六）重复起诉的；

（七）撤回起诉后无正当理由再行起诉的；

（八）行政行为对其合法权益明显不产生实际影响的；

（九）诉讼标的已为生效裁判或者调解书所羁束的；

（十）其他不符合法定起诉条件的情形。

前款所列情形可以补正或者更正的，人民法院应当指定期间责令补正或者更正；在指定期间已经补正或者更正的，应当依法审理。

人民法院经过阅卷、调查或者询问当事人，认为不需要开庭审理的，可以迳行裁定驳回起诉。

第五十二条 法院不立案的救济

人民法院既不立案，又不作出不予立案裁定的，当事人可以向上一级人民法院起诉。上一级人民法院认为符合起诉条件的，应当立案、审理，也可以指定其他下级人民法院立案、审理。

● 司法解释及文件

《最高人民法院关于适用〈中华人民共和国行政诉讼法〉的解释》（2018年2月6日　法释〔2018〕1号）

第6条　当事人以案件重大复杂为由，认为有管辖权的基层人民法院不宜行使管辖权或者根据行政诉讼法第五十二条的规定，向中级人民法院起诉，中级人民法院应当根据不同情况在七日内分别作出以下处理：

（一）决定自行审理；

（二）指定本辖区其他基层人民法院管辖；

（三）书面告知当事人向有管辖权的基层人民法院起诉。

第五十三条 规范性文件的附带审查

公民、法人或者其他组织认为行政行为所依据的国务院部门和地方人民政府及其部门制定的规范性文件不合法，在对行政行为提起诉讼时，可以一并请求对该规范性文件进行审查。

前款规定的规范性文件不含规章。

● 司法解释及文件

《最高人民法院关于适用〈中华人民共和国行政诉讼法〉的解释》
（2018 年 2 月 6 日　法释〔2018〕1 号）

第 145 条　公民、法人或者其他组织在对行政行为提起诉讼时一并请求对所依据的规范性文件审查的，由行政行为案件管辖法院一并审查。

第 146 条　公民、法人或者其他组织请求人民法院一并审查行政诉讼法第五十三条规定的规范性文件，应当在第一审开庭审理前提出；有正当理由的，也可以在法庭调查中提出。

第七章　审理和判决

第一节　一般规定

第五十四条　公开审理原则

人民法院公开审理行政案件，但涉及国家秘密、个人隐私和法律另有规定的除外。

涉及商业秘密的案件，当事人申请不公开审理的，可以不公开审理。

第五十五条　回避

当事人认为审判人员与本案有利害关系或者有其他关系可能影响公正审判，有权申请审判人员回避。

审判人员认为自己与本案有利害关系或者有其他关系，应当申请回避。

前两款规定，适用于书记员、翻译人员、鉴定人、勘验人。

院长担任审判长时的回避，由审判委员会决定；审判人员的回避，由院长决定；其他人员的回避，由审判长决定。当事人对决定不服的，可以申请复议一次。

● **司法解释及文件**
《最高人民法院关于适用〈中华人民共和国行政诉讼法〉的解释》
（2018年2月6日　法释〔2018〕1号）

第74条　当事人申请回避，应当说明理由，在案件开始审理时提出；回避事由在案件开始审理后知道的，应当在法庭辩论终结前提出。

被申请回避的人员，在人民法院作出是否回避的决定前，应当暂停参与本案的工作，但案件需要采取紧急措施的除外。

对当事人提出的回避申请，人民法院应当在三日内以口头或者书面形式作出决定。对当事人提出的明显不属于法定回避事由的申请，法庭可以依法当庭驳回。

申请人对驳回回避申请决定不服的，可以向作出决定的人民法院申请复议一次。复议期间，被申请回避的人员不停止参与本案的工作。对申请人的复议申请，人民法院应当在三日内作出复议决定，并通知复议申请人。

第75条　在一个审判程序中参与过本案审判工作的审判人员，不得再参与该案其他程序的审判。

发回重审的案件，在一审法院作出裁判后又进入第二审程序的，原第二审程序中合议庭组成人员不受前款规定的限制。

第五十六条　诉讼不停止执行

诉讼期间，不停止行政行为的执行。但有下列情形之一的，裁定停止执行：

（一）被告认为需要停止执行的；

（二）原告或者利害关系人申请停止执行，人民法院认为该行政行为的执行会造成难以弥补的损失，并且停止执行不损害国家利益、社会公共利益的；

（三）人民法院认为该行政行为的执行会给国家利益、社会公共利益造成重大损害的；

（四）法律、法规规定停止执行的。

当事人对停止执行或者不停止执行的裁定不服的，可以申请复议一次。

● 司法解释及文件

《最高人民法院关于适用〈中华人民共和国行政诉讼法〉的解释》
（2018年2月6日　法释〔2018〕1号）

第76条　人民法院对于因一方当事人的行为或者其他原因，可能使行政行为或者人民法院生效裁判不能或者难以执行的案件，根据对方当事人的申请，可以裁定对其财产进行保全、责令其作出一定行为或者禁止其作出一定行为；当事人没有提出申请的，人民法院在必要时也可以裁定采取上述保全措施。

人民法院采取保全措施，可以责令申请人提供担保；申请人不提供担保的，裁定驳回申请。

人民法院接受申请后，对情况紧急的，必须在四十八小时内作出裁定；裁定采取保全措施的，应当立即开始执行。

当事人对保全的裁定不服的，可以申请复议；复议期间不停止裁定的执行。

第77条　利害关系人因情况紧急，不立即申请保全将会使其合法权益受到难以弥补的损害的，可以在提起诉讼前向被保全财产所在地、被申请人住所地或者对案件有管辖权的人民法院申请采取保全措施。申请人应当提供担保，不提供担保的，裁定驳回申请。

人民法院接受申请后，必须在四十八小时内作出裁定；裁定采取保全措施的，应当立即开始执行。

申请人在人民法院采取保全措施后三十日内不依法提起诉讼的，人民法院应当解除保全。

当事人对保全的裁定不服的，可以申请复议；复议期间不停止裁定的执行。

第78条 保全限于请求的范围，或者与本案有关的财物。

财产保全采取查封、扣押、冻结或者法律规定的其他方法。人民法院保全财产后，应当立即通知被保全人。

财产已被查封、冻结的，不得重复查封、冻结。

涉及财产的案件，被申请人提供担保的，人民法院应当裁定解除保全。

申请有错误的，申请人应当赔偿被申请人因保全所遭受的损失。

第五十七条　先予执行

人民法院对起诉行政机关没有依法支付抚恤金、最低生活保障金和工伤、医疗社会保险金的案件，权利义务关系明确、不先予执行将严重影响原告生活的，可以根据原告的申请，裁定先予执行。

当事人对先予执行裁定不服的，可以申请复议一次。复议期间不停止裁定的执行。

第五十八条　拒不到庭或中途退庭的法律后果

经人民法院传票传唤，原告无正当理由拒不到庭，或者未经法庭许可中途退庭的，可以按照撤诉处理；被告无正当理由拒不到庭，或者未经法庭许可中途退庭的，可以缺席判决。

● 司法解释及文件

《最高人民法院关于适用〈中华人民共和国行政诉讼法〉的解释》（2018年2月6日 法释〔2018〕1号）

第79条 原告或者上诉人申请撤诉，人民法院裁定不予准许的，原告或者上诉人经传票传唤无正当理由拒不到庭，或者未经法庭许可中途退庭的，人民法院可以缺席判决。

第三人经传票传唤无正当理由拒不到庭，或者未经法庭许可中途退庭的，不发生阻止案件审理的效果。

根据行政诉讼法第五十八条的规定，被告经传票传唤无正当理由拒不到庭，或者未经法庭许可中途退庭的，人民法院可以按期开庭或者继续开庭审理，对到庭的当事人诉讼请求、双方的诉辩理由以及已经提交的证据及其他诉讼材料进行审理后，依法缺席判决。

● 案例指引

陈某诉某城市管理局行政处罚案（《最高人民法院公报》2003年第6期）

裁判摘要：原告被视为申请撤诉有三个条件。一是原告经人民两次传唤；二是原告拒不到庭；三是原告拒不到庭无正当理由。本案中上诉人某城市管理局即属于此种情况。

第五十九条　妨害行政诉讼强制措施

诉讼参与人或者其他人有下列行为之一的，人民法院可以根据情节轻重，予以训诫、责令具结悔过或者处一万元以下的罚款、十五日以下的拘留；构成犯罪的，依法追究刑事责任：

（一）有义务协助调查、执行的人，对人民法院的协助调查决定、协助执行通知书，无故推拖、拒绝或者妨碍调查、执行的；

（二）伪造、隐藏、毁灭证据或者提供虚假证明材料，妨碍人民法院审理案件的；

（三）指使、贿买、胁迫他人作伪证或者威胁、阻止证人作证的；

（四）隐藏、转移、变卖、毁损已被查封、扣押、冻结的财产的；

（五）以欺骗、胁迫等非法手段使原告撤诉的；

（六）以暴力、威胁或者其他方法阻碍人民法院工作人员执行职务，或者以哄闹、冲击法庭等方法扰乱人民法院工作秩序的；

（七）对人民法院审判人员或者其他工作人员、诉讼参与人、协助调查和执行的人员恐吓、侮辱、诽谤、诬陷、殴打、围攻或者打击报复的。

人民法院对有前款规定的行为之一的单位，可以对其主要负责人或者直接责任人员依照前款规定予以罚款、拘留；构成犯罪的，依法追究刑事责任。

罚款、拘留须经人民法院院长批准。当事人不服的，可以向上一级人民法院申请复议一次。复议期间不停止执行。

● 司法解释及文件

1.《最高人民法院关于适用〈中华人民共和国行政诉讼法〉的解释》（2018年2月6日　法释〔2018〕1号）

第82条　当事人之间恶意串通，企图通过诉讼等方式侵害国家利益、社会公共利益或者他人合法权益的，人民法院应当裁定驳回起诉或者判决驳回其请求，并根据情节轻重予以罚款、拘留；构成犯罪的，依法追究刑事责任。

第83条　行政诉讼法第五十九条规定的罚款、拘留可以单独适用，也可以合并适用。

对同一妨害行政诉讼行为的罚款、拘留不得连续适用。发生新的妨害行政诉讼行为的，人民法院可以重新予以罚款、拘留。

2.《最高人民法院关于行政诉讼证据若干问题的规定》（2002年7月24日 法发〔2002〕21号）

第76条 证人、鉴定人作伪证的，依照行政诉讼法第四十九条第一款第（二）项的规定追究其法律责任。

第77条 诉讼参与人或者其他人有对审判人员或者证人、鉴定人、勘验人及其近亲属实施威胁、侮辱、殴打、骚扰或者打击报复等妨碍行政诉讼行为的，依照行政诉讼法第四十九条第一款第（二）项、第（五）项或者第（六）项的规定追究其法律责任。

第78条 对应当协助调取证据的单位和个人，无正当理由拒不履行协助义务的，依照行政诉讼法第四十九条第一款第（五）项的规定追究其法律责任。

第六十条　调解

人民法院审理行政案件，不适用调解。但是，行政赔偿、补偿以及行政机关行使法律、法规规定的自由裁量权的案件可以调解。

调解应当遵循自愿、合法原则，不得损害国家利益、社会公共利益和他人合法权益。

● 司法解释及文件

《最高人民法院关于适用〈中华人民共和国行政诉讼法〉的解释》（2018年2月6日 法释〔2018〕1号）

第84条 人民法院审理行政诉讼法第六十条第一款规定的行政案件，认为法律关系明确、事实清楚，在征得当事人双方同意后，可以径行调解。

第 85 条　调解达成协议，人民法院应当制作调解书。调解书应当写明诉讼请求、案件的事实和调解结果。

调解书由审判人员、书记员署名，加盖人民法院印章，送达双方当事人。

调解书经双方当事人签收后，即具有法律效力。调解书生效日期根据最后收到调解书的当事人签收的日期确定。

第 86 条　人民法院审理行政案件，调解过程不公开，但当事人同意公开的除外。

经人民法院准许，第三人可以参加调解。人民法院认为有必要的，可以通知第三人参加调解。

调解协议内容不公开，但为保护国家利益、社会公共利益、他人合法权益，人民法院认为确有必要公开的除外。

当事人一方或者双方不愿调解、调解未达成协议的，人民法院应当及时判决。

当事人自行和解或者调解达成协议后，请求人民法院按照和解协议或者调解协议的内容制作判决书的，人民法院不予准许。

第 95 条　人民法院经审理认为被诉行政行为违法或者无效，可能给原告造成损失，经释明，原告请求一并解决行政赔偿争议的，人民法院可以就赔偿事项进行调解；调解不成的，应当一并判决。人民法院也可以告知其就赔偿事项另行提起诉讼。

第六十一条　民事争议和行政争议交叉

在涉及行政许可、登记、征收、征用和行政机关对民事争议所作的裁决的行政诉讼中，当事人申请一并解决相关民事争议的，人民法院可以一并审理。

在行政诉讼中，人民法院认为行政案件的审理需以民事诉讼的裁判为依据的，可以裁定中止行政诉讼。

● 司法解释及文件

《最高人民法院关于适用〈中华人民共和国行政诉讼法〉的解释》
（2018年2月6日　法释〔2018〕1号）

第13条　债权人以行政机关对债务人所作的行政行为损害债权实现为由提起行政诉讼的，人民法院应当告知其就民事争议提起民事诉讼，但行政机关作出行政行为时依法应予保护或者应予考虑的除外。

第137条　公民、法人或者其他组织请求一并审理行政诉讼法第六十一条规定的相关民事争议，应当在第一审开庭审理前提出；有正当理由的，也可以在法庭调查中提出。

第138条　人民法院决定在行政诉讼中一并审理相关民事争议，或者案件当事人一致同意相关民事争议在行政诉讼中一并解决，人民法院准许的，由受理行政案件的人民法院管辖。

公民、法人或者其他组织请求一并审理相关民事争议，人民法院经审查发现行政案件已经超过起诉期限，民事案件尚未立案的，告知当事人另行提起民事诉讼；民事案件已经立案的，由原审判组织继续审理。

人民法院在审理行政案件中发现民事争议为解决行政争议的基础，当事人没有请求人民法院一并审理相关民事争议的，人民法院应当告知当事人依法申请一并解决民事争议。当事人就民事争议另行提起民事诉讼并已立案的，人民法院应当中止行政诉讼的审理。民事争议处理期间不计算在行政诉讼审理期限内。

第139条　有下列情形之一的，人民法院应当作出不予准许一并审理民事争议的决定，并告知当事人可以依法通过其他渠道主张权利：

（一）法律规定应当由行政机关先行处理的；

（二）违反民事诉讼法专属管辖规定或者协议管辖约定的；

（三）约定仲裁或者已经提起民事诉讼的；

（四）其他不宜一并审理民事争议的情形。

对不予准许的决定可以申请复议一次。

第140条　人民法院在行政诉讼中一并审理相关民事争议的，民事争议应当单独立案，由同一审判组织审理。

人民法院审理行政机关对民事争议所作裁决的案件，一并审理民事争议的，不另行立案。

第141条　人民法院一并审理相关民事争议，适用民事法律规范的相关规定，法律另有规定的除外。

当事人在调解中对民事权益的处分，不能作为审查被诉行政行为合法性的根据。

第142条　对行政争议和民事争议应当分别裁判。

当事人仅对行政裁判或者民事裁判提出上诉的，未上诉的裁判在上诉期满后即发生法律效力。第一审人民法院应当将全部案卷一并移送第二审人民法院，由行政审判庭审理。第二审人民法院发现未上诉的生效裁判确有错误的，应当按照审判监督程序再审。

第143条　行政诉讼原告在宣判前申请撤诉的，是否准许由人民法院裁定。人民法院裁定准许行政诉讼原告撤诉，但其对已经提起的一并审理相关民事争议不撤诉的，人民法院应当继续审理。

第144条　人民法院一并审理相关民事争议，应当按行政案件、民事案件的标准分别收取诉讼费用。

第六十二条　撤诉

人民法院对行政案件宣告判决或者裁定前，原告申请撤诉的，或者被告改变其所作的行政行为，原告同意并申请撤诉的，是否准许，由人民法院裁定。

● 司法解释及文件

《最高人民法院关于适用〈中华人民共和国行政诉讼法〉的解释》
（2018年2月6日　法释〔2018〕1号）

第60条　人民法院裁定准许原告撤诉后，原告以同一事实和理由重新起诉的，人民法院不予立案。

准予撤诉的裁定确有错误，原告申请再审的，人民法院应当通过审判监督程序撤销原准予撤诉的裁定，重新对案件进行审理。

第61条　原告或者上诉人未按规定的期限预交案件受理费，又不提出缓交、减交、免交申请，或者提出申请未获批准的，按自动撤诉处理。在按撤诉处理后，原告或者上诉人在法定期限内再次起诉或者上诉，并依法解决诉讼费预交问题的，人民法院应予立案。

第79条　原告或者上诉人申请撤诉，人民法院裁定不予准许的，原告或者上诉人经传票传唤无正当理由拒不到庭，或者未经法庭许可中途退庭的，人民法院可以缺席判决。

第三人经传票传唤无正当理由拒不到庭，或者未经法庭许可中途退庭的，不发生阻止案件审理的效果。

根据行政诉讼法第五十八条的规定，被告经传票传唤无正当理由拒不到庭，或者未经法庭许可中途退庭的，人民法院可以按期开庭或者继续开庭审理，对到庭的当事人诉讼请求、双方的诉辩理由以及已经提交的证据及其他诉讼材料进行审理后，依法缺席判决。

第80条　原告或者上诉人在庭审中明确拒绝陈述或者以其他方式拒绝陈述，导致庭审无法进行，经法庭释明法律后果后仍不陈述意见的，视为放弃陈述权利，由其承担不利的法律后果。

当事人申请撤诉或者依法可以按撤诉处理的案件，当事人有违反法律的行为需要依法处理的，人民法院可以不准许撤诉或者不按撤诉处理。

法庭辩论终结后原告申请撤诉，人民法院可以准许，但涉及到国家利益和社会公共利益的除外。

第143条 行政诉讼原告在宣判前申请撤诉的，是否准许由人民法院裁定。人民法院裁定准许行政诉讼原告撤诉，但其对已经提起的一并审理相关民事争议不撤诉的，人民法院应当继续审理。

第六十三条　审理依据

人民法院审理行政案件，以法律和行政法规、地方性法规为依据。地方性法规适用于本行政区域内发生的行政案件。

人民法院审理民族自治地方的行政案件，并以该民族自治地方的自治条例和单行条例为依据。

人民法院审理行政案件，参照规章。

● 司法解释及文件

1.《最高人民法院关于适用〈中华人民共和国行政诉讼法〉的解释》（2018年2月6日　法释〔2018〕1号）

第100条 人民法院审理行政案件，适用最高人民法院司法解释的，应当在裁判文书中援引。

人民法院审理行政案件，可以在裁判文书中引用合法有效的规章及其他规范性文件。

2.《最高人民法院关于审理国际贸易行政案件若干问题的规定》（2002年8月27日　法释〔2002〕27号）

第7条 根据行政诉讼法第五十二条第一款及立法法第六十三条第一款和第二款规定，人民法院审理国际贸易行政案件，应当依据中华人民共和国法律、行政法规以及地方立法机关在法定立法权限范围内制定的有关或者影响国际贸易的地方性法规。地方性法规适用于本行政区域内发生的国际贸易行政案件。

第8条 根据行政诉讼法第五十三条第一款及立法法第七十一条、第七十二条和第七十三条规定，人民法院审理国际贸易行政案件，参照国务院部门根据法律和国务院的行政法规、决定、命令，在本部门权限范围内制定的有关或者影响国际贸易的部门规章，以及省、自治区、直辖市和省、自治区的人民政府所在地的市、经济特区所在地的市、国务院批准的较大的市的人民政府根据法律、行政法规和地方性法规制定的有关或者影响国际贸易的地方政府规章。

● 案例指引

1. **陈某诉某市人民政府、某房地产有限责任公司行政赔偿案**
（《最高人民法院公报》2015年第4期）

裁判摘要："任何人不得从自己的错误行为中获益。"拆迁人和相关行政机关违法实施拆迁，导致被拆迁人长期未依法得到补偿安置，房价上涨的，拆迁人和相关行政机关有义务保证被拆迁人得到公平合理的补偿安置。被拆迁人选择实行房屋产权调换，拆迁人和相关行政机关无适当房屋实行产权调换的，应向被拆迁人支付生效判决作出时以同类房屋的房地产市场评估价格为标准的补偿款。

2. **鲁潍（福建）盐业进出口有限公司苏州分公司诉江苏省苏州市盐务管理局盐业行政处罚案**（最高人民法院指导案例5号）

裁判摘要：（1）盐业管理的法律、行政法规没有设定工业盐准运证的行政许可，地方性法规或者地方政府规章不能设定工业盐准运证这一新的行政许可。（2）盐业管理的法律、行政法规对盐业公司之外的其他企业经营盐的批发业务没有设定行政处罚，地方政府规章不能对该行为设定行政处罚。（3）地方政府规章违反法律规定设定许可、处罚的，人民法院在行政审判中不予适用。

第六十四条　规范性文件审查和处理

人民法院在审理行政案件中，经审查认为本法第五十三条规定的规范性文件不合法的，不作为认定行政行为合法的依据，并向制定机关提出处理建议。

● 司法解释及文件

《最高人民法院关于适用〈中华人民共和国行政诉讼法〉的解释》
（2018年2月6日　法释〔2018〕1号）

第147条　人民法院在对规范性文件审查过程中，发现规范性文件可能不合法的，应当听取规范性文件制定机关的意见。

制定机关申请出庭陈述意见的，人民法院应当准许。

行政机关未陈述意见或者未提供相关证明材料的，不能阻止人民法院对规范性文件进行审查。

第148条　人民法院对规范性文件进行一并审查时，可以从规范性文件制定机关是否超越权限或者违反法定程序、作出行政行为所依据的条款以及相关条款等方面进行。

有下列情形之一的，属于行政诉讼法第六十四条规定的"规范性文件不合法"：

（一）超越制定机关的法定职权或者超越法律、法规、规章的授权范围的；

（二）与法律、法规、规章等上位法的规定相抵触的；

（三）没有法律、法规、规章依据，违法增加公民、法人和其他组织义务或者减损公民、法人和其他组织合法权益的；

（四）未履行法定批准程序、公开发布程序，严重违反制定程序的；

（五）其他违反法律、法规以及规章规定的情形。

第149条　人民法院经审查认为行政行为所依据的规范性文件合法的，应当作为认定行政行为合法的依据；经审查认为规范性文件不合法的，不作为人民法院认定行政行为合法的依据，并在裁判理由中予以阐明。作出生效裁判的人民法院应当向规范性文件的制定机关提出处理建议，并可以抄送制定机关的同级人民政府、上一级行政机关、监察机关以及规范性文件的备案机关。

规范性文件不合法的，人民法院可以在裁判生效之日起三个月内，向规范性文件制定机关提出修改或者废止该规范性文件的司法建议。

规范性文件由多个部门联合制定的，人民法院可以向该规范性文件的主办机关或者共同上一级行政机关发送司法建议。

接收司法建议的行政机关应当在收到司法建议之日起六十日内予以书面答复。情况紧急的，人民法院可以建议制定机关或者其上一级行政机关立即停止执行该规范性文件。

第150条　人民法院认为规范性文件不合法的，应当在裁判生效后报送上一级人民法院进行备案。涉及国务院部门、省级行政机关制定的规范性文件，司法建议还应当分别层报最高人民法院、高级人民法院备案。

第151条　各级人民法院院长对本院已经发生法律效力的判决、裁定，发现规范性文件合法性认定错误，认为需要再审的，应当提交审判委员会讨论。

最高人民法院对地方各级人民法院已经发生法律效力的判决、裁定，上级人民法院对下级人民法院已经发生法律效力的判决、裁定，发现规范性文件合法性认定错误的，有权提审或者指令下级人民法院再审。

第六十五条　裁判文书公开

人民法院应当公开发生法律效力的判决书、裁定书，供公众查阅，但涉及国家秘密、商业秘密和个人隐私的内容除外。

● 司法解释及文件

《最高人民法院关于适用〈中华人民共和国行政诉讼法〉的解释》（2018年2月6日 法释〔2018〕1号）

第86条 人民法院审理行政案件，调解过程不公开，但当事人同意公开的除外。

经人民法院准许，第三人可以参加调解。人民法院认为有必要的，可以通知第三人参加调解。

调解协议内容不公开，但为保护国家利益、社会公共利益、他人合法权益，人民法院认为确有必要公开的除外。

当事人一方或者双方不愿调解、调解未达成协议的，人民法院应当及时判决。

当事人自行和解或者调解达成协议后，请求人民法院按照和解协议或者调解协议的内容制作判决书的，人民法院不予准许。

第六十六条 有关行政机关工作人员和被告的处理

人民法院在审理行政案件中，认为行政机关的主管人员、直接责任人员违法违纪的，应当将有关材料移送监察机关、该行政机关或者其上一级行政机关；认为有犯罪行为的，应当将有关材料移送公安、检察机关。

人民法院对被告经传票传唤无正当理由拒不到庭，或者未经法庭许可中途退庭的，可以将被告拒不到庭或者中途退庭的情况予以公告，并可以向监察机关或者被告的上一级行政机关提出依法给予其主要负责人或者直接责任人员处分的司法建议。

第二节　第一审普通程序

第六十七条　发送起诉状和提出答辩状

人民法院应当在立案之日起五日内，将起诉状副本发送被告。被告应当在收到起诉状副本之日起十五日内向人民法院提交作出行政行为的证据和所依据的规范性文件，并提出答辩状。人民法院应当在收到答辩状之日起五日内，将答辩状副本发送原告。

被告不提出答辩状的，不影响人民法院审理。

● 司法解释及文件

《最高人民法院关于适用〈中华人民共和国行政诉讼法〉的解释》（2018年2月6日　法释〔2018〕1号）

第70条　起诉状副本送达被告后，原告提出新的诉讼请求的，人民法院不予准许，但有正当理由的除外。

第六十八条　审判组织形式

人民法院审理行政案件，由审判员组成合议庭，或者由审判员、陪审员组成合议庭。合议庭的成员，应当是三人以上的单数。

第六十九条　驳回原告诉讼请求判决

行政行为证据确凿，适用法律、法规正确，符合法定程序的，或者原告申请被告履行法定职责或者给付义务理由不成立的，人民法院判决驳回原告的诉讼请求。

● 司法解释及文件

1.《最高人民法院关于适用〈中华人民共和国行政诉讼法〉的解释》(2018年2月6日 法释〔2018〕1号)

第93条 原告请求被告履行法定职责或者依法履行支付抚恤金、最低生活保障待遇或者社会保险待遇等给付义务,原告未先向行政机关提出申请的,人民法院裁定驳回起诉。

人民法院经审理认为原告所请求履行的法定职责或者给付义务明显不属于行政机关权限范围的,可以裁定驳回起诉。

2.《最高人民法院关于审理国际贸易行政案件若干问题的规定》(2002年8月27日 法释〔2002〕27号)

第6条 人民法院审理国际贸易行政案件,应当依照行政诉讼法,并根据案件具体情况,从以下方面对被诉具体行政行为进行合法性审查:

(一)主要证据是否确实、充分;

(二)适用法律、法规是否正确;

(三)是否违反法定程序;

(四)是否超越职权;

(五)是否滥用职权;

(六)行政处罚是否显失公正;

(七)是否不履行或者拖延履行法定职责。

3.《最高人民法院关于审理反倾销行政案件应用法律若干问题的规定》(2002年11月21日 法释〔2002〕35号)

第10条 人民法院审理反倾销行政案件,根据不同情况,分别作出以下判决:

(一)被诉反倾销行政行为证据确凿,适用法律、行政法规正确,符合法定程序的,判决维持;

(二)被诉反倾销行政行为有下列情形之一的,判决撤销或者部分撤销，并可以判决被告重新作出反倾销行政行为：

1. 主要证据不足的；
2. 适用法律、行政法规错误的；
3. 违反法定程序的；
4. 超越职权的；
5. 滥用职权的。

（三）依照法律或者司法解释规定作出的其他判决。

4.《最高人民法院关于审理反补贴行政案件应用法律若干问题的规定》（2002年11月21日　法释〔2002〕36号）

第10条　人民法院审理反补贴行政案件，根据不同情况，分别作出以下判决：

（一）被诉反补贴行政行为证据确凿，适用法律、行政法规正确，符合法定程序的，判决维持；

（二）被诉反补贴行政行为有下列情形之一的，判决撤销或者部分撤销，并可以判决被告重新作出反补贴行政行为：

1. 主要证据不足的；
2. 适用法律、行政法规错误的；
3. 违反法定程序的；
4. 超越职权的；
5. 滥用职权的。

（三）依照法律或者司法解释规定作出的其他判决。

● 案例指引

1. 何某诉某劳动局工伤认定行政行为案（《最高人民法院公报》2004年第9期）

裁判摘要：根据劳动法的规定，认定劳动者工作时间在工作场所的卫生设施内发生伤亡与工作无关，属适用法律错误。行政机关作出具体行政行为时适用法律错误的，法院应判决撤销该行为并判决被告重新作出具体行政行为。

2. 杨某诉某学校不履行法定职责案（《最高人民法院公报》2005年第7期）

裁判摘要：根据教育法的规定，受教育者享有完成规定的学业后获得相应的学业证书的权利。教育机构没有直接向其准予毕业的受教育者发放毕业证书，构成违法。依据行政诉讼法的规定，人民法院对某学校不履行法定职责的行为，判决其在一定期限内履行。

3. 某石料厂诉某劳保局工伤认定案（《最高人民法院公报》2005年第8期）

裁判摘要：劳动保障行政部门受理工伤认定申请后，依照法定程序要求用人单位在规定时间内提供相关证据，用人单位无正当理由拒不向行政机关提供证据，事后在行政诉讼程序中向人民法院提供的，人民法院可不予采纳。行政机关的具体行政行为证据确凿、适用法律、法规正确，符合法定程序的，人民法院应判决维持。

4. 某公司诉某市商务委员会行政决定案（《最高人民法院公报》2011年第7期）

裁判摘要：电子政务有别于传统行政方式的最大特点，体现在行政方式的无纸化、信息传递的网络化等方面。当事人在接受电子政务化的行政处理方式后，又以行政机关未向其送达书面处理决定书为由主张行政程序违法的，人民法院不予支持。

第七十条　撤销判决和重作判决

行政行为有下列情形之一的，人民法院判决撤销或者部分撤销，并可以判决被告重新作出行政行为：

（一）主要证据不足的；
（二）适用法律、法规错误的；
（三）违反法定程序的；
（四）超越职权的；

（五）滥用职权的；

（六）明显不当的。

● 司法解释及文件

《最高人民法院关于适用〈中华人民共和国行政诉讼法〉的解释》（2018年2月6日　法释〔2018〕1号）

第89条　复议决定改变原行政行为错误，人民法院判决撤销复议决定时，可以一并责令复议机关重新作出复议决定或者判决恢复原行政行为的法律效力。

第七十一条　重作判决对被告的限制

人民法院判决被告重新作出行政行为的，被告不得以同一的事实和理由作出与原行政行为基本相同的行政行为。

● 司法解释及文件

《最高人民法院关于适用〈中华人民共和国行政诉讼法〉的解释》（2018年2月6日　法释〔2018〕1号）

第90条　人民法院判决被告重新作出行政行为，被告重新作出的行政行为与原行政行为的结果相同，但主要事实或者主要理由有改变的，不属于行政诉讼法第七十一条规定的情形。

人民法院以违反法定程序为由，判决撤销被诉行政行为的，行政机关重新作出行政行为不受行政诉讼法第七十一条规定的限制。

行政机关以同一事实和理由重新作出与原行政行为基本相同的行政行为，人民法院应当根据行政诉讼法第七十条、第七十一条的规定判决撤销或者部分撤销，并根据行政诉讼法第九十六条的规定处理。

第七十二条　履行判决

人民法院经过审理，查明被告不履行法定职责的，判决被告在一定期限内履行。

● **司法解释及文件**

《最高人民法院关于适用〈中华人民共和国行政诉讼法〉的解释》（2018年2月6日　法释〔2018〕1号）

第91条　原告请求被告履行法定职责的理由成立，被告违法拒绝履行或者无正当理由逾期不予答复的，人民法院可以根据行政诉讼法第七十二条的规定，判决被告在一定期限内依法履行原告请求的法定职责；尚需被告调查或者裁量的，应当判决被告针对原告的请求重新作出处理。

第七十三条　给付判决

人民法院经过审理，查明被告依法负有给付义务的，判决被告履行给付义务。

● **司法解释及文件**

《最高人民法院关于适用〈中华人民共和国行政诉讼法〉的解释》（2018年2月6日　法释〔2018〕1号）

第92条　原告申请被告依法履行支付抚恤金、最低生活保障待遇或者社会保险待遇等给付义务的理由成立，被告依法负有给付义务而拒绝或者拖延履行义务的，人民法院可以根据行政诉讼法第七十三条的规定，判决被告在一定期限内履行相应的给付义务。

第93条　原告请求被告履行法定职责或者依法履行支付抚恤金、最低生活保障待遇或者社会保险待遇等给付义务，原告未先向行政机关提出申请的，人民法院裁定驳回起诉。

人民法院经审理认为原告所请求履行的法定职责或者给付义务明显不属于行政机关权限范围的，可以裁定驳回起诉。

第七十四条 确认违法判决

行政行为有下列情形之一的，人民法院判决确认违法，但不撤销行政行为：

（一）行政行为依法应当撤销，但撤销会给国家利益、社会公共利益造成重大损害的；

（二）行政行为程序轻微违法，但对原告权利不产生实际影响的。

行政行为有下列情形之一，不需要撤销或者判决履行的，人民法院判决确认违法：

（一）行政行为违法，但不具有可撤销内容的；

（二）被告改变原违法行政行为，原告仍要求确认原行政行为违法的；

（三）被告不履行或者拖延履行法定职责，判决履行没有意义的。

● 司法解释及文件

《最高人民法院关于适用〈中华人民共和国行政诉讼法〉的解释》（2018年2月6日 法释〔2018〕1号）

第96条 有下列情形之一，且对原告依法享有的听证、陈述、申辩等重要程序性权利不产生实质损害的，属于行政诉讼法第七十四条第一款第二项规定的"程序轻微违法"：

（一）处理期限轻微违法；

（二）通知、送达等程序轻微违法；

（三）其他程序轻微违法的情形。

第七十五条 确认无效判决

行政行为有实施主体不具有行政主体资格或者没有依据等重大且明显违法情形，原告申请确认行政行为无效的，人民法院判决确认无效。

● 司法解释及文件

1.《最高人民法院关于审理行政协议案件若干问题的规定》(2019年11月27日　法释〔2019〕17号)

第12条　行政协议存在行政诉讼法第七十五条规定的重大且明显违法情形的，人民法院应当确认行政协议无效。

人民法院可以适用民事法律规范确认行政协议无效。

行政协议无效的原因在一审法庭辩论终结前消除的，人民法院可以确认行政协议有效。

2.《最高人民法院关于适用〈中华人民共和国行政诉讼法〉的解释》(2018年2月6日　法释〔2018〕1号)

第94条　公民、法人或者其他组织起诉请求撤销行政行为，人民法院经审查认为行政行为无效的，应当作出确认无效的判决。

公民、法人或者其他组织起诉请求确认行政行为无效，人民法院审查认为行政行为不属于无效情形，经释明，原告请求撤销行政行为的，应当继续审理并依法作出相应判决；原告请求撤销行政行为但超过法定起诉期限的，裁定驳回起诉；原告拒绝变更诉讼请求的，判决驳回其诉讼请求。

第七十六条　确认违法和无效判决的补充规定

人民法院判决确认违法或者无效的，可以同时判决责令被告采取补救措施；给原告造成损失的，依法判决被告承担赔偿责任。

● 司法解释及文件

《最高人民法院关于适用〈中华人民共和国行政诉讼法〉的解释》(2018年2月6日　法释〔2018〕1号)

第95条　人民法院经审理认为被诉行政行为违法或者无效，可能给原告造成损失，经释明，原告请求一并解决行政赔偿争议的，人民法院可以就赔偿事项进行调解；调解不成的，应当一并判决。人民法院也可以告知其就赔偿事项另行提起诉讼。

第97条 原告或者第三人的损失系由其自身过错和行政机关的违法行政行为共同造成的，人民法院应当依据各方行为与损害结果之间有无因果关系以及在损害发生和结果中作用力的大小，确定行政机关相应的赔偿责任。

第98条 因行政机关不履行、拖延履行法定职责，致使公民、法人或者其他组织的合法权益遭受损害的，人民法院应当判决行政机关承担行政赔偿责任。在确定赔偿数额时，应当考虑该不履行、拖延履行法定职责的行为在损害发生过程和结果中所起的作用等因素。

第99条 有下列情形之一的，属于行政诉讼法第七十五条规定的"重大且明显违法"：
（一）行政行为实施主体不具有行政主体资格；
（二）减损权利或者增加义务的行政行为没有法律规范依据；
（三）行政行为的内容客观上不可能实施；
（四）其他重大且明显违法的情形。

第七十七条　变更判决

行政处罚明显不当，或者其他行政行为涉及对款额的确定、认定确有错误的，人民法院可以判决变更。

人民法院判决变更，不得加重原告的义务或者减损原告的权益。但利害关系人同为原告，且诉讼请求相反的除外。

第七十八条　行政协议履行及补偿判决

被告不依法履行、未按照约定履行或者违法变更、解除本法第十二条第一款第十一项规定的协议的，人民法院判决被告承担继续履行、采取补救措施或者赔偿损失等责任。

被告变更、解除本法第十二条第一款第十一项规定的协议合法，但未依法给予补偿的，人民法院判决给予补偿。

● **司法解释及文件**

《最高人民法院关于审理行政协议案件若干问题的规定》（2019年11月27日 法释〔2019〕17号）

第16条 在履行行政协议过程中，可能出现严重损害国家利益、社会公共利益的情形，被告作出变更、解除协议的行政行为后，原告请求撤销该行为，人民法院经审理认为该行为合法的，判决驳回原告诉讼请求；给原告造成损失的，判决被告予以补偿。

被告变更、解除行政协议的行政行为存在行政诉讼法第七十条规定情形的，人民法院判决撤销或者部分撤销，并可以责令被告重新作出行政行为。

被告变更、解除行政协议的行政行为违法，人民法院可以依据行政诉讼法第七十八条的规定判决被告继续履行协议、采取补救措施；给原告造成损失的，判决被告予以赔偿。

第19条 被告未依法履行、未按照约定履行行政协议，人民法院可以依据行政诉讼法第七十八条的规定，结合原告诉讼请求，判决被告继续履行，并明确继续履行的具体内容；被告无法履行或者继续履行无实际意义的，人民法院可以判决被告采取相应的补救措施；给原告造成损失的，判决被告予以赔偿。

原告要求按照约定的违约金条款或者定金条款予以赔偿的，人民法院应予支持。

第七十九条　复议决定和原行政行为一并裁判

复议机关与作出原行政行为的行政机关为共同被告的案件，人民法院应当对复议决定和原行政行为一并作出裁判。

● 司法解释及文件

《最高人民法院关于适用〈中华人民共和国行政诉讼法〉的解释》
（2018 年 2 月 6 日　法释〔2018〕1 号）

第 135 条　复议机关决定维持原行政行为的，人民法院应当在审查原行政行为合法性的同时，一并审查复议决定的合法性。

作出原行政行为的行政机关和复议机关对原行政行为合法性共同承担举证责任，可以由其中一个机关实施举证行为。复议机关对复议决定的合法性承担举证责任。

复议机关作共同被告的案件，复议机关在复议程序中依法收集和补充的证据，可以作为人民法院认定复议决定和原行政行为合法的依据。

第 136 条　人民法院对原行政行为作出判决的同时，应当对复议决定一并作出相应判决。

人民法院依职权追加作出原行政行为的行政机关或者复议机关为共同被告的，对原行政行为或者复议决定可以作出相应判决。

人民法院判决撤销原行政行为和复议决定的，可以判决作出原行政行为的行政机关重新作出行政行为。

人民法院判决作出原行政行为的行政机关履行法定职责或者给付义务的，应当同时判决撤销复议决定。

原行政行为合法、复议决定违法的，人民法院可以判决撤销复议决定或者确认复议决定违法，同时判决驳回原告针对原行政行为的诉讼请求。

原行政行为被撤销、确认违法或者无效，给原告造成损失的，应当由作出原行政行为的行政机关承担赔偿责任；因复议决定加重损害的，由复议机关对加重部分承担赔偿责任。

原行政行为不符合复议或者诉讼受案范围等受理条件，复议机关作出维持决定的，人民法院应当裁定一并驳回对原行政行为和复议决定的起诉。

● 案例指引

1. 项某敏诉六盘水市人民政府改变原行政行为行政复议决定案（《最高人民法院公报》2022 年第 11 期）

裁判摘要：依照《最高人民法院关于适用〈中华人民共和国行政诉讼法〉的解释》第八十九条规定，人民法院经审理认为复议决定改变原行政行为错误的，在判决撤销复议决定时，可以一并判决恢复原行政行为的法律效力。

2. 夏某英诉山东省威海市人民政府行政复议再审案（《最高人民法院公报》2020 年第 12 期）

裁判摘要：若行政复议机关对被申请复议的行政行为的处理，和对一并提出的行政赔偿请求的处理，载于同一行政复议决定中，彼此可分，公民、法人或其他组织仅就行政复议决定中有关行政赔偿请求的处理提出起诉，人民法院应遵循不告不理原则，不就行政复议决定中有关行政行为的处理进行审理和裁判。

第八十条　公开宣判

人民法院对公开审理和不公开审理的案件，一律公开宣告判决。

当庭宣判的，应当在十日内发送判决书；定期宣判的，宣判后立即发给判决书。

宣告判决时，必须告知当事人上诉权利、上诉期限和上诉的人民法院。

第八十一条　第一审审限

人民法院应当在立案之日起六个月内作出第一审判决。有特殊情况需要延长的，由高级人民法院批准，高级人民法院审理第一审案件需要延长的，由最高人民法院批准。

● 司法解释及文件

1.《最高人民法院关于适用〈中华人民共和国行政诉讼法〉的解释》（2018年2月6日　法释〔2018〕1号）

第50条　行政诉讼法第八十一条、第八十三条、第八十八条规定的审理期限，是指从立案之日起至裁判宣告、调解书送达之日止的期间，但公告期间、鉴定期间、调解期间、中止诉讼期间、审理当事人提出的管辖异议以及处理人民法院之间的管辖争议期间不应计算在内。

再审案件按照第一审程序或者第二审程序审理的，适用行政诉讼法第八十一条、第八十八条规定的审理期限。审理期限自再审立案的次日起算。

基层人民法院申请延长审理期限，应当直接报请高级人民法院批准，同时报中级人民法院备案。

2.《最高人民法院关于审理涉及农村集体土地行政案件若干问题的规定》（2011年8月7日　法释〔2011〕20号）

第13条　在审理土地行政案件中，人民法院经当事人同意进行协调的期间，不计算在审理期限内。当事人不同意继续协商的，人民法院应当及时审理，并恢复计算审理期限。

第三节　简 易 程 序

第八十二条　**简易程序适用情形**

人民法院审理下列第一审行政案件，认为事实清楚、权利义务关系明确、争议不大的，可以适用简易程序：

（一）被诉行政行为是依法当场作出的；

（二）案件涉及款额二千元以下的；

（三）属于政府信息公开案件的。

除前款规定以外的第一审行政案件，当事人各方同意适用简易程序的,可以适用简易程序。

发回重审、按照审判监督程序再审的案件不适用简易程序。

● **司法解释及文件**

《最高人民法院关于适用〈中华人民共和国行政诉讼法〉的解释》
(2018年2月6日　法释〔2018〕1号)

第102条　行政诉讼法第八十二条规定的行政案件中的"事实清楚",是指当事人对争议的事实陈述基本一致,并能提供相应的证据,无须人民法院调查收集证据即可查明事实;"权利义务关系明确",是指行政法律关系中权利和义务能够明确区分;"争议不大",是指当事人对行政行为的合法性、责任承担等没有实质分歧。

第八十三条　**简易程序的审判组织形式和审限**

适用简易程序审理的行政案件,由审判员一人独任审理,并应当在立案之日起四十五日内审结。

● **司法解释及文件**

《最高人民法院关于适用〈中华人民共和国行政诉讼法〉的解释》
(2018年2月6日　法释〔2018〕1号)

第103条　适用简易程序审理的行政案件,人民法院可以用口头通知、电话、短信、传真、电子邮件等简便方式传唤当事人、通知证人、送达裁判文书以外的诉讼文书。

以简便方式送达的开庭通知,未经当事人确认或者没有其他证据证明当事人已经收到的,人民法院不得缺席判决。

第104条　适用简易程序案件的举证期限由人民法院确定,也可以由当事人协商一致并经人民法院准许,但不得超过十五日。被告要求书面答辩的,人民法院可以确定合理的答辩期间。

人民法院应当将举证期限和开庭日期告知双方当事人,并向当事人说明逾期举证以及拒不到庭的法律后果，由双方当事人在笔录和开庭传票的送达回证上签名或者捺印。

当事人双方均表示同意立即开庭或者缩短举证期限、答辩期间的，人民法院可以立即开庭审理或者确定近期开庭。

第八十四条　简易程序与普通程序的转换

人民法院在审理过程中，发现案件不宜适用简易程序的，裁定转为普通程序。

● 司法解释及文件

《最高人民法院关于适用〈中华人民共和国行政诉讼法〉的解释》（2018年2月6日　法释〔2018〕1号）

第105条　人民法院发现案情复杂，需要转为普通程序审理的，应当在审理期限届满前作出裁定并将合议庭组成人员及相关事项书面通知双方当事人。

案件转为普通程序审理的，审理期限自人民法院立案之日起计算。

第四节　第二审程序

第八十五条　上诉

当事人不服人民法院第一审判决的，有权在判决书送达之日起十五日内向上一级人民法院提起上诉。当事人不服人民法院第一审裁定的，有权在裁定书送达之日起十日内向上一级人民法院提起上诉。逾期不提起上诉的，人民法院的第一审判决或者裁定发生法律效力。

● 司法解释及文件

《最高人民法院关于适用〈中华人民共和国行政诉讼法〉的解释》（2018年2月6日　法释〔2018〕1号）

第101条　裁定适用于下列范围：

（一）不予立案；

（二）驳回起诉；

（三）管辖异议；

（四）终结诉讼；

（五）中止诉讼；

（六）移送或者指定管辖；

（七）诉讼期间停止行政行为的执行或者驳回停止执行的申请；

（八）财产保全；

（九）先予执行；

（十）准许或者不准许撤诉；

（十一）补正裁判文书中的笔误；

（十二）中止或者终结执行；

（十三）提审、指令再审或者发回重审；

（十四）准许或者不准许执行行政机关的行政行为；

（十五）其他需要裁定的事项。

对第一、二、三项裁定，当事人可以上诉。

裁定书应当写明裁定结果和作出该裁定的理由。裁定书由审判人员、书记员署名，加盖人民法院印章。口头裁定的，记入笔录。

第107条 第一审人民法院作出判决和裁定后，当事人均提起上诉的，上诉各方均为上诉人。

诉讼当事人中的一部分人提出上诉，没有提出上诉的对方当事人为被上诉人，其他当事人依原审诉讼地位列明。

第108条 当事人提出上诉，应当按照其他当事人或者诉讼代表人的人数提出上诉状副本。

原审人民法院收到上诉状，应当在五日内将上诉状副本发送其他当事人，对方当事人应当在收到上诉状副本之日起十五日内提出答辩状。

原审人民法院应当在收到答辩状之日起五日内将副本发送上诉人。对方当事人不提出答辩状的，不影响人民法院审理。

原审人民法院收到上诉状、答辩状，应当在五日内连同全部案卷和证据，报送第二审人民法院；已经预收的诉讼费用，一并报送。

第八十六条　二审审理方式

人民法院对上诉案件，应当组成合议庭，开庭审理。经过阅卷、调查和询问当事人，对没有提出新的事实、证据或者理由，合议庭认为不需要开庭审理的，也可以不开庭审理。

● 案例指引

吉某等诉某市人民政府行政决定案（《最高人民法院公报》2003年第4期）

裁判摘要：人民法院对于事实清楚的上诉案件，可以实行书面审理，本案中，由于当事人对原审判决认定的事实无异议，人民法院遂依法书面审结此案。

第八十七条　二审审查范围

人民法院审理上诉案件，应当对原审人民法院的判决、裁定和被诉行政行为进行全面审查。

第八十八条　二审审限

人民法院审理上诉案件，应当在收到上诉状之日起三个月内作出终审判决。有特殊情况需要延长的，由高级人民法院批准，高级人民法院审理上诉案件需要延长的，由最高人民法院批准。

第八十九条　二审裁判

　　人民法院审理上诉案件，按照下列情形，分别处理：

　　（一）原判决、裁定认定事实清楚，适用法律、法规正确的，判决或者裁定驳回上诉，维持原判决、裁定；

　　（二）原判决、裁定认定事实错误或者适用法律、法规错误的，依法改判、撤销或者变更；

　　（三）原判决认定基本事实不清、证据不足的，发回原审人民法院重审，或者查清事实后改判；

　　（四）原判决遗漏当事人或者违法缺席判决等严重违反法定程序的，裁定撤销原判决，发回原审人民法院重审。

　　原审人民法院对发回重审的案件作出判决后，当事人提起上诉的，第二审人民法院不得再次发回重审。

　　人民法院审理上诉案件，需要改变原审判决的，应当同时对被诉行政行为作出判决。

● 司法解释及文件

《最高人民法院关于适用〈中华人民共和国行政诉讼法〉的解释》
（2018年2月6日　法释〔2018〕1号）

　　第109条　第二审人民法院经审理认为原审人民法院不予立案或者驳回起诉的裁定确有错误且当事人的起诉符合起诉条件的，应当裁定撤销原审人民法院的裁定，指令原审人民法院依法立案或者继续审理。

　　第二审人民法院裁定发回原审人民法院重新审理的行政案件，原审人民法院应当另行组成合议庭进行审理。

　　原审判决遗漏了必须参加诉讼的当事人或者诉讼请求的，第二审人民法院应当裁定撤销原审判决，发回重审。

　　原审判决遗漏行政赔偿请求，第二审人民法院经审查认为依法不应当予以赔偿的，应当判决驳回行政赔偿请求。

原审判决遗漏行政赔偿请求，第二审人民法院经审理认为依法应当予以赔偿的，在确认被诉行政行为违法的同时，可以就行政赔偿问题进行调解；调解不成的，应当就行政赔偿部分发回重审。

当事人在第二审期间提出行政赔偿请求的，第二审人民法院可以进行调解；调解不成的，应当告知当事人另行起诉。

第 123 条　人民法院审理二审案件和再审案件，对原审法院立案、不予立案或者驳回起诉错误的，应当分别情况作如下处理：

（一）第一审人民法院作出实体判决后，第二审人民法院认为不应当立案的，在撤销第一审人民法院判决的同时，可以迳行驳回起诉；

（二）第二审人民法院维持第一审人民法院不予立案裁定错误的，再审法院应当撤销第一审、第二审人民法院裁定，指令第一审人民法院受理；

（三）第二审人民法院维持第一审人民法院驳回起诉裁定错误的，再审法院应当撤销第一审、第二审人民法院裁定，指令第一审人民法院审理。

● 案例指引

1. 陆某诉某房屋土地管理局房屋拆迁行政裁决案（《最高人民法院公报》2007 年第 8 期）

裁判摘要：房屋拆迁过程中，被拆迁人、房屋承租人对于被拆房屋评估报告有异议的，有权申请复估。因此，基于正当程序原理，为保护被拆迁人、房屋承租人对被拆房屋评估报告依法申请复估的权利，拆迁人应将被拆房屋评估报告及时送达被拆迁人、房屋承租人。房屋拆迁行政裁决机关在裁决过程中，也应当对被拆房屋评估报告是否送达被拆迁人、房屋承租人的问题予以查明，并确保在裁决作出之前将评估报告送达被拆迁人、房屋承租人。房屋拆迁行政裁决机关未查明该问题即作出房屋拆迁行政裁决，且不能举证证明被拆房屋评估报告已经送达被拆迁人、房屋承租人的,所作房屋拆迁行政裁决属认定事实不清、主要证据不足,且违反法定程序。被拆迁人、房屋承租人诉至人民法院请求撤销该裁决的,人民法院应予支持。对于一审维持房屋拆迁行政裁决的判决,二审应予以撤销并改判。

2. 甘某诉某大学开除学籍决定案(《最高人民法院公报》2012 年第 7 期)

裁判摘要:学生对高等院校作出的开除学籍等严重影响其受教育权利的决定可以依法提起诉讼。人民法院审理此类案件时,应当以相关法律、法规为依据,参照相关规章,并可参考涉案高等院校正式公布的不违反上位法规定精神的校纪校规。

第五节 审判监督程序

第九十条 当事人申请再审

> 当事人对已经发生法律效力的判决、裁定,认为确有错误的,可以向上一级人民法院申请再审,但判决、裁定不停止执行。

● 司法解释及文件

1.《最高人民法院关于办理行政申请再审案件若干问题的规定》(2021 年 3 月 25 日 法释〔2021〕6 号)

第 1 条 当事人不服高级人民法院已经发生法律效力的判决、裁定,依照行政诉讼法第九十条的规定向最高人民法院申请再审的,最高人民法院应当依法审查,分别情况予以处理。

2.《最高人民法院关于适用〈中华人民共和国行政诉讼法〉的解释》(2018 年 2 月 6 日 法释〔2018〕1 号)

第 110 条 当事人向上一级人民法院申请再审,应当在判决、裁定或者调解书发生法律效力后六个月内提出。有下列情形之一的,自知道或者应当知道之日起六个月内提出:

（一）有新的证据，足以推翻原判决、裁定的；
（二）原判决、裁定认定事实的主要证据是伪造的；
（三）据以作出原判决、裁定的法律文书被撤销或者变更的；
（四）审判人员审理该案件时有贪污受贿、徇私舞弊、枉法裁判行为的。

第118条　按照审判监督程序决定再审的案件，裁定中止原判决、裁定、调解书的执行，但支付抚恤金、最低生活保障费或者社会保险待遇的案件，可以不中止执行。

上级人民法院决定提审或者指令下级人民法院再审的，应当作出裁定，裁定应当写明中止原判决的执行；情况紧急的，可以将中止执行的裁定口头通知负责执行的人民法院或者作出生效判决、裁定的人民法院，但应当在口头通知后十日内发出裁定书。

第119条　人民法院按照审判监督程序再审的案件，发生法律效力的判决、裁定是由第一审法院作出的，按照第一审程序审理，所作的判决、裁定，当事人可以上诉；发生法律效力的判决、裁定是由第二审法院作出的，按照第二审程序审理，所作的判决、裁定，是发生法律效力的判决、裁定；上级人民法院按照审判监督程序提审的，按照第二审程序审理，所作的判决、裁定是发生法律效力的判决、裁定。

人民法院审理再审案件，应当另行组成合议庭。

第120条　人民法院审理再审案件应当围绕再审请求和被诉行政行为合法性进行。当事人的再审请求超出原审诉讼请求，符合另案诉讼条件的，告知当事人可以另行起诉。

被申请人及原审其他当事人在庭审辩论结束前提出的再审请求，符合本解释规定的申请期限的，人民法院应当一并审理。

人民法院经再审，发现已经发生法律效力的判决、裁定损害国家利益、社会公共利益、他人合法权益的，应当一并审理。

第121条　再审审理期间，有下列情形之一的，裁定终结再审程序：

（一）再审申请人在再审期间撤回再审请求，人民法院准许的；

（二）再审申请人经传票传唤，无正当理由拒不到庭的，或者未经法庭许可中途退庭，按撤回再审请求处理的；

（三）人民检察院撤回抗诉的；

（四）其他应当终结再审程序的情形。

因人民检察院提出抗诉裁定再审的案件，申请抗诉的当事人有前款规定的情形，且不损害国家利益、社会公共利益或者他人合法权益的，人民法院裁定终结再审程序。

再审程序终结后，人民法院裁定中止执行的原生效判决自动恢复执行。

第122条 人民法院审理再审案件，认为原生效判决、裁定确有错误，在撤销原生效判决或者裁定的同时，可以对生效判决、裁定的内容作出相应裁判，也可以裁定撤销生效判决或者裁定，发回作出生效判决、裁定的人民法院重新审理。

第九十一条　再审事由

当事人的申请符合下列情形之一的，人民法院应当再审：

（一）不予立案或者驳回起诉确有错误的；

（二）有新的证据，足以推翻原判决、裁定的；

（三）原判决、裁定认定事实的主要证据不足、未经质证或者系伪造的；

（四）原判决、裁定适用法律、法规确有错误的；

（五）违反法律规定的诉讼程序，可能影响公正审判的；

（六）原判决、裁定遗漏诉讼请求的；

（七）据以作出原判决、裁定的法律文书被撤销或者变更的；

（八）审判人员在审理该案件时有贪污受贿、徇私舞弊、枉法裁判行为的。

● 司法解释及文件

1. 《最高人民法院关于办理行政申请再审案件若干问题的规定》（2021年3月25日　法释〔2021〕6号）

第2条　下列行政申请再审案件中，原判决、裁定适用法律、法规确有错误的，最高人民法院应当裁定再审：

（一）在全国具有普遍法律适用指导意义的案件；

（二）在全国范围内或者省、自治区、直辖市有重大影响的案件；

（三）跨省、自治区、直辖市的案件；

（四）重大涉外或者涉及香港特别行政区、澳门特别行政区、台湾地区的案件；

（五）涉及重大国家利益、社会公共利益的案件；

（六）经高级人民法院审判委员会讨论决定的案件；

（七）最高人民法院认为应当再审的其他案件。

2. 《最高人民法院关于适用〈中华人民共和国行政诉讼法〉的解释》（2018年2月6日　法释〔2018〕1号）

第111条　当事人申请再审的，应当提交再审申请书等材料。人民法院认为有必要的，可以自收到再审申请书之日起五日内将再审申请书副本发送对方当事人。对方当事人应当自收到再审申请书副本之日起十五日内提交书面意见。人民法院可以要求申请人和对方当事人补充有关材料，询问有关事项。

第112条　人民法院应当自再审申请案件立案之日起六个月内审查，有特殊情况需要延长的，由本院院长批准。

第113条　人民法院根据审查再审申请案件的需要决定是否询问当事人；新的证据可能推翻原判决、裁定的，人民法院应当询问当事人。

第九十二条　人民法院依职权再审

各级人民法院院长对本院已经发生法律效力的判决、裁定，发现有本法第九十一条规定情形之一，或者发现调解违反自愿原则或者调解书内容违法，认为需要再审的，应当提交审判委员会讨论决定。

最高人民法院对地方各级人民法院已经发生法律效力的判决、裁定，上级人民法院对下级人民法院已经发生法律效力的判决、裁定，发现有本法第九十一条规定情形之一，或者发现调解违反自愿原则或者调解书内容违法的，有权提审或者指令下级人民法院再审。

● 司法解释及文件

《最高人民法院关于办理行政申请再审案件若干问题的规定》

（2021年3月25日　法释〔2021〕6号）

第3条　行政申请再审案件有下列情形之一的，最高人民法院可以决定由作出生效判决、裁定的高级人民法院审查：

（一）案件基本事实不清、诉讼程序违法、遗漏诉讼请求的；

（二）再审申请人或者第三人人数众多的；

（三）由高级人民法院审查更适宜实质性化解行政争议的；

（四）最高人民法院认为可以由高级人民法院审查的其他情形。

第九十三条　抗诉和检察建议

最高人民检察院对各级人民法院已经发生法律效力的判决、裁定，上级人民检察院对下级人民法院已经发生法律效力的判决、裁定，发现有本法第九十一条规定情形之一，或者发现调解书损害国家利益、社会公共利益的，应当提出抗诉。

地方各级人民检察院对同级人民法院已经发生法律效力的判决、裁定，发现有本法第九十一条规定情形之一，或者发现调解书损害国家利益、社会公共利益的，可以向同级人民法院提出检察建议，并报上级人民检察院备案；也可以提请上级人民检察院向同级人民法院提出抗诉。

各级人民检察院对审判监督程序以外的其他审判程序中审判人员的违法行为，有权向同级人民法院提出检察建议。

● 司法解释及文件

《最高人民法院关于适用〈中华人民共和国行政诉讼法〉的解释》
（2018年2月6日　法释〔2018〕1号）

第117条　有下列情形之一的，当事人可以向人民检察院申请抗诉或者检察建议：

（一）人民法院驳回再审申请的；

（二）人民法院逾期未对再审申请作出裁定的；

（三）再审判决、裁定有明显错误的。

人民法院基于抗诉或者检察建议作出再审判决、裁定后，当事人申请再审的，人民法院不予立案。

第124条　人民检察院提出抗诉的案件，接受抗诉的人民法院应当自收到抗诉书之日起三十日内作出再审的裁定；有行政诉讼法第九十一条第二、三项规定情形之一的，可以指令下一级人民法院再审，但经该下一级人民法院再审过的除外。

人民法院在审查抗诉材料期间，当事人之间已经达成和解协议的，人民法院可以建议人民检察院撤回抗诉。

第125条　人民检察院提出抗诉的案件，人民法院再审开庭时，应当在开庭三日前通知人民检察院派员出庭。

第126条　人民法院收到再审检察建议后，应当组成合议庭，在三个月内进行审查，发现原判决、裁定、调解书确有错误，需要再审的，依照行政诉讼法第九十二条规定裁定再审，并通知当事人；经审查，决定不予再审的，应当书面回复人民检察院。

第 127 条 人民法院审理因人民检察院抗诉或者检察建议裁定再审的案件，不受此前已经作出的驳回当事人再审申请裁定的限制。

● 案例指引

某实业公司诉某市住房和城乡建设局征收补偿认定纠纷抗诉案（最高人民检察院检例第 57 号）

裁判摘要：人民检察院办理行政诉讼监督案件，应当秉持客观公正立场，既保护行政相对人的合法权益，又支持合法的行政行为。依职权启动监督程序，不以当事人向人民法院申请再审为前提。认为行政判决、裁定可能存在错误，通过书面审查难以认定的，应当进行调查核实。

第八章 执 行

第九十四条 生效裁判和调解书的执行

当事人必须履行人民法院发生法律效力的判决、裁定、调解书。

● 司法解释及文件

《最高人民法院关于适用〈中华人民共和国行政诉讼法〉的解释》（2018 年 2 月 6 日 法释〔2018〕1 号）

第 152 条 对发生法律效力的行政判决书、行政裁定书、行政赔偿判决书和行政调解书，负有义务的一方当事人拒绝履行的，对方当事人可以依法申请人民法院强制执行。

人民法院判决行政机关履行行政赔偿、行政补偿或者其他行政给付义务，行政机关拒不履行的，对方当事人可以依法向法院申请强制执行。

第153条 申请执行的期限为二年。申请执行时效的中止、中断，适用法律有关规定。

申请执行的期限从法律文书规定的履行期间最后一日起计算；法律文书规定分期履行的，从规定的每次履行期间的最后一日起计算；法律文书中没有规定履行期限的，从该法律文书送达当事人之日起计算。

逾期申请的，除有正当理由外，人民法院不予受理。

第154条 发生法律效力的行政判决书、行政裁定书、行政赔偿判决书和行政调解书，由第一审人民法院执行。

第一审人民法院认为情况特殊，需要由第二审人民法院执行的，可以报请第二审人民法院执行；第二审人民法院可以决定由其执行，也可以决定由第一审人民法院执行。

第九十五条 申请强制执行和执行管辖

公民、法人或者其他组织拒绝履行判决、裁定、调解书的，行政机关或者第三人可以向第一审人民法院申请强制执行，或者由行政机关依法强制执行。

● 司法解释及文件

《最高人民法院关于适用〈中华人民共和国行政诉讼法〉的解释》（2018年2月6日　法释〔2018〕1号）

第156条 没有强制执行权的行政机关申请人民法院强制执行其行政行为，应当自被执行人的法定起诉期限届满之日起三个月内提出。逾期申请的，除有正当理由外，人民法院不予受理。

第157条 行政机关申请人民法院强制执行其行政行为的，由申请人所在地的基层人民法院受理；执行对象为不动产的，由不动产所在地的基层人民法院受理。

基层人民法院认为执行确有困难的，可以报请上级人民法院执行；上级人民法院可以决定由其执行，也可以决定由下级人民法院执行。

第158条 行政机关根据法律的授权对平等主体之间民事争议作出裁决后，当事人在法定期限内不起诉又不履行，作出裁决的行政机关在申请执行的期限内未申请人民法院强制执行的，生效行政裁决确定的权利人或者其继承人、权利承受人在六个月内可以申请人民法院强制执行。

享有权利的公民、法人或者其他组织申请人民法院强制执行生效行政裁决，参照行政机关申请人民法院强制执行行政行为的规定。

第159条 行政机关或者行政行为确定的权利人申请人民法院强制执行前，有充分理由认为被执行人可能逃避执行的，可以申请人民法院采取财产保全措施。后者申请强制执行的，应当提供相应的财产担保。

第160条 人民法院受理行政机关申请执行其行政行为的案件后，应当在七日内由行政审判庭对行政行为的合法性进行审查，并作出是否准予执行的裁定。

人民法院在作出裁定前发现行政行为明显违法并损害被执行人合法权益的，应当听取被执行人和行政机关的意见，并自受理之日起三十日内作出是否准予执行的裁定。

需要采取强制执行措施的，由本院负责强制执行非诉行政行为的机构执行。

第161条 被申请执行的行政行为有下列情形之一的，人民法院应当裁定不准予执行：

（一）实施主体不具有行政主体资格的；

（二）明显缺乏事实根据的；

（三）明显缺乏法律、法规依据的；

（四）其他明显违法并损害被执行人合法权益的情形。

行政机关对不准予执行的裁定有异议，在十五日内向上一级人民法院申请复议的，上一级人民法院应当在收到复议申请之日起三十日内作出裁定。

第九十六条　对行政机关拒绝履行的执行措施

行政机关拒绝履行判决、裁定、调解书的，第一审人民法院可以采取下列措施：

（一）对应当归还的罚款或者应当给付的款额，通知银行从该行政机关的账户内划拨；

（二）在规定期限内不履行的，从期满之日起，对该行政机关负责人按日处五十元至一百元的罚款；

（三）将行政机关拒绝履行的情况予以公告；

（四）向监察机关或者该行政机关的上一级行政机关提出司法建议。接受司法建议的机关，根据有关规定进行处理，并将处理情况告知人民法院；

（五）拒不履行判决、裁定、调解书，社会影响恶劣的，可以对该行政机关直接负责的主管人员和其他直接责任人员予以拘留；情节严重，构成犯罪的，依法追究刑事责任。

第九十七条　非诉执行

公民、法人或者其他组织对行政行为在法定期限内不提起诉讼又不履行的，行政机关可以申请人民法院强制执行，或者依法强制执行。

● 司法解释及文件

1.《最高人民法院关于对林业行政机关依法作出具体行政行为申请人民法院强制执行问题的复函》（2020年12月29日　法释〔2020〕21号）

林业部：

你部林函策字（1993）308号函收悉，经研究，同意你部所提意见，即：林业主管部门依法作出的具体行政行为，自然人、法人或者非法人组织在法定期限内既不起诉又不履行的，林业主管部门依据行政诉讼法第九十七条的规定可以申请人民法院强制执行，人民法院应予受理。

2.《最高人民法院关于适用〈中华人民共和国行政诉讼法〉的解释》(2018年2月6日　法释〔2018〕1号)

第155条　行政机关根据行政诉讼法第九十七条的规定申请执行其行政行为，应当具备以下条件：

（一）行政行为依法可以由人民法院执行；

（二）行政行为已经生效并具有可执行内容；

（三）申请人是作出该行政行为的行政机关或者法律、法规、规章授权的组织；

（四）被申请人是该行政行为所确定的义务人；

（五）被申请人在行政行为确定的期限内或者行政机关催告期限内未履行义务；

（六）申请人在法定期限内提出申请；

（七）被申请执行的行政案件属于受理执行申请的人民法院管辖。

行政机关申请人民法院执行，应当提交行政强制法第五十五条规定的相关材料。

人民法院对符合条件的申请，应当在五日内立案受理，并通知申请人；对不符合条件的申请，应当裁定不予受理。行政机关对不予受理裁定有异议，在十五日内向上一级人民法院申请复议的，上一级人民法院应当在收到复议申请之日起十五日内作出裁定。

3.《最高人民法院关于违法的建筑物、构筑物、设施等强制拆除问题的批复》(2013年3月27日　法释〔2013〕5号)
北京市高级人民法院：

根据行政强制法和城乡规划法有关规定精神，对涉及违反城乡规划法的违法建筑物、构筑物、设施等的强制拆除，法律已经授予行政机关强制执行权，人民法院不受理行政机关提出的非诉行政执行申请。

● 案例指引

湖北省某县水利局申请强制执行肖某河道违法建设处罚决定监督案（最高人民检察院检例第59号）

裁判摘要：办理行政非诉执行监督案件，应当查明行政机关对相关事项是否具有直接强制执行权，对具有直接强制执行权的行政机关向人民法院申请强制执行，人民法院不应当受理而受理的，应当依法进行监督。人民检察院在履行行政非诉执行监督职责中，发现行政机关的行政行为存在违法或不当履职情形的，可以向行政机关提出检察建议。

第九章　涉外行政诉讼

第九十八条　涉外行政诉讼的法律适用原则

外国人、无国籍人、外国组织在中华人民共和国进行行政诉讼，适用本法。法律另有规定的除外。

第九十九条　同等与对等原则

外国人、无国籍人、外国组织在中华人民共和国进行行政诉讼，同中华人民共和国公民、组织有同等的诉讼权利和义务。

外国法院对中华人民共和国公民、组织的行政诉讼权利加以限制的，人民法院对该国公民、组织的行政诉讼权利，实行对等原则。

第一百条　中国律师代理

外国人、无国籍人、外国组织在中华人民共和国进行行政诉讼，委托律师代理诉讼的，应当委托中华人民共和国律师机构的律师。

第十章　附　　则

第一百零一条　适用民事诉讼法规定

人民法院审理行政案件，关于期间、送达、财产保全、开庭审理、调解、中止诉讼、终结诉讼、简易程序、执行等，以及人民检察院对行政案件受理、审理、裁判、执行的监督，本法没有规定的，适用《中华人民共和国民事诉讼法》的相关规定。

第一百零二条　诉讼费用

人民法院审理行政案件，应当收取诉讼费用。诉讼费用由败诉方承担，双方都有责任的由双方分担。收取诉讼费用的具体办法另行规定。

● **司法解释及文件**

《最高人民法院关于适用〈中华人民共和国行政诉讼法〉的解释》
（2018年2月6日　法释〔2018〕1号）

第144条　人民法院一并审理相关民事争议，应当按行政案件、民事案件的标准分别收取诉讼费用。

第一百零三条　施行日期

本法自1990年10月1日起施行。

● 司法解释及文件

《最高人民法院关于适用〈中华人民共和国行政诉讼法〉的解释》
（2018年2月6日　法释〔2018〕1号）

第162条　公民、法人或者其他组织对2015年5月1日之前作出的行政行为提起诉讼，请求确认行政行为无效的，人民法院不予立案。

第163条　本解释自2018年2月8日起施行。

本解释施行后，《最高人民法院关于执行〈中华人民共和国行政诉讼法〉若干问题的解释》（法释〔2000〕8号）、《最高人民法院关于适用〈中华人民共和国行政诉讼法〉若干问题的解释》（法释〔2015〕9号）同时废止。最高人民法院以前发布的司法解释与本解释不一致的，不再适用。

附录一

中华人民共和国行政复议法实施条例

(2007年5月23日国务院第177次常务会议通过 2007年5月29日中华人民共和国国务院令第499号公布 自2007年8月1日起施行)

第一章 总 则

第一条 为了进一步发挥行政复议制度在解决行政争议、建设法治政府、构建社会主义和谐社会中的作用,根据《中华人民共和国行政复议法》(以下简称行政复议法),制定本条例。

第二条 各级行政复议机关应当认真履行行政复议职责,领导并支持本机关负责法制工作的机构(以下简称行政复议机构)依法办理行政复议事项,并依照有关规定配备、充实、调剂专职行政复议人员,保证行政复议机构的办案能力与工作任务相适应。

第三条 行政复议机构除应当依照行政复议法第三条的规定履行职责外,还应当履行下列职责:

(一)依照行政复议法第十八条的规定转送有关行政复议申请;

(二)办理行政复议法第二十九条规定的行政赔偿等事项;

(三)按照职责权限,督促行政复议申请的受理和行政复议决定的履行;

(四)办理行政复议、行政应诉案件统计和重大行政复议决定备案事项;

(五)办理或者组织办理未经行政复议直接提起行政诉讼的行政应诉事项;

(六)研究行政复议工作中发现的问题,及时向有关机关提出改进建议,重大问题及时向行政复议机关报告。

第四条 专职行政复议人员应当具备与履行行政复议职责相适应的品行、专业知识和业务能力，并取得相应资格。具体办法由国务院法制机构会同国务院有关部门规定。

第二章 行政复议申请

第一节 申 请 人

第五条 依照行政复议法和本条例的规定申请行政复议的公民、法人或者其他组织为申请人。

第六条 合伙企业申请行政复议的，应当以核准登记的企业为申请人，由执行合伙事务的合伙人代表该企业参加行政复议；其他合伙组织申请行政复议的，由合伙人共同申请行政复议。

前款规定以外的不具备法人资格的其他组织申请行政复议的，由该组织的主要负责人代表该组织参加行政复议；没有主要负责人的，由共同推选的其他成员代表该组织参加行政复议。

第七条 股份制企业的股东大会、股东代表大会、董事会认为行政机关作出的具体行政行为侵犯企业合法权益的，可以以企业的名义申请行政复议。

第八条 同一行政复议案件申请人超过5人的，推选1至5名代表参加行政复议。

第九条 行政复议期间，行政复议机构认为申请人以外的公民、法人或者其他组织与被审查的具体行政行为有利害关系的，可以通知其作为第三人参加行政复议。

行政复议期间，申请人以外的公民、法人或者其他组织与被审查的具体行政行为有利害关系的，可以向行政复议机构申请作为第三人参加行政复议。

第三人不参加行政复议，不影响行政复议案件的审理。

第十条 申请人、第三人可以委托1至2名代理人参加行政复议。申请人、第三人委托代理人的，应当向行政复议机构提交授权委托书。授权委托书应当载明委托事项、权限和期限。公民在特殊情况下无法书面委托的,可以口头委托。口头委托的,行政复议机构应当核实并记录在卷。申请人、第三人解除或者变更委托的,应当书面报告行政复议机构。

第二节 被申请人

第十一条 公民、法人或者其他组织对行政机关的具体行政行为不服,依照行政复议法和本条例的规定申请行政复议的,作出该具体行政行为的行政机关为被申请人。

第十二条 行政机关与法律、法规授权的组织以共同的名义作出具体行政行为的,行政机关和法律、法规授权的组织为共同被申请人。

行政机关与其他组织以共同名义作出具体行政行为的,行政机关为被申请人。

第十三条 下级行政机关依照法律、法规、规章规定,经上级行政机关批准作出具体行政行为的,批准机关为被申请人。

第十四条 行政机关设立的派出机构、内设机构或者其他组织,未经法律、法规授权,对外以自己名义作出具体行政行为的,该行政机关为被申请人。

第三节 行政复议申请期限

第十五条 行政复议法第九条第一款规定的行政复议申请期限的计算,依照下列规定办理:

(一)当场作出具体行政行为的,自具体行政行为作出之日起计算;

(二)载明具体行政行为的法律文书直接送达的,自受送达人签收之日起计算;

(三)载明具体行政行为的法律文书邮寄送达的,自受送达人在邮件签收单上签收之日起计算;没有邮件签收单的,自受送达人在送达回执上签名之日起计算；

（四）具体行政行为依法通过公告形式告知受送达人的，自公告规定的期限届满之日起计算；

（五）行政机关作出具体行政行为时未告知公民、法人或者其他组织，事后补充告知的，自该公民、法人或者其他组织收到行政机关补充告知的通知之日起计算；

（六）被申请人能够证明公民、法人或者其他组织知道具体行政行为的，自证据材料证明其知道具体行政行为之日起计算。

行政机关作出具体行政行为，依法应当向有关公民、法人或者其他组织送达法律文书而未送达的，视为该公民、法人或者其他组织不知道该具体行政行为。

第十六条　公民、法人或者其他组织依照行政复议法第六条第（八）项、第（九）项、第（十）项的规定申请行政机关履行法定职责，行政机关未履行的，行政复议申请期限依照下列规定计算：

（一）有履行期限规定的，自履行期限届满之日起计算；

（二）没有履行期限规定的，自行政机关收到申请满60日起计算。

公民、法人或者其他组织在紧急情况下请求行政机关履行保护人身权、财产权的法定职责，行政机关不履行的，行政复议申请期限不受前款规定的限制。

第十七条　行政机关作出的具体行政行为对公民、法人或者其他组织的权利、义务可能产生不利影响的，应当告知其申请行政复议的权利、行政复议机关和行政复议申请期限。

第四节　行政复议申请的提出

第十八条　申请人书面申请行政复议的，可以采取当面递交、邮寄或者传真等方式提出行政复议申请。

有条件的行政复议机构可以接受以电子邮件形式提出的行政复议申请。

第十九条 申请人书面申请行政复议的,应当在行政复议申请书中载明下列事项:

(一)申请人的基本情况,包括:公民的姓名、性别、年龄、身份证号码、工作单位、住所、邮政编码;法人或者其他组织的名称、住所、邮政编码和法定代表人或者主要负责人的姓名、职务;

(二)被申请人的名称;

(三)行政复议请求、申请行政复议的主要事实和理由;

(四)申请人的签名或者盖章;

(五)申请行政复议的日期。

第二十条 申请人口头申请行政复议的,行政复议机构应当依照本条例第十九条规定的事项,当场制作行政复议申请笔录交申请人核对或者向申请人宣读,并由申请人签字确认。

第二十一条 有下列情形之一的,申请人应当提供证明材料:

(一)认为被申请人不履行法定职责的,提供曾经要求被申请人履行法定职责而被申请人未履行的证明材料;

(二)申请行政复议时一并提出行政赔偿请求的,提供受具体行政行为侵害而造成损害的证明材料;

(三)法律、法规规定需要申请人提供证据材料的其他情形。

第二十二条 申请人提出行政复议申请时错列被申请人的,行政复议机构应当告知申请人变更被申请人。

第二十三条 申请人对两个以上国务院部门共同作出的具体行政行为不服的,依照行政复议法第十四条的规定,可以向其中任何一个国务院部门提出行政复议申请,由作出具体行政行为的国务院部门共同作出行政复议决定。

第二十四条 申请人对经国务院批准实行省以下垂直领导的部门作出的具体行政行为不服的,可以选择向该部门的本级人民政府或者上一级主管部门申请行政复议;省、自治区、直辖市另有规定的,依照省、自治区、直辖市的规定办理。

第二十五条 申请人依照行政复议法第三十条第二款的规定申

请行政复议的，应当向省、自治区、直辖市人民政府提出行政复议申请。

第二十六条 依照行政复议法第七条的规定，申请人认为具体行政行为所依据的规定不合法的，可以在对具体行政行为申请行政复议的同时一并提出对该规定的审查申请；申请人在对具体行政行为提出行政复议申请时尚不知道该具体行政行为所依据的规定的，可以在行政复议机关作出行政复议决定前向行政复议机关提出对该规定的审查申请。

第三章　行政复议受理

第二十七条 公民、法人或者其他组织认为行政机关的具体行政行为侵犯其合法权益提出行政复议申请，除不符合行政复议法和本条例规定的申请条件的，行政复议机关必须受理。

第二十八条 行政复议申请符合下列规定的，应当予以受理：

（一）有明确的申请人和符合规定的被申请人；

（二）申请人与具体行政行为有利害关系；

（三）有具体的行政复议请求和理由；

（四）在法定申请期限内提出；

（五）属于行政复议法规定的行政复议范围；

（六）属于收到行政复议申请的行政复议机构的职责范围；

（七）其他行政复议机关尚未受理同　行政复议申请，人民法院尚未受理同一主体就同一事实提起的行政诉讼。

第二十九条 行政复议申请材料不齐全或者表述不清楚的，行政复议机构可以自收到该行政复议申请之日起5日内书面通知申请人补正。补正通知应当载明需要补正的事项和合理的补正期限。无正当理由逾期不补正的，视为申请人放弃行政复议申请。补正申请材料所用时间不计入行政复议审理期限。

第三十条 申请人就同一事项向两个或者两个以上有权受理的行政机关申请行政复议的，由最先收到行政复议申请的行政机关受理；同时收到行政复议申请的，由收到行政复议申请的行政机关在10日内协商确定；协商不成的，由其共同上一级行政机关在10日内指定受理机关。协商确定或者指定受理机关所用时间不计入行政复议审理期限。

第三十一条 依照行政复议法第二十条的规定，上级行政机关认为行政复议机关不予受理行政复议申请的理由不成立的，可以先行督促其受理；经督促仍不受理的，应当责令其限期受理，必要时也可以直接受理；认为行政复议申请不符合法定受理条件的，应当告知申请人。

第四章 行政复议决定

第三十二条 行政复议机构审理行政复议案件，应当由2名以上行政复议人员参加。

第三十三条 行政复议机构认为必要时，可以实地调查核实证据；对重大、复杂的案件，申请人提出要求或者行政复议机构认为必要时，可以采取听证的方式审理。

第三十四条 行政复议人员向有关组织和人员调查取证时，可以查阅、复制、调取有关文件和资料，向有关人员进行询问。

调查取证时，行政复议人员不得少于2人，并应当向当事人或者有关人员出示证件。被调查单位和人员应当配合行政复议人员的工作，不得拒绝或者阻挠。

需要现场勘验的，现场勘验所用时间不计入行政复议审理期限。

第三十五条 行政复议机关应当为申请人、第三人查阅有关材料提供必要条件。

第三十六条 依照行政复议法第十四条的规定申请原级行政复议的案件，由原承办具体行政行为有关事项的部门或者机构提出书面答复，并提交作出具体行政行为的证据、依据和其他有关材料。

第三十七条 行政复议期间涉及专门事项需要鉴定的，当事人可以自行委托鉴定机构进行鉴定，也可以申请行政复议机构委托鉴定机构进行鉴定。鉴定费用由当事人承担。鉴定所用时间不计入行政复议审理期限。

第三十八条 申请人在行政复议决定作出前自愿撤回行政复议申请的，经行政复议机构同意，可以撤回。

申请人撤回行政复议申请的，不得再以同一事实和理由提出行政复议申请。但是，申请人能够证明撤回行政复议申请违背其真实意思表示的除外。

第三十九条 行政复议期间被申请人改变原具体行政行为的，不影响行政复议案件的审理。但是，申请人依法撤回行政复议申请的除外。

第四十条 公民、法人或者其他组织对行政机关行使法律、法规规定的自由裁量权作出的具体行政行为不服申请行政复议，申请人与被申请人在行政复议决定作出前自愿达成和解的，应当向行政复议机构提交书面和解协议；和解内容不损害社会公共利益和他人合法权益的，行政复议机构应当准许。

第四十一条 行政复议期间有下列情形之一，影响行政复议案件审理的，行政复议中止：

（一）作为申请人的自然人死亡，其近亲属尚未确定是否参加行政复议的；

（二）作为申请人的自然人丧失参加行政复议的能力，尚未确定法定代理人参加行政复议的；

（三）作为申请人的法人或者其他组织终止，尚未确定权利义务承受人的；

（四）作为申请人的自然人下落不明或者被宣告失踪的；

（五）申请人、被申请人因不可抗力，不能参加行政复议的；

（六）案件涉及法律适用问题，需要有权机关作出解释或者确认的；

（七）案件审理需要以其他案件的审理结果为依据，而其他案件尚未审结的；

（八）其他需要中止行政复议的情形。

行政复议中止的原因消除后，应当及时恢复行政复议案件的审理。

行政复议机构中止、恢复行政复议案件的审理，应当告知有关当事人。

第四十二条 行政复议期间有下列情形之一的，行政复议终止：

（一）申请人要求撤回行政复议申请，行政复议机构准予撤回的；

（二）作为申请人的自然人死亡，没有近亲属或者其近亲属放弃行政复议权利的；

（三）作为申请人的法人或者其他组织终止，其权利义务的承受人放弃行政复议权利的；

（四）申请人与被申请人依照本条例第四十条的规定，经行政复议机构准许达成和解的；

（五）申请人对行政拘留或者限制人身自由的行政强制措施不服申请行政复议后，因申请人同一违法行为涉嫌犯罪，该行政拘留或者限制人身自由的行政强制措施变更为刑事拘留的。

依照本条例第四十一条第一款第（一）项、第（二）项、第（三）项规定中止行政复议，满60日行政复议中止的原因仍未消除的，行政复议终止。

第四十三条 依照行政复议法第二十八条第一款第（一）项规定，具体行政行为认定事实清楚，证据确凿，适用依据正确，程序合法，内容适当的，行政复议机关应当决定维持。

第四十四条 依照行政复议法第二十八条第一款第（二）项规定，被申请人不履行法定职责的，行政复议机关应当决定其在一定期限内履行法定职责。

第四十五条 具体行政行为有行政复议法第二十八条第一款第（三）项规定情形之一的，行政复议机关应当决定撤销、变更该具体行政行为或者确认该具体行政行为违法；决定撤销该具体行政行为或者确认该具体行政行为违法的，可以责令被申请人在一定期限内重新作出具体行政行为。

第四十六条　被申请人未依照行政复议法第二十三条的规定提出书面答复、提交当初作出具体行政行为的证据、依据和其他有关材料的，视为该具体行政行为没有证据、依据，行政复议机关应当决定撤销该具体行政行为。

第四十七条　具体行政行为有下列情形之一，行政复议机关可以决定变更：

（一）认定事实清楚，证据确凿，程序合法，但是明显不当或者适用依据错误的；

（二）认定事实不清，证据不足，但是经行政复议机关审理查明事实清楚，证据确凿的。

第四十八条　有下列情形之一的，行政复议机关应当决定驳回行政复议申请：

（一）申请人认为行政机关不履行法定职责申请行政复议，行政复议机关受理后发现该行政机关没有相应法定职责或者在受理前已经履行法定职责的；

（二）受理行政复议申请后，发现该行政复议申请不符合行政复议法和本条例规定的受理条件的。

上级行政机关认为行政复议机关驳回行政复议申请的理由不成立的，应当责令其恢复审理。

第四十九条　行政复议机关依照行政复议法第二十八条的规定责令被申请人重新作出具体行政行为的，被申请人应当在法律、法规、规章规定的期限内重新作出具体行政行为；法律、法规、规章未规定期限的，重新作出具体行政行为的期限为60日。

公民、法人或者其他组织对被申请人重新作出的具体行政行为不服，可以依法申请行政复议或者提起行政诉讼。

第五十条　有下列情形之一的，行政复议机关可以按照自愿、合法的原则进行调解：

（一）公民、法人或者其他组织对行政机关行使法律、法规规定的自由裁量权作出的具体行政行为不服申请行政复议的；

（二）当事人之间的行政赔偿或者行政补偿纠纷。

当事人经调解达成协议的，行政复议机关应当制作行政复议调解书。调解书应当载明行政复议请求、事实、理由和调解结果，并加盖行政复议机关印章。行政复议调解书经双方当事人签字，即具有法律效力。

调解未达成协议或者调解书生效前一方反悔的，行政复议机关应当及时作出行政复议决定。

第五十一条　行政复议机关在申请人的行政复议请求范围内，不得作出对申请人更为不利的行政复议决定。

第五十二条　第三人逾期不起诉又不履行行政复议决定的，依照行政复议法第三十三条的规定处理。

第五章　行政复议指导和监督

第五十三条　行政复议机关应当加强对行政复议工作的领导。

行政复议机构在本级行政复议机关的领导下，按照职责权限对行政复议工作进行督促、指导。

第五十四条　县级以上各级人民政府应当加强对所属工作部门和下级人民政府履行行政复议职责的监督。

行政复议机关应当加强对其行政复议机构履行行政复议职责的监督。

第五十五条　县级以上地方各级人民政府应当建立健全行政复议工作责任制，将行政复议工作纳入本级政府目标责任制。

第五十六条　县级以上地方各级人民政府应当按照职责权限，通过定期组织检查、抽查等方式，对所属工作部门和下级人民政府行政复议工作进行检查，并及时向有关方面反馈检查结果。

第五十七条　行政复议期间行政复议机关发现被申请人或者其他下级行政机关的相关行政行为违法或者需要做好善后工作的，可以制作行政复议意见书。有关机关应当自收到行政复议意见书之日起 60 日内将纠正相关行政违法行为或者做好善后工作的情况通报行政复议机构。

行政复议期间行政复议机构发现法律、法规、规章实施中带有普遍性的问题，可以制作行政复议建议书，向有关机关提出完善制度和改进行政执法的建议。

第五十八条　县级以上各级人民政府行政复议机构应当定期向本级人民政府提交行政复议工作状况分析报告。

第五十九条　下级行政复议机关应当及时将重大行政复议决定报上级行政复议机关备案。

第六十条　各级行政复议机构应当定期组织对行政复议人员进行业务培训，提高行政复议人员的专业素质。

第六十一条　各级行政复议机关应当定期总结行政复议工作，对在行政复议工作中做出显著成绩的单位和个人，依照有关规定给予表彰和奖励。

第六章　法律责任

第六十二条　被申请人在规定期限内未按照行政复议决定的要求重新作出具体行政行为，或者违反规定重新作出具体行政行为的，依照行政复议法第三十七条的规定追究法律责任。

第六十三条　拒绝或者阻挠行政复议人员调查取证、查阅、复制、调取有关文件和资料的，对有关责任人员依法给予处分或者治安处罚；构成犯罪的，依法追究刑事责任。

第六十四条　行政复议机关或者行政复议机构不履行行政复议法和本条例规定的行政复议职责，经有权监督的行政机关督促仍不改正的，对直接负责的主管人员和其他直接责任人员依法给予警告、记过、记大过的处分；造成严重后果的，依法给予降级、撤职、开除的处分。

第六十五条　行政机关及其工作人员违反行政复议法和本条例

规定的，行政复议机构可以向人事、监察部门提出对有关责任人员的处分建议，也可以将有关人员违法的事实材料直接转送人事、监察部门处理；接受转送的人事、监察部门应当依法处理，并将处理结果通报转送的行政复议机构。

第七章　附　　则

第六十六条　本条例自 2007 年 8 月 1 日起施行。

最高人民法院关于适用《中华人民共和国行政诉讼法》的解释

（2017 年 11 月 13 日最高人民法院审判委员会第 1726 次会议通过　2018 年 2 月 6 日最高人民法院公告公布　自 2018 年 2 月 8 日起施行　法释〔2018〕1 号）

为正确适用《中华人民共和国行政诉讼法》（以下简称行政诉讼法），结合人民法院行政审判工作实际，制定本解释。

一、受案范围

第一条　公民、法人或者其他组织对行政机关及其工作人员的行政行为不服，依法提起诉讼的，属于人民法院行政诉讼的受案范围。

下列行为不属于人民法院行政诉讼的受案范围：

（一）公安、国家安全等机关依照刑事诉讼法的明确授权实施的行为；

（二）调解行为以及法律规定的仲裁行为；

（三）行政指导行为；

（四）驳回当事人对行政行为提起申诉的重复处理行为；

（五）行政机关作出的不产生外部法律效力的行为；

（六）行政机关为作出行政行为而实施的准备、论证、研究、层报、咨询等过程性行为；

（七）行政机关根据人民法院的生效裁判、协助执行通知书作出的执行行为，但行政机关扩大执行范围或者采取违法方式实施的除外；

（八）上级行政机关基于内部层级监督关系对下级行政机关作出的听取报告、执法检查、督促履责等行为；

（九）行政机关针对信访事项作出的登记、受理、交办、转送、复查、复核意见等行为；

（十）对公民、法人或者其他组织权利义务不产生实际影响的行为。

第二条 行政诉讼法第十三条第一项规定的"国家行为"，是指国务院、中央军事委员会、国防部、外交部等根据宪法和法律的授权，以国家的名义实施的有关国防和外交事务的行为，以及经宪法和法律授权的国家机关宣布紧急状态等行为。

行政诉讼法第十三条第二项规定的"具有普遍约束力的决定、命令"，是指行政机关针对不特定对象发布的能反复适用的规范性文件。

行政诉讼法第十三条第三项规定的"对行政机关工作人员的奖惩、任免等决定"，是指行政机关作出的涉及行政机关工作人员公务员权利义务的决定。

行政诉讼法第十三条第四项规定的"法律规定由行政机关最终裁决的行政行为"中的"法律"，是指全国人民代表大会及其常务委员会制定、通过的规范性文件。

二、管辖

第三条 各级人民法院行政审判庭审理行政案件和审查行政机关申请执行其行政行为的案件。

专门人民法院、人民法庭不审理行政案件，也不审查和执行行政机关申请执行其行政行为的案件。铁路运输法院等专门人民法院审理行政案件，应当执行行政诉讼法第十八条第二款的规定。

第四条 立案后，受诉人民法院的管辖权不受当事人住所地改变、追加被告等事实和法律状态变更的影响。

第五条 有下列情形之一的，属于行政诉讼法第十五条第三项规定的"本辖区内重大、复杂的案件"：

（一）社会影响重大的共同诉讼案件；

（二）涉外或者涉及香港特别行政区、澳门特别行政区、台湾地区的案件；

（三）其他重大、复杂案件。

第六条 当事人以案件重大复杂为由，认为有管辖权的基层人民法院不宜行使管辖权或者根据行政诉讼法第五十二条的规定，向中级人民法院起诉，中级人民法院应当根据不同情况在七日内分别作出以下处理：

（一）决定自行审理；

（二）指定本辖区其他基层人民法院管辖；

（三）书面告知当事人向有管辖权的基层人民法院起诉。

第七条 基层人民法院对其管辖的第一审行政案件，认为需要由中级人民法院审理或者指定管辖的，可以报请中级人民法院决定。中级人民法院应当根据不同情况在七日内分别作出以下处理：

（一）决定自行审理；

（二）指定本辖区其他基层人民法院管辖；

（三）决定由报请的人民法院审理。

第八条 行政诉讼法第十九条规定的"原告所在地"，包括原告的户籍所在地、经常居住地和被限制人身自由地。

对行政机关基于同一事实，既采取限制公民人身自由的行政强制措施，又采取其他行政强制措施或者行政处罚不服的，由被告所在地或者原告所在地的人民法院管辖。

第九条 行政诉讼法第二十条规定的"因不动产提起的行政诉讼"是指因行政行为导致不动产物权变动而提起的诉讼。

不动产已登记的，以不动产登记簿记载的所在地为不动产所在地；不动产未登记的，以不动产实际所在地为不动产所在地。

第十条 人民法院受理案件后，被告提出管辖异议的，应当在收到起诉状副本之日起十五日内提出。

对当事人提出的管辖异议，人民法院应当进行审查。异议成立的，裁定将案件移送有管辖权的人民法院；异议不成立的，裁定驳回。

人民法院对管辖异议审查后确定有管辖权的，不因当事人增加或者变更诉讼请求等改变管辖，但违反级别管辖、专属管辖规定的除外。

第十一条 有下列情形之一的，人民法院不予审查：

（一）人民法院发回重审或者按第一审程序再审的案件，当事人提出管辖异议的；

（二）当事人在第一审程序中未按照法律规定的期限和形式提出管辖异议，在第二审程序中提出的。

三、诉讼参加人

第十二条 有下列情形之一的，属于行政诉讼法第二十五条第一款规定的"与行政行为有利害关系"：

（一）被诉的行政行为涉及其相邻权或者公平竞争权的；

（二）在行政复议等行政程序中被追加为第三人的；

（三）要求行政机关依法追究加害人法律责任的；

（四）撤销或者变更行政行为涉及其合法权益的；

（五）为维护自身合法权益向行政机关投诉，具有处理投诉职责的行政机关作出或者未作出处理的；

（六）其他与行政行为有利害关系的情形。

第十三条 债权人以行政机关对债务人所作的行政行为损害债

权实现为由提起行政诉讼的,人民法院应当告知其就民事争议提起民事诉讼,但行政机关作出行政行为时依法应予保护或者应予考虑的除外。

第十四条 行政诉讼法第二十五条第二款规定的"近亲属",包括配偶、父母、子女、兄弟姐妹、祖父母、外祖父母、孙子女、外孙子女和其他具有扶养、赡养关系的亲属。

公民因被限制人身自由而不能提起诉讼的,其近亲属可以依其口头或者书面委托以该公民的名义提起诉讼。近亲属起诉时无法与被限制人身自由的公民取得联系,近亲属可以先行起诉,并在诉讼中补充提交委托证明。

第十五条 合伙企业向人民法院提起诉讼的,应当以核准登记的字号为原告。未依法登记领取营业执照的个人合伙的全体合伙人为共同原告;全体合伙人可以推选代表人,被推选的代表人,应当由全体合伙人出具推选书。

个体工商户向人民法院提起诉讼的,以营业执照上登记的经营者为原告。有字号的,以营业执照上登记的字号为原告,并应当注明该字号经营者的基本信息。

第十六条 股份制企业的股东大会、股东会、董事会等认为行政机关作出的行政行为侵犯企业经营自主权的,可以企业名义提起诉讼。

联营企业、中外合资或者合作企业的联营、合资、合作各方,认为联营、合资、合作企业权益或者自己一方合法权益受行政行为侵害的,可以自己的名义提起诉讼。

非国有企业被行政机关注销、撤销、合并、强令兼并、出售、分立或者改变企业隶属关系的,该企业或者其法定代表人可以提起诉讼。

第十七条 事业单位、社会团体、基金会、社会服务机构等非营利法人的出资人、设立人认为行政行为损害法人合法权益的,可以自己的名义提起诉讼。

第十八条　业主委员会对于行政机关作出的涉及业主共有利益的行政行为，可以自己的名义提起诉讼。

业主委员会不起诉的，专有部分占建筑物总面积过半数或者占总户数过半数的业主可以提起诉讼。

第十九条　当事人不服经上级行政机关批准的行政行为，向人民法院提起诉讼的，以在对外发生法律效力的文书上署名的机关为被告。

第二十条　行政机关组建并赋予行政管理职能但不具有独立承担法律责任能力的机构，以自己的名义作出行政行为，当事人不服提起诉讼的，应当以组建该机构的行政机关为被告。

法律、法规或者规章授权行使行政职权的行政机关内设机构、派出机构或者其他组织，超出法定授权范围实施行政行为，当事人不服提起诉讼的，应当以实施该行为的机构或者组织为被告。

没有法律、法规或者规章规定，行政机关授权其内设机构、派出机构或者其他组织行使行政职权的，属于行政诉讼法第二十六条规定的委托。当事人不服提起诉讼的，应当以该行政机关为被告。

第二十一条　当事人对由国务院、省级人民政府批准设立的开发区管理机构作出的行政行为不服提起诉讼的，以该开发区管理机构为被告；对由国务院、省级人民政府批准设立的开发区管理机构所属职能部门作出的行政行为不服提起诉讼的，以其职能部门为被告；对其他开发区管理机构所属职能部门作出的行政行为不服提起诉讼的，以开发区管理机构为被告；开发区管理机构没有行政主体资格的，以设立该机构的地方人民政府为被告。

第二十二条　行政诉讼法第二十六条第二款规定的"复议机关改变原行政行为"，是指复议机关改变原行政行为的处理结果。复议机关改变原行政行为所认定的主要事实和证据、改变原行政行为所适用的规范依据，但未改变原行政行为处理结果的，视为复议机关维持原行政行为。

复议机关确认原行政行为无效，属于改变原行政行为。

复议机关确认原行政行为违法,属于改变原行政行为,但复议机关以违反法定程序为由确认原行政行为违法的除外。

第二十三条　行政机关被撤销或者职权变更,没有继续行使其职权的行政机关的,以其所属的人民政府为被告;实行垂直领导的,以垂直领导的上一级行政机关为被告。

第二十四条　当事人对村民委员会或者居民委员会依据法律、法规、规章的授权履行行政管理职责的行为不服提起诉讼的,以村民委员会或者居民委员会为被告。

当事人对村民委员会、居民委员会受行政机关委托作出的行为不服提起诉讼的,以委托的行政机关为被告。

当事人对高等学校等事业单位以及律师协会、注册会计师协会等行业协会依据法律、法规、规章的授权实施的行政行为不服提起诉讼的,以该事业单位、行业协会为被告。

当事人对高等学校等事业单位以及律师协会、注册会计师协会等行业协会受行政机关委托作出的行为不服提起诉讼的,以委托的行政机关为被告。

第二十五条　市、县级人民政府确定的房屋征收部门组织实施房屋征收与补偿工作过程中作出行政行为,被征收人不服提起诉讼的,以房屋征收部门为被告。

征收实施单位受房屋征收部门委托,在委托范围内从事的行为,被征收人不服提起诉讼的,应当以房屋征收部门为被告。

第二十六条　原告所起诉的被告不适格,人民法院应当告知原告变更被告;原告不同意变更的,裁定驳回起诉。

应当追加被告而原告不同意追加的,人民法院应当通知其以第三人的身份参加诉讼,但行政复议机关作共同被告的除外。

第二十七条　必须共同进行诉讼的当事人没有参加诉讼的,人民法院应当依法通知其参加;当事人也可以向人民法院申请参加。

人民法院应当对当事人提出的申请进行审查,申请理由不成立的,裁定驳回;申请理由成立的,书面通知其参加诉讼。

前款所称的必须共同进行诉讼,是指按照行政诉讼法第二十七条的规定,当事人一方或者双方为两人以上,因同一行政行为发生行政争议,人民法院必须合并审理的诉讼。

第二十八条 人民法院追加共同诉讼的当事人时,应当通知其他当事人。应当追加的原告,已明确表示放弃实体权利的,可不予追加;既不愿意参加诉讼,又不放弃实体权利的,应追加为第三人,其不参加诉讼,不能阻碍人民法院对案件的审理和裁判。

第二十九条 行政诉讼法第二十八条规定的"人数众多",一般指十人以上。

根据行政诉讼法第二十八条的规定,当事人一方人数众多的,由当事人推选代表人。当事人推选不出的,可以由人民法院在起诉的当事人中指定代表人。

行政诉讼法第二十八条规定的代表人为二至五人。代表人可以委托一至二人作为诉讼代理人。

第三十条 行政机关的同一行政行为涉及两个以上利害关系人,其中一部分利害关系人对行政行为不服提起诉讼,人民法院应当通知没有起诉的其他利害关系人作为第三人参加诉讼。

与行政案件处理结果有利害关系的第三人,可以申请参加诉讼,或者由人民法院通知其参加诉讼。人民法院判决其承担义务或者减损其权益的第三人,有权提出上诉或者申请再审。

行政诉讼法第二十九条规定的第三人,因不能归责于本人的事由未参加诉讼,但有证据证明发生法律效力的判决、裁定、调解书损害其合法权益的,可以依照行政诉讼法第九十条的规定,自知道或者应当知道其合法权益受到损害之日起六个月内,向上一级人民法院申请再审。

第三十一条 当事人委托诉讼代理人,应当向人民法院提交由委托人签名或者盖章的授权委托书。委托书应当载明委托事项和具体权限。公民在特殊情况下无法书面委托的,也可以由他人代书,并由自己捺印等方式确认,人民法院应当核实并记录在卷;被诉行政机关或者其他有义务协助的机关拒绝人民法院向被限制人身自由的公民核实的,视为委托成立。当事人解除或者变更委托的,应当书面报告人民法院。

第三十二条　依照行政诉讼法第三十一条第二款第二项规定,与当事人有合法劳动人事关系的职工,可以当事人工作人员的名义作为诉讼代理人。以当事人的工作人员身份参加诉讼活动,应当提交以下证据之一加以证明:

(一)缴纳社会保险记录凭证;

(二)领取工资凭证;

(三)其他能够证明其为当事人工作人员身份的证据。

第三十三条　根据行政诉讼法第三十一条第二款第三项规定,有关社会团体推荐公民担任诉讼代理人的,应当符合下列条件:

(一)社会团体属于依法登记设立或者依法免予登记设立的非营利性法人组织;

(二)被代理人属于该社会团体的成员,或者当事人一方住所地位于该社会团体的活动地域;

(三)代理事务属于该社会团体章程载明的业务范围;

(四)被推荐的公民是该社会团体的负责人或者与该社会团体有合法劳动人事关系的工作人员。

专利代理人经中华全国专利代理人协会推荐,可以在专利行政案件中担任诉讼代理人。

四、证据

第三十四条　根据行政诉讼法第三十六条第一款的规定,被告申请延期提供证据的,应当在收到起诉状副本之日起十五日内以书面方式向人民法院提出。人民法院准许延期提供的,被告应当在正当事由消除后十五日内提供证据。逾期提供的,视为被诉行政行为没有相应的证据。

第三十五条　原告或者第三人应当在开庭审理前或者人民法院

指定的交换证据清单之日提供证据。因正当事由申请延期提供证据的，经人民法院准许，可以在法庭调查中提供。逾期提供证据的，人民法院应当责令其说明理由；拒不说明理由或者理由不成立的，视为放弃举证权利。

原告或者第三人在第一审程序中无正当事由未提供而在第二审程序中提供的证据，人民法院不予接纳。

第三十六条 当事人申请延长举证期限，应当在举证期限届满前向人民法院提出书面申请。

申请理由成立的，人民法院应当准许，适当延长举证期限，并通知其他当事人。申请理由不成立的，人民法院不予准许，并通知申请人。

第三十七条 根据行政诉讼法第三十九条的规定，对当事人无争议，但涉及国家利益、公共利益或者他人合法权益的事实，人民法院可以责令当事人提供或者补充有关证据。

第三十八条 对于案情比较复杂或者证据数量较多的案件，人民法院可以组织当事人在开庭前向对方出示或者交换证据，并将交换证据清单的情况记录在卷。

当事人在庭前证据交换过程中没有争议并记录在卷的证据，经审判人员在庭审中说明后，可以作为认定案件事实的依据。

第三十九条 当事人申请调查收集证据，但该证据与待证事实无关联、对证明待证事实无意义或者其他无调查收集必要的，人民法院不予准许。

第四十条 人民法院在证人出庭作证前应当告知其如实作证的义务以及作伪证的法律后果。

证人因履行出庭作证义务而支出的交通、住宿、就餐等必要费用以及误工损失，由败诉一方当事人承担。

第四十一条 有下列情形之一，原告或者第三人要求相关行政执法人员出庭说明的，人民法院可以准许：

（一）对现场笔录的合法性或者真实性有异议的；

（二）对扣押财产的品种或者数量有异议的；

（三）对检验的物品取样或者保管有异议的；

（四）对行政执法人员身份的合法性有异议的；

（五）需要出庭说明的其他情形。

第四十二条 能够反映案件真实情况、与待证事实相关联、来源和形式符合法律规定的证据，应当作为认定案件事实的根据。

第四十三条 有下列情形之一的，属于行政诉讼法第四十三条第三款规定的"以非法手段取得的证据"：

（一）严重违反法定程序收集的证据材料；

（二）以违反法律强制性规定的手段获取且侵害他人合法权益的证据材料；

（三）以利诱、欺诈、胁迫、暴力等手段获取的证据材料。

第四十四条 人民法院认为有必要的，可以要求当事人本人或者行政机关执法人员到庭，就案件有关事实接受询问。在询问之前，可以要求其签署保证书。

保证书应当载明据实陈述、如有虚假陈述愿意接受处罚等内容。当事人或者行政机关执法人员应当在保证书上签名或者捺印。

负有举证责任的当事人拒绝到庭、拒绝接受询问或者拒绝签署保证书，待证事实又欠缺其他证据加以佐证的，人民法院对其主张的事实不予认定。

第四十五条 被告有证据证明其在行政程序中依照法定程序要求原告或者第三人提供证据，原告或者第三人依法应当提供而没有提供，在诉讼程序中提供的证据，人民法院一般不予采纳。

第四十六条 原告或者第三人确有证据证明被告持有的证据对原告或者第三人有利的，可以在开庭审理前书面申请人民法院责令行政机关提交。

申请理由成立的，人民法院应当责令行政机关提交，因提交证据所产生的费用，由申请人预付。行政机关无正当理由拒不提交的，人民法院可以推定原告或者第三人基于该证据主张的事实成立。

持有证据的当事人以妨碍对方当事人使用为目的，毁灭有关证据或者实施其他致使证据不能使用行为的，人民法院可以推定对方当事人基于该证据主张的事实成立，并可依照行政诉讼法第五十九条规定处理。

第四十七条 根据行政诉讼法第三十八条第二款的规定，在行政赔偿、补偿案件中，因被告的原因导致原告无法就损害情况举证的，应当由被告就该损害情况承担举证责任。

对于各方主张损失的价值无法认定的，应当由负有举证责任的一方当事人申请鉴定，但法律、法规、规章规定行政机关在作出行政行为时依法应当评估或者鉴定的除外；负有举证责任的当事人拒绝申请鉴定的，由其承担不利的法律后果。

当事人的损失因客观原因无法鉴定的，人民法院应当结合当事人的主张和在案证据，遵循法官职业道德，运用逻辑推理和生活经验、生活常识等，酌情确定赔偿数额。

五、期间、送达

第四十八条 期间包括法定期间和人民法院指定的期间。

期间以时、日、月、年计算。期间开始的时和日，不计算在期间内。

期间届满的最后一日是节假日的，以节假日后的第一日为期间届满的日期。

期间不包括在途时间，诉讼文书在期满前交邮的，视为在期限内发送。

第四十九条 行政诉讼法第五十一条第二款规定的立案期限，因起诉状内容欠缺或者有其他错误通知原告限期补正的，从补正后递交人民法院的次日起算。由上级人民法院转交下级人民法院立案的案件，从受诉人民法院收到起诉状的次日起算。

第五十条 行政诉讼法第八十一条、第八十三条、第八十八条规定的审理期限，是指从立案之日起至裁判宣告、调解书送达之日止的期间，但公告期间、鉴定期间、调解期间、中止诉讼期间、审理当事人提出的管辖异议以及处理人民法院之间的管辖争议期间不应计算在内。

再审案件按照第一审程序或者第二审程序审理的，适用行政诉讼法第八十一条、第八十八条规定的审理期限。审理期限自再审立案的次日起算。

基层人民法院申请延长审理期限，应当直接报请高级人民法院批准，同时报中级人民法院备案。

第五十一条 人民法院可以要求当事人签署送达地址确认书，当事人确认的送达地址为人民法院法律文书的送达地址。

当事人同意电子送达的，应当提供并确认传真号、电子信箱等电子送达地址。

当事人送达地址发生变更的，应当及时书面告知受理案件的人民法院；未及时告知的，人民法院按原地址送达，视为依法送达。

人民法院可以通过国家邮政机构以法院专递方式进行送达。

第五十二条 人民法院可以在当事人住所地以外向当事人直接送达诉讼文书。当事人拒绝签署送达回证的，采用拍照、录像等方式记录送达过程即视为送达。审判人员、书记员应当在送达回证上注明送达情况并签名。

六、起诉与受理

第五十三条 人民法院对符合起诉条件的案件应当立案，依法保障当事人行使诉讼权利。

对当事人依法提起的诉讼，人民法院应当根据行政诉讼法第五十一条的规定接收起诉状。能够判断符合起诉条件的，应当当场登记立案；当场不能判断是否符合起诉条件的，应当在接收起诉状后七日内决定是否立案；七日内仍不能作出判断的，应当先予立案。

第五十四条 依照行政诉讼法第四十九条的规定，公民、法人或者其他组织提起诉讼时应当提交以下起诉材料：

(一) 原告的身份证明材料以及有效联系方式；
(二) 被诉行政行为或者不作为存在的材料；
(三) 原告与被诉行政行为具有利害关系的材料；
(四) 人民法院认为需要提交的其他材料。

由法定代理人或者委托代理人代为起诉的，还应当在起诉状中写明或者在口头起诉时向人民法院说明法定代理人或者委托代理人的基本情况，并提交法定代理人或者委托代理人的身份证明和代理权限证明等材料。

第五十五条 依照行政诉讼法第五十一条的规定，人民法院应当就起诉状内容和材料是否完备以及是否符合行政诉讼法规定的起诉条件进行审查。

起诉状内容或者材料欠缺的，人民法院应当给予指导和释明，并一次性全面告知当事人需要补正的内容、补充的材料及期限。在指定期限内补正并符合起诉条件的，应当登记立案。当事人拒绝补正或者经补正仍不符合起诉条件的，退回诉状并记录在册；坚持起诉的，裁定不予立案，并载明不予立案的理由。

第五十六条 法律、法规规定应当先申请复议，公民、法人或者其他组织未申请复议直接提起诉讼的，人民法院裁定不予立案。

依照行政诉讼法第四十五条的规定，复议机关不受理复议申请或者在法定期限内不作出复议决定，公民、法人或者其他组织不服，依法向人民法院提起诉讼的，人民法院应当依法立案。

第五十七条 法律、法规未规定行政复议为提起行政诉讼必经程序，公民、法人或者其他组织既提起诉讼又申请行政复议的，由先立案的机关管辖；同时立案的，由公民、法人或者其他组织选择。公民、法人或者其他组织已经申请行政复议，在法定复议期间内又向人民法院提起诉讼的，人民法院裁定不予立案。

第五十八条 法律、法规未规定行政复议为提起行政诉讼必经程序，公民、法人或者其他组织向复议机关申请行政复议后，又经复议机关同意撤回复议申请，在法定起诉期限内对原行政行为提起诉讼的，人民法院应当依法立案。

第五十九条 公民、法人或者其他组织向复议机关申请行政复议后，复议机关作出维持决定的，应当以复议机关和原行为机关为共同被告，并以复议决定送达时间确定起诉期限。

第六十条 人民法院裁定准许原告撤诉后，原告以同一事实和理由重新起诉的，人民法院不予立案。

准予撤诉的裁定确有错误，原告申请再审的，人民法院应当通过审判监督程序撤销原准予撤诉的裁定，重新对案件进行审理。

第六十一条 原告或者上诉人未按规定的期限预交案件受理费，又不提出缓交、减交、免交申请，或者提出申请未获批准的，按自动撤诉处理。在按撤诉处理后，原告或者上诉人在法定期限内再次起诉或者上诉，并依法解决诉讼费预交问题的，人民法院应予立案。

第六十二条 人民法院判决撤销行政机关的行政行为后，公民、法人或者其他组织对行政机关重新作出的行政行为不服向人民法院起诉的，人民法院应当依法立案。

第六十三条 行政机关作出行政行为时，没有制作或者没有送达法律文书，公民、法人或者其他组织只要能证明行政行为存在，并在法定期限内起诉的，人民法院应当依法立案。

第六十四条 行政机关作出行政行为时，未告知公民、法人或者其他组织起诉期限的，起诉期限从公民、法人或者其他组织知道或者应当知道起诉期限之日起计算，但从知道或者应当知道行政行为内容之日起最长不得超过一年。

复议决定未告知公民、法人或者其他组织起诉期限的，适用前款规定。

第六十五条 公民、法人或者其他组织不知道行政机关作出的行政行为内容的，其起诉期限从知道或者应当知道该行政行为内容之日起计算，但最长不得超过行政诉讼法第四十六条第二款规定的起诉期限。

第六十六条 公民、法人或者其他组织依照行政诉讼法第四十七条第一款的规定，对行政机关不履行法定职责提起诉讼的，应当在行政机关履行法定职责期限届满之日起六个月内提出。

第六十七条　原告提供被告的名称等信息足以使被告与其他行政机关相区别的，可以认定为行政诉讼法第四十九条第二项规定的"有明确的被告"。

起诉状列写被告信息不足以认定明确的被告的，人民法院可以告知原告补正；原告补正后仍不能确定明确的被告的，人民法院裁定不予立案。

第六十八条　行政诉讼法第四十九条第三项规定的"有具体的诉讼请求"是指：

（一）请求判决撤销或者变更行政行为；

（二）请求判决行政机关履行特定法定职责或者给付义务；

（三）请求判决确认行政行为违法；

（四）请求判决确认行政行为无效；

（五）请求判决行政机关予以赔偿或者补偿；

（六）请求解决行政协议争议；

（七）请求一并审查规章以下规范性文件；

（八）请求一并解决相关民事争议；

（九）其他诉讼请求。

当事人单独或者一并提起行政赔偿、补偿诉讼的，应当有具体的赔偿、补偿事项以及数额；请求一并审查规章以下规范性文件的，应当提供明确的文件名称或者审查对象；请求一并解决相关民事争议的，应当有具体的民事诉讼请求。

当事人未能正确表达诉讼请求的，人民法院应当要求其明确诉讼请求。

第六十九条　有下列情形之一，已经立案的，应当裁定驳回起诉：

（一）不符合行政诉讼法第四十九条规定的；

（二）超过法定起诉期限且无行政诉讼法第四十八条规定情

形的；

（三）错列被告且拒绝变更的；

（四）未按照法律规定由法定代理人、指定代理人、代表人为诉讼行为的；

（五）未按照法律、法规规定先向行政机关申请复议的；

（六）重复起诉的；

（七）撤回起诉后无正当理由再行起诉的；

（八）行政行为对其合法权益明显不产生实际影响的；

（九）诉讼标的已为生效裁判或者调解书所羁束的；

（十）其他不符合法定起诉条件的情形。

前款所列情形可以补正或者更正的，人民法院应当指定期间责令补正或者更正；在指定期间已经补正或者更正的，应当依法审理。

人民法院经过阅卷、调查或者询问当事人，认为不需要开庭审理的，可以迳行裁定驳回起诉。

第七十条　起诉状副本送达被告后，原告提出新的诉讼请求的，人民法院不予准许，但有正当理由的除外。

七、审理与判决

第七十一条　人民法院适用普通程序审理案件，应当在开庭三日前用传票传唤当事人。对证人、鉴定人、勘验人、翻译人员，应当用通知书通知其到庭。当事人或者其他诉讼参与人在外地的，应当留有必要的在途时间。

第七十二条　有下列情形之一的，可以延期开庭审理：

（一）应当到庭的当事人和其他诉讼参与人有正当理由没有到庭的；

（二）当事人临时提出回避申请且无法及时作出决定的；

（三）需要通知新的证人到庭，调取新的证据，重新鉴定、勘验，或者需要补充调查的；

（四）其他应当延期的情形。

第七十三条　根据行政诉讼法第二十七条的规定，有下列情形之一的，人民法院可以决定合并审理：

（一）两个以上行政机关分别对同一事实作出行政行为，公民、法人或者其他组织不服向同一人民法院起诉的；

（二）行政机关就同一事实对若干公民、法人或者其他组织分别作出行政行为，公民、法人或者其他组织不服分别向同一人民法院起诉的；

（三）在诉讼过程中，被告对原告作出新的行政行为，原告不服向同一人民法院起诉的；

（四）人民法院认为可以合并审理的其他情形。

第七十四条　当事人申请回避，应当说明理由，在案件开始审理时提出；回避事由在案件开始审理后知道的，应当在法庭辩论终结前提出。

被申请回避的人员，在人民法院作出是否回避的决定前，应当暂停参与本案的工作，但案件需要采取紧急措施的除外。

对当事人提出的回避申请，人民法院应当在三日内以口头或者书面形式作出决定。对当事人提出的明显不属于法定回避事由的申请，法庭可以依法当庭驳回。

申请人对驳回回避申请决定不服的，可以向作出决定的人民法院申请复议一次。复议期间，被申请回避的人员不停止参与本案的工作。对申请人的复议申请，人民法院应当在三日内作出复议决定，并通知复议申请人。

第七十五条　在一个审判程序中参与过本案审判工作的审判人员，不得再参与该案其他程序的审判。

发回重审的案件，在一审法院作出裁判后又进入第二审程序的，原第二审程序中合议庭组成人员不受前款规定的限制。

第七十六条　人民法院对于因一方当事人的行为或者其他原因，可能使行政行为或者人民法院生效裁判不能或者难以执行的案件，根据对方当事人的申请，可以裁定对其财产进行保全、责令其作出一定行为或者禁止其作出一定行为；当事人没有提出申请的，人民法院在必要时也可以裁定采取上述保全措施。

人民法院采取保全措施，可以责令申请人提供担保；申请人不提供担保的，裁定驳回申请。

人民法院接受申请后，对情况紧急的，必须在四十八小时内作出裁定；裁定采取保全措施的，应当立即开始执行。

当事人对保全的裁定不服的，可以申请复议；复议期间不停止裁定的执行。

第七十七条 利害关系人因情况紧急，不立即申请保全将会使其合法权益受到难以弥补的损害的，可以在提起诉讼前向被保全财产所在地、被申请人住所地或者对案件有管辖权的人民法院申请采取保全措施。申请人应当提供担保，不提供担保的，裁定驳回申请。

人民法院接受申请后，必须在四十八小时内作出裁定；裁定采取保全措施的，应当立即开始执行。

申请人在人民法院采取保全措施后三十日内不依法提起诉讼的，人民法院应当解除保全。

当事人对保全的裁定不服的，可以申请复议；复议期间不停止裁定的执行。

第七十八条 保全限于请求的范围，或者与本案有关的财物。

财产保全采取查封、扣押、冻结或者法律规定的其他方法。人民法院保全财产后，应当立即通知被保全人。

财产已被查封、冻结的，不得重复查封、冻结。

涉及财产的案件，被申请人提供担保的，人民法院应当裁定解除保全。

申请有错误的，申请人应当赔偿被申请人因保全所遭受的损失。

第七十九条 原告或者上诉人申请撤诉，人民法院裁定不予准许的，原告或者上诉人经传票传唤无正当理由拒不到庭，或者未经法庭许可中途退庭的，人民法院可以缺席判决。

第三人经传票传唤无正当理由拒不到庭，或者未经法庭许可中途退庭的，不发生阻止案件审理的效果。

根据行政诉讼法第五十八条的规定，被告经传票传唤无正当理由拒不到庭，或者未经法庭许可中途退庭的，人民法院可以按期开庭或者继续开庭审理，对到庭的当事人诉讼请求、双方的诉辩理由以及已经提交的证据及其他诉讼材料进行审理后，依法缺席判决。

第八十条 原告或者上诉人在庭审中明确拒绝陈述或者以其他方式拒绝陈述，导致庭审无法进行，经法庭释明法律后果后仍不陈述意见的，视为放弃陈述权利，由其承担不利的法律后果。

当事人申请撤诉或者依法可以按撤诉处理的案件，当事人有违反法律的行为需要依法处理的，人民法院可以不准许撤诉或者不按撤诉处理。

法庭辩论终结后原告申请撤诉，人民法院可以准许，但涉及到国家利益和社会公共利益的除外。

第八十一条 被告在一审期间改变被诉行政行为的，应当书面告知人民法院。

原告或者第三人对改变后的行政行为不服提起诉讼的，人民法院应当就改变后的行政行为进行审理。

被告改变原违法行政行为，原告仍要求确认原行政行为违法的，人民法院应当依法作出确认判决。

原告起诉被告不作为，在诉讼中被告作出行政行为，原告不撤诉的，人民法院应当就不作为依法作出确认判决。

第八十二条 当事人之间恶意串通，企图通过诉讼等方式侵害国家利益、社会公共利益或者他人合法权益的，人民法院应当裁定驳回起诉或者判决驳回其请求，并根据情节轻重予以罚款、拘留；构成犯罪的，依法追究刑事责任。

第八十三条 行政诉讼法第五十九条规定的罚款、拘留可以单独适用，也可以合并适用。

对同一妨害行政诉讼行为的罚款、拘留不得连续适用。发生新的妨害行政诉讼行为的，人民法院可以重新予以罚款、拘留。

第八十四条 人民法院审理行政诉讼法第六十条第一款规定的行政案件，认为法律关系明确、事实清楚，在征得当事人双方同意后，可以迳行调解。

第八十五条 调解达成协议，人民法院应当制作调解书。调解书应当写明诉讼请求、案件的事实和调解结果。

调解书由审判人员、书记员署名，加盖人民法院印章，送达双方当事人。

调解书经双方当事人签收后，即具有法律效力。调解书生效日期根据最后收到调解书的当事人签收的日期确定。

第八十六条 人民法院审理行政案件，调解过程不公开，但当事人同意公开的除外。

经人民法院准许，第三人可以参加调解。人民法院认为有必要的，可以通知第三人参加调解。

调解协议内容不公开，但为保护国家利益、社会公共利益、他人合法权益，人民法院认为确有必要公开的除外。

当事人一方或者双方不愿调解、调解未达成协议的，人民法院应当及时判决。

当事人自行和解或者调解达成协议后，请求人民法院按照和解协议或者调解协议的内容制作判决书的，人民法院不予准许。

第八十七条 在诉讼过程中，有下列情形之一的，中止诉讼：

（一）原告死亡，须等待其近亲属表明是否参加诉讼的；

（二）原告丧失诉讼行为能力，尚未确定法定代理人的；

（三）作为一方当事人的行政机关、法人或者其他组织终止，尚未确定权利义务承受人的；

（四）一方当事人因不可抗力的事由不能参加诉讼的；

（五）案件涉及法律适用问题，需要送请有权机关作出解释或者确认的；

（六）案件的审判须以相关民事、刑事或者其他行政案件的审理结果为依据，而相关案件尚未审结的；

（七）其他应当中止诉讼的情形。

中止诉讼的原因消除后，恢复诉讼。

第八十八条　在诉讼过程中，有下列情形之一的，终结诉讼：

（一）原告死亡，没有近亲属或者近亲属放弃诉讼权利的；

（二）作为原告的法人或者其他组织终止后，其权利义务的承受人放弃诉讼权利的。

因本解释第八十七条第一款第一、二、三项原因中止诉讼满九十日仍无人继续诉讼的，裁定终结诉讼，但有特殊情况的除外。

第八十九条　复议决定改变原行政行为错误，人民法院判决撤销复议决定时，可以一并责令复议机关重新作出复议决定或者判决恢复原行政行为的法律效力。

第九十条　人民法院判决被告重新作出行政行为，被告重新作出的行政行为与原行政行为的结果相同，但主要事实或者主要理由有改变的，不属于行政诉讼法第七十一条规定的情形。

人民法院以违反法定程序为由，判决撤销被诉行政行为的，行政机关重新作出行政行为不受行政诉讼法第七十一条规定的限制。

行政机关以同一事实和理由重新作出与原行政行为基本相同的行政行为，人民法院应当根据行政诉讼法第七十条、第七十一条的规定判决撤销或者部分撤销，并根据行政诉讼法第九十六条的规定处理。

第九十一条　原告请求被告履行法定职责的理由成立，被告违法拒绝履行或者无正当理由逾期不予答复的，人民法院可以根据行政诉讼法第七十二条的规定，判决被告在一定期限内依法履行原告请求的法定职责；尚需被告调查或者裁量的，应当判决被告针对原告的请求重新作出处理。

第九十二条　原告申请被告依法履行支付抚恤金、最低生活保障待遇或者社会保险待遇等给付义务的理由成立，被告依法负有给付义务而拒绝或者拖延履行义务的，人民法院可以根据行政诉讼法第七十三条的规定，判决被告在一定期限内履行相应的给付义务。

第九十三条 原告请求被告履行法定职责或者依法履行支付抚恤金、最低生活保障待遇或者社会保险待遇等给付义务,原告未先向行政机关提出申请的,人民法院裁定驳回起诉。

人民法院经审理认为原告所请求履行的法定职责或者给付义务明显不属于行政机关权限范围的,可以裁定驳回起诉。

第九十四条 公民、法人或者其他组织起诉请求撤销行政行为,人民法院经审查认为行政行为无效的,应当作出确认无效的判决。

公民、法人或者其他组织起诉请求确认行政行为无效,人民法院审查认为行政行为不属于无效情形,经释明,原告请求撤销行政行为的,应当继续审理并依法作出相应判决;原告请求撤销行政行为但超过法定起诉期限的,裁定驳回起诉;原告拒绝变更诉讼请求的,判决驳回其诉讼请求。

第九十五条 人民法院经审理认为被诉行政行为违法或者无效,可能给原告造成损失,经释明,原告请求一并解决行政赔偿争议的,人民法院可以就赔偿事项进行调解;调解不成的,应当一并判决。人民法院也可以告知其就赔偿事项另行提起诉讼。

第九十六条 有下列情形之一,且对原告依法享有的听证、陈述、申辩等重要程序性权利不产生实质损害的,属于行政诉讼法第七十四条第一款第二项规定的"程序轻微违法":

(一)处理期限轻微违法;

(二)通知、送达等程序轻微违法;

(三)其他程序轻微违法的情形。

第九十七条 原告或者第三人的损失系由其自身过错和行政机关的违法行政行为共同造成的,人民法院应当依据各方行为与损害结果之间有无因果关系以及在损害发生和结果中作用力的大小,确定行政机关相应的赔偿责任。

第九十八条 因行政机关不履行、拖延履行法定职责,致使公民、法人或者其他组织的合法权益遭受损害的,人民法院应当判决行政机关承担行政赔偿责任。在确定赔偿数额时,应当考虑该不履行、拖延履行法定职责的行为在损害发生过程和结果中所起的作用等因素。

第九十九条 有下列情形之一的，属于行政诉讼法第七十五条规定的"重大且明显违法"：

（一）行政行为实施主体不具有行政主体资格；

（二）减损权利或者增加义务的行政行为没有法律规范依据；

（三）行政行为的内容客观上不可能实施；

（四）其他重大且明显违法的情形。

第一百条 人民法院审理行政案件，适用最高人民法院司法解释的，应当在裁判文书中援引。

人民法院审理行政案件，可以在裁判文书中引用合法有效的规章及其他规范性文件。

第一百零一条 裁定适用于下列范围：

（一）不予立案；

（二）驳回起诉；

（三）管辖异议；

（四）终结诉讼；

（五）中止诉讼；

（六）移送或者指定管辖；

（七）诉讼期间停止行政行为的执行或者驳回停止执行的申请；

（八）财产保全；

（九）先予执行；

（十）准许或者不准许撤诉；

（十一）补正裁判文书中的笔误；

（十二）中止或者终结执行；

（十三）提审、指令再审或者发回重审；

（十四）准许或者不准许执行行政机关的行政行为；

（十五）其他需要裁定的事项。

对第一、二、三项裁定，当事人可以上诉。

裁定书应当写明裁定结果和作出该裁定的理由。裁定书由审判人员、书记员署名，加盖人民法院印章。口头裁定的，记入笔录。

第一百零二条 行政诉讼法第八十二条规定的行政案件中的"事实清楚"，是指当事人对争议的事实陈述基本一致，并能提供相应的证据，无须人民法院调查收集证据即可查明事实；"权利义务关系明确"，是指行政法律关系中权利和义务能够明确区分；"争议不大"，是指当事人对行政行为的合法性、责任承担等没有实质分歧。

第一百零三条 适用简易程序审理的行政案件，人民法院可以用口头通知、电话、短信、传真、电子邮件等简便方式传唤当事人、通知证人、送达裁判文书以外的诉讼文书。

以简便方式送达的开庭通知，未经当事人确认或者没有其他证据证明当事人已经收到的，人民法院不得缺席判决。

第一百零四条 适用简易程序案件的举证期限由人民法院确定，也可以由当事人协商一致并经人民法院准许，但不得超过十五日。被告要求书面答辩的，人民法院可以确定合理的答辩期间。

人民法院应当将举证期限和开庭日期告知双方当事人，并向当事人说明逾期举证以及拒不到庭的法律后果，由双方当事人在笔录和开庭传票的送达回证上签名或者捺印。

当事人双方均表示同意立即开庭或者缩短举证期限、答辩期间的，人民法院可以立即开庭审理或者确定近期开庭。

第一百零五条 人民法院发现案情复杂，需要转为普通程序审理的，应当在审理期限届满前作出裁定并将合议庭组成人员及相关事项书面通知双方当事人。

案件转为普通程序审理的，审理期限自人民法院立案之日起计算。

第一百零六条 当事人就已经提起诉讼的事项在诉讼过程中或者裁判生效后再次起诉，同时具有下列情形的，构成重复起诉：

（一）后诉与前诉的当事人相同；

（二）后诉与前诉的诉讼标的相同；

（三）后诉与前诉的诉讼请求相同，或者后诉的诉讼请求被前诉裁判所包含。

第一百零七条 第一审人民法院作出判决和裁定后，当事人均提起上诉的，上诉各方均为上诉人。

诉讼当事人中的一部分人提出上诉，没有提出上诉的对方当事人为被上诉人，其他当事人依原审诉讼地位列明。

第一百零八条 当事人提出上诉，应当按照其他当事人或者诉讼代表人的人数提出上诉状副本。

原审人民法院收到上诉状，应当在五日内将上诉状副本发送其他当事人，对方当事人应当在收到上诉状副本之日起十五日内提出答辩状。

原审人民法院应当在收到答辩状之日起五日内将副本发送上诉人。对方当事人不提出答辩状的，不影响人民法院审理。

原审人民法院收到上诉状、答辩状，应当在五日内连同全部案卷和证据，报送第二审人民法院；已经预收的诉讼费用，一并报送。

第一百零九条 第二审人民法院经审理认为原审人民法院不予立案或者驳回起诉的裁定确有错误且当事人的起诉符合起诉条件的，应当裁定撤销原审人民法院的裁定，指令原审人民法院依法立案或者继续审理。

第二审人民法院裁定发回原审人民法院重新审理的行政案件，原审人民法院应当另行组成合议庭进行审理。

原审判决遗漏了必须参加诉讼的当事人或者诉讼请求的，第二审人民法院应当裁定撤销原审判决，发回重审。

原审判决遗漏行政赔偿请求，第二审人民法院经审查认为依法不应当予以赔偿的，应当判决驳回行政赔偿请求。

原审判决遗漏行政赔偿请求，第二审人民法院经审理认为依法应当予以赔偿的，在确认被诉行政行为违法的同时，可以就行政赔偿问题进行调解；调解不成的，应当就行政赔偿部分发回重审。

当事人在第二审期间提出行政赔偿请求的，第二审人民法院可以进行调解；调解不成的，应当告知当事人另行起诉。

第一百一十条　当事人向上一级人民法院申请再审，应当在判决、裁定或者调解书发生法律效力后六个月内提出。有下列情形之一的，自知道或者应当知道之日起六个月内提出：

（一）有新的证据，足以推翻原判决、裁定的；

（二）原判决、裁定认定事实的主要证据是伪造的；

（三）据以作出原判决、裁定的法律文书被撤销或者变更的；

（四）审判人员审理该案件时有贪污受贿、徇私舞弊、枉法裁判行为的。

第一百一十一条　当事人申请再审的，应当提交再审申请书等材料。人民法院认为有必要的，可以自收到再审申请书之日起五日内将再审申请书副本发送对方当事人。对方当事人应当自收到再审申请书副本之日起十五日内提交书面意见。人民法院可以要求申请人和对方当事人补充有关材料，询问有关事项。

第一百一十二条　人民法院应当自再审申请案件立案之日起六个月内审查，有特殊情况需要延长的，由本院院长批准。

第一百一十三条　人民法院根据审查再审申请案件的需要决定是否询问当事人；新的证据可能推翻原判决、裁定的，人民法院应当询问当事人。

第一百一十四条　审查再审申请期间，被申请人及原审其他当事人依法提出再审申请的，人民法院应当将其列为再审申请人，对其再审事由一并审查，审查期限重新计算。经审查，其中一方再审申请人主张的再审事由成立的，应当裁定再审。各方再审申请人主张的再审事由均不成立的，一并裁定驳回再审申请。

第一百一十五条　审查再审申请期间，再审申请人申请人民法院委托鉴定、勘验的，人民法院不予准许。

审查再审申请期间，再审申请人撤回再审申请的，是否准许，由人民法院裁定。

再审申请人经传票传唤，无正当理由拒不接受询问的，按撤回再审申请处理。

人民法院准许撤回再审申请或者按撤回再审申请处理后,再审申请人再次申请再审的,不予立案,但有行政诉讼法第九十一条第二项、第三项、第七项、第八项规定情形,自知道或者应当知道之日起六个月内提出的除外。

第一百一十六条 当事人主张的再审事由成立,且符合行政诉讼法和本解释规定的申请再审条件的,人民法院应当裁定再审。

当事人主张的再审事由不成立,或者当事人申请再审超过法定申请再审期限、超出法定再审事由范围等不符合行政诉讼法和本解释规定的申请再审条件的,人民法院应当裁定驳回再审申请。

第一百一十七条 有下列情形之一的,当事人可以向人民检察院申请抗诉或者检察建议:

(一)人民法院驳回再审申请的;

(二)人民法院逾期未对再审申请作出裁定的;

(三)再审判决、裁定有明显错误的。

人民法院基于抗诉或者检察建议作出再审判决、裁定后,当事人申请再审的,人民法院不予立案。

第一百一十八条 按照审判监督程序决定再审的案件,裁定中止原判决、裁定、调解书的执行,但支付抚恤金、最低生活保障费或者社会保险待遇的案件,可以不中止执行。

上级人民法院决定提审或者指令下级人民法院再审的,应当作出裁定,裁定应当写明中止原判决的执行;情况紧急的,可以将中止执行的裁定口头通知负责执行的人民法院或者作出生效判决、裁定的人民法院,但应当在口头通知后十日内发出裁定书。

第一百一十九条 人民法院按照审判监督程序再审的案件,发生法律效力的判决、裁定是由第一审法院作出的,按照第一审程序审理,所作的判决、裁定,当事人可以上诉;发生法律效力的判决、裁定是由第二审法院作出的,按照第二审程序审理,所作的判决、裁定,是发生法律效力的判决、裁定;上级人民法院按照审判监督程序提审的，按照第二审程序审理，所作的判决、裁定是发生法律效力的判决、裁定。

人民法院审理再审案件，应当另行组成合议庭。

第一百二十条 人民法院审理再审案件应当围绕再审请求和被诉行政行为合法性进行。当事人的再审请求超出原审诉讼请求，符合另案诉讼条件的，告知当事人可以另行起诉。

被申请人及原审其他当事人在庭审辩论结束前提出的再审请求，符合本解释规定的申请期限的，人民法院应当一并审理。

人民法院经再审，发现已经发生法律效力的判决、裁定损害国家利益、社会公共利益、他人合法权益的，应当一并审理。

第一百二十一条 再审审理期间，有下列情形之一的，裁定终结再审程序：

（一）再审申请人在再审期间撤回再审请求，人民法院准许的；

（二）再审申请人经传票传唤，无正当理由拒不到庭的，或者未经法庭许可中途退庭，按撤回再审请求处理的；

（三）人民检察院撤回抗诉的；

（四）其他应当终结再审程序的情形。

因人民检察院提出抗诉裁定再审的案件，申请抗诉的当事人有前款规定的情形，且不损害国家利益、社会公共利益或者他人合法权益的，人民法院裁定终结再审程序。

再审程序终结后，人民法院裁定中止执行的原生效判决自动恢复执行。

第一百二十二条 人民法院审理再审案件，认为原生效判决、裁定确有错误，在撤销原生效判决或者裁定的同时，可以对生效判决、裁定的内容作出相应裁判，也可以裁定撤销生效判决或者裁定，发回作出生效判决、裁定的人民法院重新审理。

第一百二十三条 人民法院审理二审案件和再审案件，对原审法院立案、不予立案或者驳回起诉错误的，应当分别情况作如下处理：

（一）第一审人民法院作出实体判决后，第二审人民法院认为不应当立案的，在撤销第一审人民法院判决的同时，可以迳行驳回起诉；

（二）第二审人民法院维持第一审人民法院不予立案裁定错误的，再审法院应当撤销第一审、第二审人民法院裁定，指令第一审人民法院受理；

（三）第二审人民法院维持第一审人民法院驳回起诉裁定错误的，再审法院应当撤销第一审、第二审人民法院裁定，指令第一审人民法院审理。

第一百二十四条　人民检察院提出抗诉的案件，接受抗诉的人民法院应当自收到抗诉书之日起三十日内作出再审的裁定；有行政诉讼法第九十一条第二、三项规定情形之一的，可以指令下一级人民法院再审，但经该下一级人民法院再审过的除外。

人民法院在审查抗诉材料期间，当事人之间已经达成和解协议的，人民法院可以建议人民检察院撤回抗诉。

第一百二十五条　人民检察院提出抗诉的案件，人民法院再审开庭时，应当在开庭三日前通知人民检察院派员出庭。

第一百二十六条　人民法院收到再审检察建议后，应当组成合议庭，在三个月内进行审查，发现原判决、裁定、调解书确有错误，需要再审的，依照行政诉讼法第九十二条规定裁定再审，并通知当事人；经审查，决定不予再审的，应当书面回复人民检察院。

第一百二十七条　人民法院审理因人民检察院抗诉或者检察建议裁定再审的案件，不受此前已经作出的驳回当事人再审申请裁定的限制。

八、行政机关负责人出庭应诉

第一百二十八条　行政诉讼法第三条第三款规定的行政机关负责人，包括行政机关的正职、副职负责人以及其他参与分管的负责人。

行政机关负责人出庭应诉的,可以另行委托一至二名诉讼代理人。行政机关负责人不能出庭的,应当委托行政机关相应的工作人员出庭,不得仅委托律师出庭。

第一百二十九条 涉及重大公共利益、社会高度关注或者可能引发群体性事件等案件以及人民法院书面建议行政机关负责人出庭的案件,被诉行政机关负责人应当出庭。

被诉行政机关负责人出庭应诉的,应当在当事人及其诉讼代理人基本情况、案件由来部分予以列明。

行政机关负责人有正当理由不能出庭应诉的,应当向人民法院提交情况说明,并加盖行政机关印章或者由该机关主要负责人签字认可。

行政机关拒绝说明理由的,不发生阻止案件审理的效果,人民法院可以向监察机关、上一级行政机关提出司法建议。

第一百三十条 行政诉讼法第三条第三款规定的"行政机关相应的工作人员",包括该行政机关具有国家行政编制身份的工作人员以及其他依法履行公职的人员。

被诉行政行为是地方人民政府作出的,地方人民政府法制工作机构的工作人员,以及被诉行政行为具体承办机关工作人员,可以视为被诉人民政府相应的工作人员。

第一百三十一条 行政机关负责人出庭应诉的,应当向人民法院提交能够证明该行政机关负责人职务的材料。

行政机关委托相应的工作人员出庭应诉的,应当向人民法院提交加盖行政机关印章的授权委托书,并载明工作人员的姓名、职务和代理权限。

第一百三十二条 行政机关负责人和行政机关相应的工作人员均不出庭,仅委托律师出庭的或者人民法院书面建议行政机关负责人出庭应诉,行政机关负责人不出庭应诉的,人民法院应当记录在案和在裁判文书中载明,并可以建议有关机关依法作出处理。

九、复议机关作共同被告

第一百三十三条 行政诉讼法第二十六条第二款规定的"复议机关决定维持原行政行为",包括复议机关驳回复议申请或者复议请求的情形,但以复议申请不符合受理条件为由驳回的除外。

第一百三十四条 复议机关决定维持原行政行为的,作出原行政行为的行政机关和复议机关是共同被告。原告只起诉作出原行政行为的行政机关或者复议机关的,人民法院应当告知原告追加被告。原告不同意追加的,人民法院应当将另一机关列为共同被告。

行政复议决定既有维持原行政行为内容,又有改变原行政行为内容或者不予受理申请内容的,作出原行政行为的行政机关和复议机关为共同被告。

复议机关作共同被告的案件,以作出原行政行为的行政机关确定案件的级别管辖。

第一百三十五条 复议机关决定维持原行政行为的,人民法院应当在审查原行政行为合法性的同时,一并审查复议决定的合法性。

作出原行政行为的行政机关和复议机关对原行政行为合法性共同承担举证责任,可以由其中一个机关实施举证行为。复议机关对复议决定的合法性承担举证责任。

复议机关作共同被告的案件,复议机关在复议程序中依法收集和补充的证据,可以作为人民法院认定复议决定和原行政行为合法的依据。

第一百三十六条 人民法院对原行政行为作出判决的同时,应当对复议决定一并作出相应判决。

人民法院依职权追加作出原行政行为的行政机关或者复议机关为共同被告的,对原行政行为或者复议决定可以作出相应判决。

人民法院判决撤销原行政行为和复议决定的,可以判决作出原行政行为的行政机关重新作出行政行为。

人民法院判决作出原行政行为的行政机关履行法定职责或者给

付义务的,应当同时判决撤销复议决定。

原行政行为合法、复议决定违法的,人民法院可以判决撤销复议决定或者确认复议决定违法,同时判决驳回原告针对原行政行为的诉讼请求。

原行政行为被撤销、确认违法或者无效,给原告造成损失的,应当由作出原行政行为的行政机关承担赔偿责任;因复议决定加重损害的,由复议机关对加重部分承担赔偿责任。

原行政行为不符合复议或者诉讼受案范围等受理条件,复议机关作出维持决定的,人民法院应当裁定一并驳回对原行政行为和复议决定的起诉。

十、相关民事争议的一并审理

第一百三十七条 公民、法人或者其他组织请求一并审理行政诉讼法第六十一条规定的相关民事争议,应当在第一审开庭审理前提出;有正当理由的,也可以在法庭调查中提出。

第一百三十八条 人民法院决定在行政诉讼中一并审理相关民事争议,或者案件当事人一致同意相关民事争议在行政诉讼中一并解决,人民法院准许的,由受理行政案件的人民法院管辖。

公民、法人或者其他组织请求一并审理相关民事争议,人民法院经审查发现行政案件已经超过起诉期限,民事案件尚未立案的,告知当事人另行提起民事诉讼;民事案件已经立案的,由原审判组织继续审理。

人民法院在审理行政案件中发现民事争议为解决行政争议的基础,当事人没有请求人民法院一并审理相关民事争议的,人民法院应当告知当事人依法申请一并解决民事争议。当事人就民事争议另行提起民事诉讼并已立案的,人民法院应当中止行政诉讼的审理。民事争议处理期间不计算在行政诉讼审理期限内。

第一百三十九条 有下列情形之一的,人民法院应当作出不予准许一并审理民事争议的决定,并告知当事人可以依法通过其他渠道主张权利：

（一）法律规定应当由行政机关先行处理的；

（二）违反民事诉讼法专属管辖规定或者协议管辖约定的；

（三）约定仲裁或者已经提起民事诉讼的；

（四）其他不宜一并审理民事争议的情形。

对不予准许的决定可以申请复议一次。

第一百四十条　人民法院在行政诉讼中一并审理相关民事争议的，民事争议应当单独立案，由同一审判组织审理。

人民法院审理行政机关对民事争议所作裁决的案件，一并审理民事争议的，不另行立案。

第一百四十一条　人民法院一并审理相关民事争议，适用民事法律规范的相关规定，法律另有规定的除外。

当事人在调解中对民事权益的处分，不能作为审查被诉行政行为合法性的根据。

第一百四十二条　对行政争议和民事争议应当分别裁判。

当事人仅对行政裁判或者民事裁判提出上诉的，未上诉的裁判在上诉期满后即发生法律效力。第一审人民法院应当将全部案卷一并移送第二审人民法院，由行政审判庭审理。第二审人民法院发现未上诉的生效裁判确有错误的，应当按照审判监督程序再审。

第一百四十三条　行政诉讼原告在宣判前申请撤诉的，是否准许由人民法院裁定。人民法院裁定准许行政诉讼原告撤诉，但其对已经提起的一并审理相关民事争议不撤诉的，人民法院应当继续审理。

第一百四十四条　人民法院一并审理相关民事争议，应当按行政案件、民事案件的标准分别收取诉讼费用。

十一、规范性文件的一并审查

第一百四十五条　公民、法人或者其他组织在对行政行为提起诉讼时一并请求对所依据的规范性文件审查的，由行政行为案件管辖法院一并审查。

第一百四十六条 公民、法人或者其他组织请求人民法院一并审查行政诉讼法第五十三条规定的规范性文件，应当在第一审开庭审理前提出；有正当理由的，也可以在法庭调查中提出。

第一百四十七条 人民法院在对规范性文件审查过程中，发现规范性文件可能不合法的，应当听取规范性文件制定机关的意见。

制定机关申请出庭陈述意见的，人民法院应当准许。

行政机关未陈述意见或者未提供相关证明材料的，不能阻止人民法院对规范性文件进行审查。

第一百四十八条 人民法院对规范性文件进行一并审查时，可以从规范性文件制定机关是否超越权限或者违反法定程序、作出行政行为所依据的条款以及相关条款等方面进行。

有下列情形之一的，属于行政诉讼法第六十四条规定的"规范性文件不合法"：

（一）超越制定机关的法定职权或者超越法律、法规、规章的授权范围的；

（二）与法律、法规、规章等上位法的规定相抵触的；

（三）没有法律、法规、规章依据，违法增加公民、法人和其他组织义务或者减损公民、法人和其他组织合法权益的；

（四）未履行法定批准程序、公开发布程序，严重违反制定程序的；

（五）其他违反法律、法规以及规章规定的情形。

第一百四十九条 人民法院经审查认为行政行为所依据的规范性文件合法的，应当作为认定行政行为合法的依据；经审查认为规范性文件不合法的，不作为人民法院认定行政行为合法的依据，并在裁判理由中予以阐明。作出生效裁判的人民法院应当向规范性文件的制定机关提出处理建议，并可以抄送制定机关的同级人民政府、上一级行政机关、监察机关以及规范性文件的备案机关。

规范性文件不合法的，人民法院可以在裁判生效之日起三个月内,向规范性文件制定机关提出修改或者废止该规范性文件的司法建议。

规范性文件由多个部门联合制定的,人民法院可以向该规范性文件的主办机关或者共同上一级行政机关发送司法建议。

接收司法建议的行政机关应当在收到司法建议之日起六十日内予以书面答复。情况紧急的,人民法院可以建议制定机关或者其上一级行政机关立即停止执行该规范性文件。

第一百五十条 人民法院认为规范性文件不合法的,应当在裁判生效后报送上一级人民法院进行备案。涉及国务院部门、省级行政机关制定的规范性文件,司法建议还应当分别层报最高人民法院、高级人民法院备案。

第一百五十一条 各级人民法院院长对本院已经发生法律效力的判决、裁定,发现规范性文件合法性认定错误,认为需要再审的,应当提交审判委员会讨论。

最高人民法院对地方各级人民法院已经发生法律效力的判决、裁定,上级人民法院对下级人民法院已经发生法律效力的判决、裁定,发现规范性文件合法性认定错误的,有权提审或者指令下级人民法院再审。

十二、执行

第一百五十二条 对发生法律效力的行政判决书、行政裁定书、行政赔偿判决书和行政调解书,负有义务的一方当事人拒绝履行的,对方当事人可以依法申请人民法院强制执行。

人民法院判决行政机关履行行政赔偿、行政补偿或者其他行政给付义务,行政机关拒不履行的,对方当事人可以依法向法院申请强制执行。

第一百五十三条 申请执行的期限为二年。申请执行时效的中止、中断,适用法律有关规定。

申请执行的期限从法律文书规定的履行期间最后一日起计算;

法律文书规定分期履行的，从规定的每次履行期间的最后一日起计算；法律文书中没有规定履行期限的，从该法律文书送达当事人之日起计算。

逾期申请的，除有正当理由外，人民法院不予受理。

第一百五十四条 发生法律效力的行政判决书、行政裁定书、行政赔偿判决书和行政调解书，由第一审人民法院执行。

第一审人民法院认为情况特殊，需要由第二审人民法院执行的，可以报请第二审人民法院执行；第二审人民法院可以决定由其执行，也可以决定由第一审人民法院执行。

第一百五十五条 行政机关根据行政诉讼法第九十七条的规定申请执行其行政行为，应当具备以下条件：

（一）行政行为依法可以由人民法院执行；

（二）行政行为已经生效并具有可执行内容；

（三）申请人是作出该行政行为的行政机关或者法律、法规、规章授权的组织；

（四）被申请人是该行政行为所确定的义务人；

（五）被申请人在行政行为确定的期限内或者行政机关催告期限内未履行义务；

（六）申请人在法定期限内提出申请；

（七）被申请执行的行政案件属于受理执行申请的人民法院管辖。

行政机关申请人民法院执行，应当提交行政强制法第五十五条规定的相关材料。

人民法院对符合条件的申请，应当在五日内立案受理，并通知申请人；对不符合条件的申请，应当裁定不予受理。行政机关对不予受理裁定有异议，在十五日内向上一级人民法院申请复议的，上一级人民法院应当在收到复议申请之日起十五日内作出裁定。

第一百五十六条 没有强制执行权的行政机关申请人民法院强制执行其行政行为，应当自被执行人的法定起诉期限届满之日起三个月内提出。逾期申请的,除有正当理由外,人民法院不予受理。

第一百五十七条 行政机关申请人民法院强制执行其行政行为的,由申请人所在地的基层人民法院受理;执行对象为不动产的,由不动产所在地的基层人民法院受理。

基层人民法院认为执行确有困难的,可以报请上级人民法院执行;上级人民法院可以决定由其执行,也可以决定由下级人民法院执行。

第一百五十八条 行政机关根据法律的授权对平等主体之间民事争议作出裁决后,当事人在法定期限内不起诉又不履行,作出裁决的行政机关在申请执行的期限内未申请人民法院强制执行的,生效行政裁决确定的权利人或者其继承人、权利承受人在六个月内可以申请人民法院强制执行。

享有权利的公民、法人或者其他组织申请人民法院强制执行生效行政裁决,参照行政机关申请人民法院强制执行行政行为的规定。

第一百五十九条 行政机关或者行政行为确定的权利人申请人民法院强制执行前,有充分理由认为被执行人可能逃避执行的,可以申请人民法院采取财产保全措施。后者申请强制执行的,应当提供相应的财产担保。

第一百六十条 人民法院受理行政机关申请执行其行政行为的案件后,应当在七日内由行政审判庭对行政行为的合法性进行审查,并作出是否准予执行的裁定。

人民法院在作出裁定前发现行政行为明显违法并损害被执行人合法权益的,应当听取被执行人和行政机关的意见,并自受理之日起三十日内作出是否准予执行的裁定。

需要采取强制执行措施的,由本院负责强制执行非诉行政行为的机构执行。

第一百六十一条 被申请执行的行政行为有下列情形之一的,人民法院应当裁定不准予执行:

(一)实施主体不具有行政主体资格的;

(二)明显缺乏事实根据的;

(三) 明显缺乏法律、法规依据的；

(四) 其他明显违法并损害被执行人合法权益的情形。

行政机关对不准予执行的裁定有异议，在十五日内向上一级人民法院申请复议的，上一级人民法院应当在收到复议申请之日起三十日内作出裁定。

十三、附则

第一百六十二条 公民、法人或者其他组织对 2015 年 5 月 1 日之前作出的行政行为提起诉讼，请求确认行政行为无效的，人民法院不予立案。

第一百六十三条 本解释自 2018 年 2 月 8 日起施行。

本解释施行后，《最高人民法院关于执行〈中华人民共和国行政诉讼法〉若干问题的解释》（法释〔2000〕8 号）、《最高人民法院关于适用〈中华人民共和国行政诉讼法〉若干问题的解释》（法释〔2015〕9 号）同时废止。最高人民法院以前发布的司法解释与本解释不一致的，不再适用。

最高人民法院关于正确确定县级以上地方人民政府行政诉讼被告资格若干问题的规定

（2021 年 2 月 22 日最高人民法院审判委员会第 1832 次会议通过 2021 年 3 月 25 日最高人民法院公告公布 自 2021 年 4 月 1 日起施行 法释〔2021〕5 号）

为准确适用《中华人民共和国行政诉讼法》，依法正确确定县级以上地方人民政府的行政诉讼被告资格，结合人民法院行政审判工作实际，制定本解释。

第一条　法律、法规、规章规定属于县级以上地方人民政府职能部门的行政职权,县级以上地方人民政府通过听取报告、召开会议、组织研究、下发文件等方式进行指导,公民、法人或者其他组织不服县级以上地方人民政府的指导行为提起诉讼的,人民法院应当释明,告知其以具体实施行政行为的职能部门为被告。

第二条　县级以上地方人民政府根据城乡规划法的规定,责成有关职能部门对违法建筑实施强制拆除,公民、法人或者其他组织不服强制拆除行为提起诉讼,人民法院应当根据行政诉讼法第二十六条第一款的规定,以作出强制拆除决定的行政机关为被告;没有强制拆除决定书的,以具体实施强制拆除行为的职能部门为被告。

第三条　公民、法人或者其他组织对集体土地征收中强制拆除房屋等行为不服提起诉讼的,除有证据证明系县级以上地方人民政府具体实施外,人民法院应当根据行政诉讼法第二十六条第一款的规定,以作出强制拆除决定的行政机关为被告;没有强制拆除决定书的,以具体实施强制拆除等行为的行政机关为被告。

县级以上地方人民政府已经作出国有土地上房屋征收与补偿决定,公民、法人或者其他组织不服具体实施房屋征收与补偿工作中的强制拆除房屋等行为提起诉讼的,人民法院应当根据行政诉讼法第二十六条第一款的规定,以作出强制拆除决定的行政机关为被告;没有强制拆除决定书的,以县级以上地方人民政府确定的房屋征收部门为被告。

第四条　公民、法人或者其他组织向县级以上地方人民政府申请履行法定职责或者给付义务,法律、法规、规章规定该职责或者义务属于下级人民政府或者相应职能部门的行政职权,县级以上地方人民政府已经转送下级人民政府或者相应职能部门处理并告知申请人,申请人起诉要求履行法定职责或者给付义务的,以下级人民政府或者相应职能部门为被告。

第五条　县级以上地方人民政府确定的不动产登记机构或者其他实际履行该职责的职能部门按照《不动产登记暂行条例》的规

定办理不动产登记,公民、法人或者其他组织不服提起诉讼的,以不动产登记机构或者实际履行该职责的职能部门为被告。

公民、法人或者其他组织对《不动产登记暂行条例》实施之前由县级以上地方人民政府作出的不动产登记行为不服提起诉讼的,以继续行使其职权的不动产登记机构或者实际履行该职责的职能部门为被告。

第六条 县级以上地方人民政府根据《中华人民共和国政府信息公开条例》的规定,指定具体机构负责政府信息公开日常工作,公民、法人或者其他组织对该指定机构以自己名义所作的政府信息公开行为不服提起诉讼的,以该指定机构为被告。

第七条 被诉行政行为不是县级以上地方人民政府作出,公民、法人或者其他组织以县级以上地方人民政府作为被告的,人民法院应当予以指导和释明,告知其向有管辖权的人民法院起诉;公民、法人或者其他组织经人民法院释明仍不变更的,人民法院可以裁定不予立案,也可以将案件移送有管辖权的人民法院。

第八条 本解释自 2021 年 4 月 1 日起施行。本解释施行后,最高人民法院此前作出的相关司法解释与本解释相抵触的,以本解释为准。

最高人民法院关于办理行政申请再审案件若干问题的规定

(2021 年 3 月 1 日最高人民法院审判委员会第 1833 次会议通过 2021 年 3 月 25 日最高人民法院公告公布 自 2021 年 4 月 1 日起施行 法释〔2021〕6 号)

为切实保障当事人申请再审的权利,切实有效解决行政争议,结合人民法院行政审判工作实践,根据《中华人民共和国行政诉讼法》的规定，制定本解释。

第一条 当事人不服高级人民法院已经发生法律效力的判决、裁定，依照行政诉讼法第九十条的规定向最高人民法院申请再审的，最高人民法院应当依法审查，分别情况予以处理。

第二条 下列行政申请再审案件中，原判决、裁定适用法律、法规确有错误的，最高人民法院应当裁定再审：

（一）在全国具有普遍法律适用指导意义的案件；

（二）在全国范围内或者省、自治区、直辖市有重大影响的案件；

（三）跨省、自治区、直辖市的案件；

（四）重大涉外或者涉及香港特别行政区、澳门特别行政区、台湾地区的案件；

（五）涉及重大国家利益、社会公共利益的案件；

（六）经高级人民法院审判委员会讨论决定的案件；

（七）最高人民法院认为应当再审的其他案件。

第三条 行政申请再审案件有下列情形之一的，最高人民法院可以决定由作出生效判决、裁定的高级人民法院审查：

（一）案件基本事实不清、诉讼程序违法、遗漏诉讼请求的；

（二）再审申请人或者第三人人数众多的；

（三）由高级人民法院审查更适宜实质性化解行政争议的；

（四）最高人民法院认为可以由高级人民法院审查的其他情形。

第四条 已经发生法律效力的判决、裁定认定事实清楚，适用法律、法规正确，当事人主张的再审事由不成立的，最高人民法院可以迳行裁定驳回再审申请。

第五条 当事人不服人民法院再审判决、裁定的，可以依法向人民检察院申请抗诉或者检察建议。

第六条 本解释自 2021 年 4 月 1 日起施行。本解释施行后，最高人民法院此前作出的相关司法解释与本解释相抵触的，以本解释为准。

附件：

1. 中华人民共和国最高人民法院决定书（最高人民法院决定由高级人民法院审查用）（略）

2. 中华人民共和国最高人民法院通知书（最高人民法院决定由高级人民法院审查时通知再审申请人用）（略）

3. 中华人民共和国最高人民法院行政裁定书（最高人民法院迳行驳回再审申请用）（略）

人民检察院行政诉讼监督规则

（2021年4月8日最高人民检察院第十三届检察委员会第65次会议通过 2021年7月27日最高人民检察院公告公布 自2021年9月1日起施行）

第一章 总 则

第一条 为了保障和规范人民检察院依法履行行政诉讼监督职责，根据《中华人民共和国行政诉讼法》《中华人民共和国民事诉讼法》《中华人民共和国人民检察院组织法》和其他有关规定，结合人民检察院工作实际，制定本规则。

第二条 人民检察院依法独立行使检察权，通过办理行政诉讼监督案件，监督人民法院依法审判和执行，促进行政机关依法行使职权，维护司法公正和司法权威，维护国家利益和社会公共利益，保护公民、法人和其他组织的合法权益，推动行政争议实质性化解，保障国家法律的统一正确实施。

第三条 人民检察院通过提出抗诉、检察建议等方式，对行政诉讼实行法律监督。

第四条 人民检察院对行政诉讼实行法律监督，应当以事实为根据，以法律为准绳，坚持公开、公平、公正，依法全面审查，监督和支持人民法院、行政机关依法行使职权。

第五条 人民检察院办理行政诉讼监督案件，应当实行繁简分流，繁案精办、简案快办。

人民检察院办理行政诉讼监督案件，应当加强智慧借助，对于重大、疑难、复杂问题，可以向专家咨询或者组织专家论证，听取专家意见建议。

第六条 人民检察院办理行政诉讼监督案件，应当查清案件事实、辨明是非，综合运用监督纠正、公开听证、释法说理、司法救助等手段，开展行政争议实质性化解工作。

第七条 负责控告申诉检察、行政检察、案件管理的部门分别承担行政诉讼监督案件的受理、办理、管理工作，各部门互相配合、互相制约。

当事人不服人民法院生效行政赔偿判决、裁定、调解书的案件，由负责行政检察的部门办理，适用本规则规定。

第八条 人民检察院办理行政诉讼监督案件，由检察官、检察长、检察委员会在各自职权范围内对办案事项作出决定，并依照规定承担相应司法责任。

检察官在检察长领导下开展工作。重大办案事项，由检察长决定。检察长可以根据案件情况，提交检察委员会讨论决定。其他办案事项，检察长可以自行决定，也可以委托检察官决定。

本规则对应当由检察长或者检察委员会决定的重大办案事项有明确规定的，依照本规则的规定；本规则没有明确规定的，省级人民检察院可以制定有关规定，报最高人民检察院批准。

以人民检察院名义制发的法律文书，由检察长签发；属于检察官职权范围内决定事项的，检察长可以授权检察官签发。

重大、疑难、复杂或者有社会影响的案件，应当向检察长报告。

第九条 人民检察院办理行政诉讼监督案件，根据案件情况，可以由一名检察官独任办理，也可以由两名以上检察官组成办案组办理。由检察官办案组办理的，检察长应当指定一名检察官担任主办检察官，组织、指挥办案组办理案件。

检察官办理行政诉讼监督案件，可以根据需要配备检察官助理、书记员、司法警察、检察技术人员等检察辅助人员。检察辅助人员依照有关规定承担相应的检察辅助事务。

第十条 最高人民检察院领导地方各级人民检察院和专门人民检察院的行政诉讼监督工作，上级人民检察院领导下级人民检察院的行政诉讼监督工作。

上级人民检察院认为下级人民检察院的决定错误的，有权指令下级人民检察院纠正，或者依法撤销、变更。上级人民检察院的决定，应当以书面形式作出，下级人民检察院应当执行。下级人民检察院对上级人民检察院的决定有不同意见的，可以在执行的同时向上级人民检察院报告。

上级人民检察院可以依法统一调用辖区的检察人员办理行政诉讼监督案件，调用的决定应当以书面形式作出。被调用的检察官可以代表办理案件的人民检察院履行相关检察职责。

第十一条 人民检察院检察长或者检察长委托的副检察长在同级人民法院审判委员会讨论行政诉讼监督案件或者其他与行政诉讼监督工作有关的议题时，可以依照有关规定列席会议。

第十二条 检察人员办理行政诉讼监督案件，应当秉持客观公正的立场，自觉接受监督。

检察人员不得违反规定与当事人、律师、特殊关系人、中介组织接触、交往。

检察人员有收受贿赂、徇私枉法等行为的，应当追究纪律责任和法律责任。

检察人员对过问或者干预、插手行政诉讼监督案件办理等重大事项的行为，应当依照有关规定全面、如实、及时记录、报告。

第二章　回　　避

第十三条 检察人员办理行政诉讼监督案件，有下列情形之一的，应当自行回避，当事人有权申请他们回避：

（一）是本案当事人或者当事人、委托代理人近亲属的；

（二）担任过本案的证人、委托代理人、审判人员、行政执法人员的；

（三）与本案有利害关系的；

（四）与本案当事人、委托代理人有其他关系，可能影响对案件公正办理的。

检察人员接受当事人、委托代理人请客送礼及其他利益，或者违反规定会见当事人、委托代理人，当事人有权申请他们回避。

上述规定，适用于书记员、翻译人员、鉴定人、勘验人等。

第十四条 检察人员自行回避的，可以口头或者书面方式提出，并说明理由。口头提出申请的，应当记录在卷。

第十五条 当事人申请回避，应当在人民检察院作出提出抗诉或者检察建议等决定前以口头或者书面方式提出，并说明理由。口头提出申请的，应当记录在卷。依照本规则第十三条第二款规定提出回避申请的，应当提供相关证据。

被申请回避的人员在人民检察院作出是否回避的决定前，应当暂停参与本案工作，但案件需要采取紧急措施的除外。

第十六条 检察长的回避，由检察委员会讨论决定；检察人员和其他人员的回避，由检察长决定。检察委员会讨论检察长回避问题时，由副检察长主持，检察长不得参加。

第十七条 人民检察院对当事人提出的回避申请，应当在三日内作出决定，并通知申请人。对明显不属于法定回避事由的申请，可以当场驳回，并记录在卷。

申请人对驳回回避申请的决定不服的，可以在接到决定时向原决定机关申请复议一次。人民检察院应当在三日内作出复议决定，并通知复议申请人。复议期间，被申请回避的人员不停止参与本案工作。

第三章 受 理

第十八条 人民检察院受理行政诉讼监督案件的途径包括：

（一）当事人向人民检察院申请监督；

（二）当事人以外的公民、法人或者其他组织向人民检察院控告；

（三）人民检察院依职权发现。

第十九条 有下列情形之一的，当事人可以向人民检察院申请监督：

（一）人民法院驳回再审申请或者逾期未对再审申请作出裁定，当事人对已经发生法律效力的行政判决、裁定、调解书，认为确有错误的；

（二）认为再审行政判决、裁定确有错误的；

（三）认为行政审判程序中审判人员存在违法行为的；

（四）认为人民法院行政案件执行活动存在违法情形的。

当事人死亡或者终止的，其权利义务承继者可以依照前款规定向人民检察院申请监督。

第二十条 当事人依照本规则第十九条第一款第一项、第二项规定向人民检察院申请监督，应当在人民法院送达驳回再审申请裁定之日或者再审判决、裁定发生法律效力之日起六个月内提出；对人民法院逾期未对再审申请作出裁定的，应当在再审申请审查期限届满之日起六个月内提出。

当事人依照本规则第十九条第一款第一项、第二项规定向人民检察院申请监督，具有下列情形之一的，应当在知道或者应当知道之日起六个月内提出：

（一）有新的证据，足以推翻原生效判决、裁定的；

（二）原生效判决、裁定认定事实的主要证据系伪造的；

（三）据以作出原生效判决、裁定的法律文书被撤销或者变更的；

（四）审判人员在审理该案件时有贪污受贿、徇私舞弊、枉法裁判行为的。

当事人依照本规则第十九条第一款第三项、第四项向人民检察院申请监督，应当在知道或者应当知道审判人员违法行为或者执行活动违法情形发生之日起六个月内提出。

本条规定的期间为不变期间，不适用中止、中断、延长的规定。

第二十一条 当事人向人民检察院申请监督，应当提交监督申请书、身份证明、相关法律文书及证据材料。提交证据材料的，应当附证据清单。

申请监督材料不齐备的，人民检察院应当要求申请人限期补齐，并一次性明确告知应当补齐的全部材料以及逾期未按要求补齐视为撤回监督申请的法律后果。申请人逾期未补齐主要材料的，视为撤回监督申请。

第二十二条 本规则第二十一条规定的监督申请书应当记明下列事项：

（一）申请人的姓名、性别、年龄、民族、职业、工作单位、住址、有效联系方式，法人或者其他组织的名称、住所和法定代表人或者主要负责人的姓名、职务、有效联系方式；

（二）其他当事人的姓名、性别、工作单位、住址、有效联系方式等信息，法人或者其他组织的名称、住所、法定代表人或者主要负责人的姓名、职务、有效联系方式等信息；

（三）申请监督请求；

（四）申请监督的具体法定情形及事实、理由。

申请人应当按照其他当事人的人数提交监督申请书副本。

第二十三条 本规则第二十一条规定的身份证明包括：

（一）公民的居民身份证、军官证、士兵证、护照等能够证明本人身份的有效证件；

（二）法人或者其他组织的统一社会信用代码证书或者营业执照、法定代表人或者主要负责人的身份证明等有效证照。

对当事人提交的身份证明，人民检察院经核对无误留存复印件。

第二十四条　本规则第二十一条规定的相关法律文书是指人民法院在该案件诉讼过程中作出的全部判决书、裁定书、决定书、调解书等法律文书。

第二十五条　当事人申请监督，可以依照《中华人民共和国行政诉讼法》的规定委托代理人。

第二十六条　当事人申请监督同时符合下列条件的，人民检察院应当受理：

（一）符合本规则第十九条的规定；

（二）符合本规则第二十条的规定；

（三）申请人提供的材料符合本规则第二十一条至第二十四条的规定；

（四）属于本院受理案件范围；

（五）不具有本规则规定的不予受理情形。

第二十七条　当事人向人民检察院申请监督，有下列情形之一的，人民检察院不予受理：

（一）当事人对生效行政判决、裁定、调解书未向人民法院申请再审的；

（二）当事人申请再审超过法律规定的期限的；

（三）人民法院在法定期限内正在对再审申请进行审查的；

（四）人民法院已经裁定再审且尚未审结的；

（五）人民检察院已经审查终结作出决定的；

（六）行政判决、裁定、调解书是人民法院根据人民检察院的抗诉或者再审检察建议再审后作出的；

（七）申请监督超过本规则第二十条规定的期限的；

（八）根据法律规定可以对人民法院的执行活动提出异议、申请复议或者提起诉讼，当事人、利害关系人、案外人没有提出异议、申请复议或者提起诉讼的，但有正当理由或者人民检察院依职权监督的除外；

（九）当事人提出有关执行的异议、申请复议、申诉或者提起诉讼后，人民法院已经受理并正在审查处理的，但超过法定期限未作出处理的除外；

（十）其他不应当受理的情形。

第二十八条　当事人对已经发生法律效力的行政判决、裁定、调解书向人民检察院申请监督的，由作出生效判决、裁定、调解书的人民法院所在地同级人民检察院负责控告申诉检察的部门受理。

第二十九条　当事人认为行政审判程序中审判人员存在违法行为或者执行活动存在违法情形，向人民检察院申请监督的，由审理、执行案件的人民法院所在地同级人民检察院负责控告申诉检察的部门受理。

当事人不服审理、执行案件人民法院的上级人民法院作出的复议裁定、决定等，向人民检察院申请监督的，由作出复议裁定、决定等的人民法院所在地同级人民检察院负责控告申诉检察的部门受理。

第三十条　人民检察院不依法受理当事人监督申请的，当事人可以向上一级人民检察院申请监督。上一级人民检察院认为当事人监督申请符合受理条件的，应当指令下一级人民检察院受理，必要时也可以直接受理。

第三十一条　人民检察院负责控告申诉检察的部门对监督申请，应当在七日内根据以下情形作出处理，并答复申请人：

（一）符合受理条件的，应当依照本规则规定作出受理决定；

（二）不属于本院受理案件范围的，应当告知申请人向有关人民检察院申请监督；

（三）不属于人民检察院主管范围的，告知申请人向有关机关反映；

（四）不符合受理条件，且申请人不撤回监督申请的，可以决定不予受理。

第三十二条　负责控告申诉检察的部门应当在决定受理之日起

三日内制作《受理通知书》，发送申请人，并告知其权利义务。

需要通知其他当事人的，应当将《受理通知书》和监督申请书副本发送其他当事人，并告知其权利义务。其他当事人可以在收到监督申请书副本之日起十五日内提出书面意见；不提出意见的，不影响人民检察院对案件的审查。

第三十三条 负责控告申诉检察的部门应当在决定受理之日起三日内将案件材料移送本院负责行政检察的部门，同时将《受理通知书》抄送本院负责案件管理的部门。负责控告申诉检察的部门收到其他当事人提交的书面意见等材料，应当及时移送负责行政检察的部门。

第三十四条 当事人以外的公民、法人或者其他组织认为人民法院行政审判程序中审判人员存在违法行为或者执行活动存在违法情形的，可以向同级人民检察院控告。控告由人民检察院负责控告申诉检察的部门受理。

负责控告申诉检察的部门对收到的控告，应当依照《人民检察院信访工作规定》等办理。

第三十五条 负责控告申诉检察的部门可以依照《人民检察院信访工作规定》，向下级人民检察院交办涉及行政诉讼监督的信访案件。

第三十六条 人民检察院在履行职责中发现行政案件有下列情形之一的，应当依职权监督：

（一）损害国家利益或者社会公共利益的；

（二）审判人员、执行人员审理和执行行政案件时有贪污受贿、徇私舞弊、枉法裁判等行为的；

（三）依照有关规定需要人民检察院跟进监督的；

（四）人民检察院作出的不支持监督申请决定确有错误的；

（五）其他确有必要进行监督的。

人民检察院对行政案件依职权监督，不受当事人是否申请再审的限制。

第三十七条 下级人民检察院提请抗诉、提请其他监督等案件，由上一级人民检察院负责案件管理的部门受理。

依职权监督的案件，负责行政检察的部门应当到负责案件管理的部门登记受理。

第三十八条 负责案件管理的部门接收案件材料后，应当在三日内登记并将案件材料和案件登记表移送负责行政检察的部门；案件材料不符合规定的，应当要求补齐。

负责案件管理的部门登记受理后，需要通知当事人的，负责行政检察的部门应当制作《受理通知书》，并在三日内发送当事人。

第四章 审 查

第一节 一 般 规 定

第三十九条 人民检察院负责行政检察的部门负责对受理后的行政诉讼监督案件进行审查。

第四十条 负责行政检察的部门收到负责控告申诉检察、案件管理的部门移送的行政诉讼监督案件后，应当按照随机分案为主、指定分案为辅的原则，确定承办案件的独任检察官或者检察官办案组。

第四十一条 上级人民检察院可以将受理的行政诉讼监督案件交由下级人民检察院办理，并限定办理期限。交办的案件应当制作《交办通知书》，并将有关材料移送下级人民检察院。下级人民检察院应当依法办理，在规定期限内提出处理意见并报送上级人民检察院，上级人民检察院应当在法定期限内作出决定。

上级人民检察院交办案件需要通知当事人的，应当制作通知文书，并发送当事人。

第四十二条 上级人民检察院认为确有必要的，可以办理下级人民检察院受理的行政诉讼监督案件。

下级人民检察院受理的行政诉讼监督案件，认为需要由上级人民检察院办理的，可以报请上级人民检察院办理。

最高人民检察院、省级人民检察院根据实质性化解行政争议等需要，可以指定下级人民检察院办理案件。

第四十三条　人民检察院审查行政诉讼监督案件，应当围绕申请人的申请监督请求、争议焦点、本规则第三十六条规定的情形以及发现的其他违法情形，对行政诉讼活动进行全面审查。其他当事人在人民检察院作出决定前也申请监督的，应当将其列为申请人，对其申请监督请求一并审查。

第四十四条　人民检察院在审查行政诉讼监督案件期间收到申请人或者其他当事人提交的证据材料的，应当出具收据。

第四十五条　被诉行政机关以外的当事人对不能自行收集的证据，在原审中向人民法院申请调取，人民法院应当调取而未予以调取，在诉讼监督阶段向人民检察院申请调取，符合下列情形之一的，人民检察院可以调取：

（一）由国家机关保存只能由国家机关调取的证据；

（二）涉及国家秘密、商业秘密和个人隐私的证据；

（三）确因客观原因不能自行收集的其他证据。

当事人依照前款规定申请调取证据，人民检察院认为与案件事实无关联、对证明案件事实无意义或者其他无调取收集必要的，不予调取。

第四十六条　人民检察院应当告知当事人有申请回避的权利，并告知办理行政诉讼监督案件的检察人员、书记员等的姓名、法律职务。

第四十七条　人民检察院审查案件，应当听取当事人意见，调查核实有关情况，必要时可以举行听证，也可以听取专家意见。

对于当事人委托律师担任代理人的，人民检察院应当听取代理律师意见，尊重和支持代理律师依法履行职责，依法为代理律师履职提供相关协助和便利，保障代理律师执业权利。

第四十八条　人民检察院可以采取当面、视频、电话、传真、

第三十七条 下级人民检察院提请抗诉、提请其他监督等案件，由上一级人民检察院负责案件管理的部门受理。

依职权监督的案件，负责行政检察的部门应当到负责案件管理的部门登记受理。

第三十八条 负责案件管理的部门接收案件材料后，应当在三日内登记并将案件材料和案件登记表移送负责行政检察的部门；案件材料不符合规定的，应当要求补齐。

负责案件管理的部门登记受理后，需要通知当事人的，负责行政检察的部门应当制作《受理通知书》，并在三日内发送当事人。

第四章 审 查

第一节 一般规定

第三十九条 人民检察院负责行政检察的部门负责对受理后的行政诉讼监督案件进行审查。

第四十条 负责行政检察的部门收到负责控告申诉检察、案件管理的部门移送的行政诉讼监督案件后，应当按照随机分案为主、指定分案为辅的原则，确定承办案件的独任检察官或者检察官办案组。

第四十一条 上级人民检察院可以将受理的行政诉讼监督案件交由下级人民检察院办理，并限定办理期限。交办的案件应当制作《交办通知书》，并将有关材料移送下级人民检察院。下级人民检察院应当依法办理，在规定期限内提出处理意见并报送上级人民检察院，上级人民检察院应当在法定期限内作出决定。

上级人民检察院交办案件需要通知当事人的，应当制作通知文书，并发送当事人。

第四十二条 上级人民检察院认为确有必要的，可以办理下级人民检察院受理的行政诉讼监督案件。

下级人民检察院受理的行政诉讼监督案件，认为需要由上级人民检察院办理的,可以报请上级人民检察院办理。

最高人民检察院、省级人民检察院根据实质性化解行政争议等需要,可以指定下级人民检察院办理案件。

第四十三条 人民检察院审查行政诉讼监督案件,应当围绕申请人的申请监督请求、争议焦点、本规则第三十六条规定的情形以及发现的其他违法情形,对行政诉讼活动进行全面审查。其他当事人在人民检察院作出决定前也申请监督的,应当将其列为申请人,对其申请监督请求一并审查。

第四十四条 人民检察院在审查行政诉讼监督案件期间收到申请人或者其他当事人提交的证据材料的,应当出具收据。

第四十五条 被诉行政机关以外的当事人对不能自行收集的证据,在原审中向人民法院申请调取,人民法院应当调取而未予以调取,在诉讼监督阶段向人民检察院申请调取,符合下列情形之一的,人民检察院可以调取:

(一)由国家机关保存只能由国家机关调取的证据;

(二)涉及国家秘密、商业秘密和个人隐私的证据;

(三)确因客观原因不能自行收集的其他证据。

当事人依照前款规定申请调取证据,人民检察院认为与案件事实无关联、对证明案件事实无意义或者其他无调取收集必要的,不予调取。

第四十六条 人民检察院应当告知当事人有申请回避的权利,并告知办理行政诉讼监督案件的检察人员、书记员等的姓名、法律职务。

第四十七条 人民检察院审查案件,应当听取当事人意见,调查核实有关情况,必要时可以举行听证,也可以听取专家意见。

对于当事人委托律师担任代理人的,人民检察院应当听取代理律师意见,尊重和支持代理律师依法履行职责,依法为代理律师履职提供相关协助和便利,保障代理律师执业权利。

第四十八条 人民检察院可以采取当面、视频、电话、传真、电子邮件、由当事人提交书面意见等方式听取当事人意见。

听取意见的内容包括：

（一）申请人认为生效行政判决、裁定、调解书符合再审情形的主要事实和理由；

（二）申请人认为人民法院行政审判程序中审判人员违法的事实和理由；

（三）申请人认为人民法院行政案件执行活动违法的事实和理由；

（四）其他当事人针对申请人申请监督请求所提出的意见及理由；

（五）行政机关作出行政行为的事实和理由；

（六）申请人与其他当事人有无和解意愿；

（七）其他需要听取的意见。

第四十九条 人民检察院审查案件，可以依照有关规定调阅人民法院的诉讼卷宗、执行卷宗。

通过拷贝电子卷、查阅、复制、摘录等方式能够满足办案需要的，可以不调阅卷宗。

对于人民法院已经结案尚未归档的行政案件，正在办理或者已经结案尚未归档的执行案件，人民检察院可以直接到办理部门查阅、复制、拷贝、摘录案件材料，不调阅卷宗。

在对生效行政判决、裁定或者调解书的监督案件进行审查过程中，需要调取人民法院正在办理的其他案件材料的，人民检察院可以商办理案件的人民法院调取。

第五十条 人民检察院审查案件，对于事实认定、法律适用的重大、疑难、复杂问题，可以采用以下方式听取专家意见：

（一）召开专家论证会；

（二）口头或者书面咨询；

（三）其他咨询或者论证方式。

第五十一条 人民检察院办理行政诉讼监督案件，应当全面检索相关指导性案例、典型案例和关联案例，并在审查终结报告中作出说明。

第五十二条 承办检察官对审查认定的事实负责。审查终结后，应当制作审查终结报告。审查终结报告应当全面、客观、公正地叙述案件事实，依照法律提出明确的处理意见。

第五十三条 承办检察官办理案件过程中，可以提请负责行政检察的部门负责人召集检察官联席会议讨论。

负责行政检察的部门负责人对本部门的办案活动进行监督管理。需要报请检察长决定的事项和需要向检察长报告的案件，应当先由部门负责人审核。部门负责人可以主持召开检察官联席会议进行讨论，也可以直接报请检察长决定或者向检察长报告。

检察官联席会议讨论情况和意见应当如实记录，由参加会议的检察官签名后附卷保存。讨论结果供办案参考。

第五十四条 检察长不同意检察官意见的，可以要求检察官复核，也可以直接作出决定，或者提请检察委员会讨论决定。

检察官执行检察长决定时，认为决定错误的，应当书面提出意见。检察长不改变原决定的，检察官应当执行。

第五十五条 人民检察院对审查终结的案件，应当区分情况依法作出下列决定：

（一）提出再审检察建议；

（二）提请抗诉或者提请其他监督；

（三）提出抗诉；

（四）提出检察建议；

（五）不支持监督申请；

（六）终结审查。

对于负责控告申诉检察的部门受理的当事人申请监督案件，负责行政检察的部门应当将案件办理结果告知负责控告申诉检察的部门。

第五十六条 人民检察院受理当事人申请对人民法院已经发生

法律效力的行政判决、裁定、调解书监督的案件，应当在三个月内审查终结并作出决定，但调卷、鉴定、评估、审计、专家咨询等期间不计入审查期限。

有需要调查核实、实质性化解行政争议及其他特殊情况需要延长审查期限的，由本院检察长批准。

人民检察院受理当事人申请对行政审判程序中审判人员违法行为监督的案件和申请对行政案件执行活动监督的案件的审查期限，参照第一款、第二款规定执行。

第五十七条　人民检察院办理行政诉讼监督案件，在当面听取当事人意见、调查核实、举行听证、出席法庭时，可以依照有关规定指派司法警察执行职务。

第二节　调查核实

第五十八条　人民检察院因履行法律监督职责的需要，有下列情形之一的，可以向当事人或者案外人调查核实有关情况：

（一）行政判决、裁定、调解书可能存在法律规定需要监督的情形，仅通过阅卷及审查现有材料难以认定的；

（二）行政审判程序中审判人员可能存在违法行为的；

（三）人民法院行政案件执行活动可能存在违法情形的；

（四）被诉行政行为及相关行政行为可能违法的；

（五）行政相对人、权利人合法权益未得到依法实现的；

（六）其他需要调查核实的情形。

人民检察院不得为证明行政行为的合法性调取行政机关作出行政行为时未收集的证据。

第五十九条　人民检察院通过阅卷以及调查核实难以认定有关事实的，可以听取人民法院相关审判、执行人员的意见，全面了解案件审判、执行的相关事实和理由。

第六十条　人民检察院可以采取以下调查核实措施：

（一）查询、调取、复制相关证据材料；

（二）询问当事人、有关知情人员或者其他相关人员；

（三）咨询专业人员、相关部门或者行业协会等对专门问题的意见；

（四）委托鉴定、评估、审计；

（五）勘验物证、现场；

（六）查明案件事实所需要采取的其他措施。

检察人员应当保守国家秘密和工作秘密，对调查核实中知悉的商业秘密和个人隐私予以保密。

人民检察院调查核实，不得采取限制人身自由和查封、扣押、冻结财产等强制性措施。

第六十一条　有下列情形之一的，人民检察院可以向银行业金融机构查询、调取、复制相关证据材料：

（一）可能损害国家利益、社会公共利益的；

（二）审判、执行人员可能存在违法行为的；

（三）当事人有伪造证据、恶意串通损害他人合法权益可能的。

人民检察院可以依照有关规定指派具备相应资格的检察技术人员对行政诉讼监督案件中的鉴定意见等技术性证据进行专门审查，并出具审查意见。

第六十二条　人民检察院可以就专门性问题书面或者口头咨询有关专业人员、相关部门或者行业协会的意见。口头咨询的，应当制作笔录，由接受咨询的专业人员签名或者盖章。拒绝签名盖章的，应当记明情况。

人民检察院对专门性问题认为需要鉴定、评估、审计的，可以委托具备资格的机构进行鉴定、评估、审计。在诉讼过程中已经进行过鉴定、评估、审计的，除确有必要外，一般不再委托鉴定、评估、审计。

第六十三条　人民检察院认为确有必要的，可以勘验物证或者现场。勘验人应当出示人民检察院的证件，并邀请当地基层组织或者当事人所在单位派人参加。当事人或者当事人的成年家属应当到场，拒不到场的，不影响勘验的进行。

勘验人应当将勘验情况和结果制作笔录，由勘验人、当事人和被邀参加人签名或者盖章。

第六十四条　需要调查核实的，由承办检察官在职权范围内决定，或者报检察长决定。

第六十五条　人民检察院调查核实，应当由二人以上共同进行。

调查笔录经被调查人校阅后，由调查人、被调查人签名或者盖章。被调查人拒绝签名盖章的，应当记明情况。

第六十六条　人民检察院可以指令下级人民检察院或者委托外地人民检察院调查核实。

人民检察院指令调查或者委托调查的，应当发送《指令调查通知书》或者《委托调查函》，载明调查核实事项、证据线索及要求。受指令或者受委托人民检察院收到《指令调查通知书》或者《委托调查函》后，应当在十五日内完成调查核实工作并书面回复。因客观原因不能完成调查的，应当在上述期限内书面回复指令或者委托的人民检察院。

人民检察院到外地调查的，当地人民检察院应当配合。

第六十七条　人民检察院调查核实，有关单位和个人应当配合。拒绝或者妨碍人民检察院调查核实的，人民检察院可以向有关单位或者其上级主管机关提出检察建议，责令纠正，必要时可以通报同级政府、监察机关，涉嫌违纪违法犯罪的，依照规定移送有关机关处理。

第三节　听　证

第六十八条　人民检察院审查行政诉讼监督案件，在事实认定、法律适用、案件处理等方面存在较大争议，或者有重大社会影响，需要当面听取当事人和其他相关人员意见的，可以召开听证会。

第六十九条　人民检察院召开听证会，可以邀请与案件没有利害关系的人大代表、政协委员、人民监督员、特约检察员、专家咨询委员、人民调解员或者当事人所在单位、居住地的居民委员会、村民委员会成员以及专家、学者、律师等其他社会人士担任听证员。

人民检察院应当邀请人民监督员参加听证会，依照有关规定接受人民监督员监督。

第七十条 人民检察院决定召开听证会的，应当做好以下准备工作：

（一）制定听证方案，确定听证会参加人；

（二）在听证三日前告知听证会参加人案由、听证时间和地点；

（三）告知当事人主持听证会的检察官及听证员的姓名、身份。

第七十一条 当事人和其他相关人员应当按时参加听证会。当事人无正当理由缺席或者未经许可中途退席的，听证程序是否继续进行，由主持人决定。

第七十二条 听证会由检察官主持，书记员负责记录，司法警察负责维持秩序。

听证过程应当全程录音录像。经检察长批准，人民检察院可以通过中国检察听证网和其他公共媒体，对听证会进行图文、音频、视频直播或者录播。

第七十三条 听证会应当围绕行政诉讼监督案件中的事实认定和法律适用等问题进行。

对当事人提交的有争议的或者新的证据材料和人民检察院调查取得的证据，应当充分听取各方当事人的意见。

第七十四条 听证会一般按照下列步骤进行：

（一）承办案件的检察官介绍案件情况和需要听证的问题；

（二）申请人陈述申请监督请求、事实和理由；

（三）其他当事人发表意见；

（四）申请人和其他当事人提交新证据的，应当出示并予以说明；

（五）出示人民检察院调查取得的证据；

（六）案件各方当事人陈述对听证中所出示证据的意见；

（七）听证员、检察官向申请人和其他当事人提问；

（八）当事人发表最后陈述意见；

（九）主持人对听证会进行总结。

第七十五条 听证应当制作笔录，经参加听证的人员校阅后，由参加听证的人员签名。拒绝签名的，应当记明情况。

听证会结束后，主持人可以组织听证员对事实认定、法律适用和案件处理等进行评议，并制作评议笔录，由主持人、听证员签名。

听证员的意见是人民检察院依法处理案件的重要参考。

第七十六条 参加听证的人员应当服从听证主持人指挥。

对违反听证秩序的，人民检察院可以予以批评教育，责令退出听证场所；对哄闹、冲击听证场所，侮辱、诽谤、威胁、殴打他人等严重扰乱听证秩序的，依法追究相应法律责任。

第四节 简易案件办理

第七十七条 行政诉讼监督案件具有下列情形之一的，可以确定为简易案件：

（一）原一审人民法院适用简易程序审理的；

（二）案件事实清楚，法律关系简单的。

地方各级人民检察院可以结合本地实际确定简易案件具体情形。

第七十八条 审查简易案件，承办检察官通过审查监督申请书等材料即可以认定案件事实的，可以直接制作审查终结报告，提出处理建议。

审查过程中发现案情复杂或者需要调查核实，不宜适用简易程序的，转为普通案件办理程序。

第七十九条 办理简易案件，不适用延长审查期限的规定。

简易案件的审查终结报告、审批程序应当简化。

第五节 中止审查和终结审查

第八十条 有下列情形之一的，人民检察院可以中止审查：

（一）申请监督的公民死亡，需要等待继承人表明是否继续申请监督的；

（二）申请监督的法人或者其他组织终止，尚未确定权利义务承受人的；

（三）本案必须以另一案的处理结果为依据，而另一案尚未审结的；

（四）其他可以中止审查的情形。

中止审查的，应当制作《中止审查决定书》，并发送当事人。中止审查的原因消除后，应当及时恢复审查。

第八十一条 有下列情形之一的，人民检察院应当终结审查：

（一）人民法院已经裁定再审或者已经纠正违法行为的；

（二）申请人撤回监督申请，且不损害国家利益、社会公共利益或者他人合法权益的；

（三）申请人在与其他当事人达成的和解协议中声明放弃申请监督权利，且不损害国家利益、社会公共利益或者他人合法权益的；

（四）申请监督的公民死亡，没有继承人或者继承人放弃申请，且没有发现其他应当监督的违法情形的；

（五）申请监督的法人或者其他组织终止，没有权利义务承受人或者权利义务承受人放弃申请，且没有发现其他应当监督的违法情形的；

（六）发现已经受理的案件不符合受理条件的；

（七）人民检察院依职权发现的案件，经审查不需要监督的；

（八）其他应当终结审查的情形。

终结审查的，应当制作《终结审查决定书》，需要通知当事人的，发送当事人。

第五章 对生效行政判决、裁定、调解书的监督

第一节 一般规定

第八十二条 申请人提供的新证据以及人民检察院调查取得的

证据，能够证明原判决、裁定确有错误的，应当认定为《中华人民共和国行政诉讼法》第九十一条第二项规定的情形，但原审被诉行政机关无正当理由逾期提供证据的除外。

第八十三条 有下列情形之一的，应当认定为《中华人民共和国行政诉讼法》第九十一条第三项规定的"认定事实的主要证据不足"：

（一）认定的事实没有证据支持，或者认定的事实所依据的证据虚假的；

（二）认定的事实所依据的主要证据不合法的；

（三）对认定事实的主要证据有无证明力、证明力大小或者证明对象的判断违反证据规则、逻辑推理或者经验法则的；

（四）认定事实的主要证据不足的其他情形。

第八十四条 有下列情形之一，导致原判决、裁定结果确有错误的，应当认定为《中华人民共和国行政诉讼法》第九十一条第四项规定的"适用法律、法规确有错误"：

（一）适用的法律、法规与案件性质明显不符的；

（二）适用的法律、法规已经失效或者尚未施行的；

（三）违反《中华人民共和国立法法》规定的法律适用规则的；

（四）违背法律、法规的立法目的和基本原则的；

（五）应当适用的法律、法规未适用的；

（六）适用法律、法规错误的其他情形。

第八十五条 有下列情形之一的，应当认定为《中华人民共和国行政诉讼法》第九十一条第五项规定的"违反法律规定的诉讼程序，可能影响公正审判"：

（一）审判组织的组成不合法的；

（二）依法应当回避的审判人员没有回避的；

（三）未经合法传唤缺席判决的；

（四）无诉讼行为能力人未经法定代理人代为诉讼的；

（五）遗漏应当参加诉讼的当事人的；

（六）违反法律规定，剥夺当事人辩论权、上诉权等重大诉讼权利的；

（七）其他严重违反法定程序的情形。

第八十六条　有下列情形之一的，应当认定为本规则第八十五条第一项规定的"审判组织的组成不合法"：

（一）应当组成合议庭审理的案件独任审判的；

（二）再审、发回重审的案件没有另行组成合议庭的；

（三）审理案件的人员不具有审判资格的；

（四）审判组织或者人员不合法的其他情形。

第八十七条　有下列情形之一的，应当认定为本规则第八十五条第六项规定的"违反法律规定，剥夺当事人辩论权"：

（一）不允许或者严重限制当事人行使辩论权利的；

（二）应当开庭审理而未开庭审理的；

（三）违反法律规定送达起诉状副本或者上诉状副本，致使当事人无法行使辩论权利的；

（四）违法剥夺当事人辩论权利的其他情形。

第二节　提出再审检察建议和提请抗诉、提出抗诉

第八十八条　地方各级人民检察院发现同级人民法院已经发生法律效力的行政判决、裁定有下列情形之一的，可以向同级人民法院提出再审检察建议：

（一）不予立案或者驳回起诉确有错误的；

（二）有新的证据，足以推翻原判决、裁定的；

（三）原判决、裁定认定事实的主要证据不足、未经质证或者系伪造的；

（四）违反法律规定的诉讼程序，可能影响公正审判的；

（五）原判决、裁定遗漏诉讼请求的；

（六）据以作出原判决、裁定的法律文书被撤销或者变更的。

第八十九条 符合本规则第八十八条规定的案件有下列情形之一的,地方各级人民检察院应当提请上一级人民检察院抗诉:

(一)判决、裁定是经同级人民法院再审后作出的;

(二)判决、裁定是经同级人民法院审判委员会讨论作出的;

(三)其他不适宜由同级人民法院再审纠正的。

第九十条 地方各级人民检察院发现同级人民法院已经发生法律效力的行政判决、裁定具有下列情形之一的,应当提请上一级人民检察院抗诉:

(一)原判决、裁定适用法律、法规确有错误的;

(二)审判人员在审理该案件时有贪污受贿、徇私舞弊、枉法裁判行为的。

审判人员在审理该案件时有贪污受贿、徇私舞弊、枉法裁判行为,是指已经由生效刑事法律文书或者纪律处分决定所确认的行为。

第九十一条 地方各级人民检察院发现同级人民法院已经发生法律效力的行政调解书损害国家利益或者社会公共利益的,可以向同级人民法院提出再审检察建议,也可以提请上一级人民检察院抗诉。

第九十二条 人民检察院提出再审检察建议,应当制作《再审检察建议书》,在决定之日起十五日内将《再审检察建议书》连同案件卷宗移送同级人民法院,并制作通知文书,发送当事人。

人民检察院提出再审检察建议,应当经本院检察委员会决定,并在提出再审检察建议之日起五日内将《再审检察建议书》及审查终结报告等案件材料报上一级人民检察院备案。上一级人民检察院认为下级人民检察院发出的《再审检察建议书》错误或者不当的,应当指令下级人民检察院撤回或者变更。

第九十三条 人民检察院提请抗诉,应当制作《提请抗诉报告书》,在决定之日起十五日内将《提请抗诉报告书》连同案件卷宗等材料报送上一级人民检察院,并制作通知文书,发送当事人。

第九十四条 最高人民检察院对各级人民法院已经发生法律效

力的行政判决、裁定、调解书,上级人民检察院对下级人民法院已经发生法律效力的行政判决、裁定、调解书,发现有《中华人民共和国行政诉讼法》第九十一条、第九十三条规定情形的,应当向同级人民法院提出抗诉。

人民检察院提出抗诉后,接受抗诉的人民法院未在法定期限内作出审判监督的相关裁定的,人民检察院可以采取询问、走访等方式进行督促,并制作工作记录。人民法院对抗诉案件裁定再审后,对于人民法院在审判活动中存在违反法定审理期限等违法情形的,依照本规则第六章规定办理。

人民检察院提出抗诉的案件,接受抗诉的人民法院将案件交下一级人民法院再审,下一级人民法院审理后作出的再审判决、裁定仍符合抗诉条件且存在明显错误的,原提出抗诉的人民检察院可以再次提出抗诉。

第九十五条 人民检察院提出抗诉,应当制作《抗诉书》,在决定之日起十五日内将《抗诉书》连同案件卷宗移送同级人民法院,并由接受抗诉的人民法院向当事人送达再审裁定时一并送达《抗诉书》。

人民检察院应当制作决定抗诉的通知文书,发送当事人。上级人民检察院可以委托提请抗诉的人民检察院将通知文书发送当事人。

第九十六条 人民检察院认为当事人不服人民法院生效行政判决、裁定、调解书的监督申请不符合监督条件,应当制作《不支持监督申请决定书》,在决定之日起十五日内发送当事人。

下级人民检察院提请抗诉的案件,上级人民检察院可以委托提请抗诉的人民检察院将《不支持监督申请决定书》发送当事人。

第九十七条 人民检察院办理行政诉讼监督案件,发现地方性法规同行政法规相抵触的,或者认为规章以及国务院各部门、省、自治区、直辖市和设区的市、自治州的人民政府发布的其他具有普遍约束力的行政决定、命令同法律、行政法规相抵触的,可以层报最高人民检察院,由最高人民检察院向国务院书面提出审查建议。

第三节 出席法庭

第九十八条 人民检察院提出抗诉的案件，人民法院再审时，人民检察院应当派员出席法庭，并全程参加庭审活动。

接受抗诉的人民法院将抗诉案件交下级人民法院再审的，提出抗诉的人民检察院可以指令再审人民法院的同级人民检察院派员出庭。

第九十九条 检察人员在出庭前，应当做好以下准备工作：

（一）进一步熟悉案情，掌握证据情况；

（二）深入研究与本案有关的法律问题；

（三）拟定出示和说明证据的计划；

（四）对可能出现证据真实性、合法性和关联性争议的，拟定应对方案并准备相关材料；

（五）做好其他出庭准备工作。

第一百条 检察人员出席再审法庭的任务是：

（一）宣读抗诉书；

（二）对人民检察院调查取得的证据予以出示和说明；

（三）经审判长许可，对证据采信、法律适用和案件情况予以说明，针对争议焦点，客观、公正、全面地阐述法律监督意见；

（四）对法庭审理中违反诉讼程序的情况予以记录；

（五）依法从事其他诉讼活动。

出席法庭的检察人员发现庭审活动违反诉讼程序的，应当待休庭或者庭审结束之后，及时向检察长报告。人民检察院对违反诉讼程序的庭审活动提出检察建议，应当由人民检察院在庭审后提出。

第一百零一条 当事人或者其他参加庭审人员在庭审中有哄闹法庭，对检察机关或者出庭检察人员有侮辱、诽谤、威胁等不当言论或者行为，法庭未予制止的，出庭检察人员应当建议法庭即时制止；情节严重的，应当建议法庭依照规定予以处理，并在庭审结束后向检察长报告。

第一百零二条 人民法院开庭审理人民检察院提出再审检察建议的案件，人民检察院派员出席再审法庭的，参照适用本节规定。

人民检察院派员出席法庭的再审案件公开审理的，可以协调人民法院安排人民监督员旁听。

第六章 对行政审判程序中审判人员违法行为的监督

第一百零三条 人民检察院依法对人民法院下列行政审判程序中审判人员违法行为进行监督：

（一）第一审普通程序；

（二）简易程序；

（三）第二审程序；

（四）审判监督程序。

《中华人民共和国行政诉讼法》第九十三条第三款的规定适用于法官、人民陪审员、法官助理、书记员。

第一百零四条 人民检察院发现人民法院行政审判活动有下列情形之一的，应当向同级人民法院提出检察建议：

（一）判决、裁定确有错误，但不适用再审程序纠正的；

（二）调解违反自愿原则或者调解协议内容违反法律的；

（三）对公民、法人或者其他组织提起的诉讼未在法定期限内决定是否立案的；

（四）当事人依照《中华人民共和国行政诉讼法》第五十二条规定向上一级人民法院起诉，上一级人民法院未按该规定处理的；

（五）审理案件适用审判程序错误的；

（六）保全、先予执行、停止执行或者不停止执行行政行为裁定违反法律规定的；

（七）诉讼中止或者诉讼终结违反法律规定的；

（八）违反法定审理期限的；

（九）对当事人采取罚款、拘留等妨害行政诉讼的强制措施违反法律规定的；

（十）违反法律规定送达的；

（十一）其他违反法律规定的情形。

第一百零五条 人民检察院发现同级人民法院行政审判程序中审判人员有《中华人民共和国法官法》第四十六条等规定的违法行为且可能影响案件公正审判、执行的，应当向同级人民法院提出检察建议。

第一百零六条 人民检察院依照本章规定提出检察建议，应当经检察长批准或者检察委员会决定，制作《检察建议书》，在决定之日起十五日内将《检察建议书》连同案件卷宗移送同级人民法院。当事人申请监督的案件，人民检察院应当制作通知文书，发送申请人。

第一百零七条 人民检察院认为当事人申请监督的行政审判程序中审判人员违法行为认定依据不足的，应当作出不支持监督申请的决定，并在决定之日起十五日内制作《不支持监督申请决定书》，发送申请人。

第七章 对行政案件执行活动的监督

第一百零八条 人民检察院对人民法院行政案件执行活动实行法律监督。

第一百零九条 人民检察院发现人民法院执行裁定、决定等有下列情形之一的，应当向同级人民法院提出检察建议：

（一）提级管辖、指定管辖或者对管辖异议的裁定违反法律规定的；

（二）裁定受理、不予受理、中止执行、终结执行、终结本次执行程序、恢复执行、执行回转等违反法律规定的；

（三）变更、追加执行主体错误的；

（四）裁定采取财产调查、控制、处置等措施违反法律规定的；

（五）审查执行异议、复议以及案外人异议作出的裁定违反法律规定的；

（六）决定罚款、拘留、暂缓执行等事项违反法律规定的；

（七）执行裁定、决定等违反法定程序的；

（八）对行政机关申请强制执行的行政行为作出准予执行或者不准予执行的裁定违反法律规定的；

（九）执行裁定、决定等有其他违法情形的。

第一百一十条　人民检察院发现人民法院在执行活动中违反规定采取调查、查封、扣押、冻结、评估、拍卖、变卖、保管、发还财产，以及信用惩戒等执行实施措施的，应当向同级人民法院提出检察建议。

第一百一十一条　人民检察院发现人民法院有下列不履行或者怠于履行执行职责情形之一的，应当向同级人民法院提出检察建议：

（一）对依法应当受理的执行申请不予受理又不依法作出不予受理裁定的；

（二）对已经受理的执行案件不依法作出执行裁定、无正当理由未在法定期限内采取执行措施或者执行结案的；

（三）违法不受理执行异议、复议或者受理后逾期未作出裁定、决定的；

（四）暂缓执行、停止执行、中止执行的原因消失后，不按规定恢复执行的；

（五）依法应当变更或者解除执行措施而不变更、解除的；

（六）对拒绝履行行政判决、裁定、调解书的行政机关未依照《中华人民共和国行政诉讼法》第九十六条规定采取执行措施的；

（七）其他不履行或者怠于履行执行职责行为的。

第一百一十二条　人民检察院认为人民法院在行政案件执行活动中可能存在怠于履行职责情形的，可以向人民法院发出《说明案件执行情况通知书》，要求说明案件的执行情况及理由，并在十五日内书面回复人民检察院。

第一百一十三条　人民检察院依照本章规定提出检察建议，适用本规则第一百零六条的规定。

第一百一十四条　对于当事人申请的执行监督案件,人民检察院认为人民法院执行活动不存在违法情形的,应当作出不支持监督申请的决定,并在决定之日起十五日内制作《不支持监督申请决定书》,发送申请人。

第一百一十五条　人民检察院发现同级人民法院行政案件执行活动中执行人员存在违法行为的,参照本规则第六章有关规定执行。

第八章　案件管理

第一百一十六条　人民检察院负责案件管理的部门对行政诉讼监督案件的受理、期限、程序、质量等进行管理、监督、预警。

第一百一十七条　负责案件管理的部门对以本院名义制发行政诉讼监督法律文书实施监督管理。

第一百一十八条　负责案件管理的部门发现本院办案活动有下列情形之一的,应当及时提出纠正意见:

（一）法律文书制作、使用不符合法律和有关规定的;

（二）违反办案期限有关规定的;

（三）侵害当事人、委托代理人诉讼权利的;

（四）未依法对行政诉讼活动中的违法行为履行法律监督职责的;

（五）其他应当提出纠正意见的情形。

情节轻微的,可以口头提示;情节较重的,应当发送《案件流程监控通知书》,提示办案部门及时查明情况并予以纠正,情节严重的,应当同时向检察长报告。

负责行政检察的部门收到《案件流程监控通知书》后,应当在十日内将核查情况书面回复负责案件管理的部门。

第九章　其他规定

第一百一十九条　人民检察院发现人民法院在多起同一类行政案件中有下列情形之一的,可以提出检察建议:

（一）同类问题适用法律不一致的；

（二）适用法律存在同类错误的；

（三）其他同类违法行为。

人民检察院发现有关单位的工作制度、管理方法、工作程序违法或者不当，需要改正、改进的，可以提出检察建议。

第一百二十条 人民检察院依照有关规定提出改进工作、完善治理的检察建议，对同类违法情形，应当制发一份检察建议。

第一百二十一条 人民检察院办理行政诉讼监督案件，可以对行政诉讼监督情况进行年度或者专题分析，向人民法院、行政机关通报，向党委、人大报告。通报、报告包括以下内容：

（一）审判机关、行政机关存在的普遍性问题和突出问题；

（二）审判机关、行政机关存在的苗头性、倾向性问题或者某方面问题的特点和趋势；

（三）促进依法行政、公正司法的意见和建议；

（四）认为需要通报、报告的其他情形。

第一百二十二条 人民检察院可以针对行政诉讼监督中的普遍性问题或者突出问题，组织开展专项监督活动。

第一百二十三条 人民检察院负责行政检察的部门在履行职责过程中，发现涉嫌违纪违法犯罪以及需要追究司法责任的行为，经检察长批准，应当及时将相关线索及材料移送有管辖权的机关或者部门。

人民检察院其他职能部门在履行职责中发现符合本规则规定的应当依职权监督的行政诉讼监督案件线索，应当及时向负责行政检察的部门通报。

第一百二十四条 人民法院对行政诉讼监督案件作出再审判决、裁定或者其他处理决定后，提出监督意见的人民检察院应当对处理结果进行审查，并填写《行政诉讼监督案件处理结果审查登记表》。

第一百二十五条 有下列情形之一的，人民检察院可以依照有关规定跟进监督或者提请上级人民检察院监督：

（一）人民法院审理行政抗诉案件作出的判决、裁定、调解书仍符合抗诉条件且存在明显错误的；

（二）人民法院、行政机关对人民检察院提出的检察建议未在规定的期限内作出处理并书面回复的；

（三）人民法院、行政机关对检察建议的处理错误的。

第一百二十六条　地方各级人民检察院对适用法律确属疑难、复杂，本院难以决断的重大行政诉讼监督案件，可以向上一级人民检察院请示。

请示案件依照最高人民检察院关于办理下级人民检察院请示件、下级人民检察院向最高人民检察院报送公义的相关规定办理。

第一百二十七条　人民检察院发现作出的相关决定确有错误或者有其他情形需要撤回、变更的，应当经检察长批准或者检察委员会决定。

第一百二十八条　人民法院对人民检察院监督行为提出书面异议的，人民检察院应当在规定期限内将处理结果书面回复人民法院。人民法院对回复意见仍有异议，并通过上一级人民法院向上一级人民检察院提出的，上一级人民检察院认为人民法院异议正确，应当要求下级人民检察院及时纠正。

第一百二十九条　制作行政诉讼监督法律文书，应当符合规定的格式。

行政诉讼监督法律文书的格式另行制定。

第一百三十条　人民检察院可以参照《中华人民共和国行政诉讼法》《中华人民共和国民事诉讼法》有关规定发送法律文书。

第一百三十一条　人民检察院发现制作的法律文书存在笔误的，应当作出《补正决定书》予以补正。

第一百三十二条　人民检察院办理行政诉讼监督案件，应当依照规定立卷归档。

第一百三十三条　人民检察院办理行政诉讼监督案件，不收取案件受理费。申请复印、鉴定、审计、勘验等产生的费用由申请人直接支付给有关机构或者单位，人民检察院不得代收代付。

第一百三十四条　人民检察院办理行政诉讼监督案件，对于申请人诉求具有一定合理性，但通过法律途径难以解决，且生活困难的，可以依法给予司法救助。

对于未纳入国家司法救助范围或者实施国家司法救助后仍然面临生活困难的申请人，可以引导其依照相关规定申请社会救助。

第十章　附　　则

第一百三十五条　人民检察院办理行政诉讼监督案件，本规则没有规定的，适用《人民检察院民事诉讼监督规则》的相关规定。

第一百三十六条　人民检察院办理行政诉讼监督案件，向有关单位和部门提出检察建议，本规则没有规定的，适用《人民检察院检察建议工作规定》的相关规定。

第一百三十七条　本规则自2021年9月1日起施行，《人民检察院行政诉讼监督规则（试行）》同时废止。本院之前公布的其他规定与本规则内容不一致的，以本规则为准。

最高人民法院关于审理行政赔偿案件若干问题的规定

（2021年12月6日最高人民法院审判委员会第1855次会议通过　2022年3月20日最高人民法院公布　自2022年5月1日起施行　法释〔2022〕10号）

为保护公民、法人和其他组织的合法权益，监督行政机关依法履行行政赔偿义务，确保人民法院公正、及时审理行政赔偿案件，实质化解行政赔偿争议，根据《中华人民共和国行政诉讼法》（以下简称行政诉讼法）《中华人民共和国国家赔偿法》（以下简称国家赔偿法）等法律规定，结合行政审判工作实际，制定本规定。

一、受案范围

第一条 国家赔偿法第三条、第四条规定的"其他违法行为"包括以下情形：

（一）不履行法定职责行为；

（二）行政机关及其工作人员在履行行政职责过程中作出的不产生法律效果，但事实上损害公民、法人或者其他组织人身权、财产权等合法权益的行为。

第二条 依据行政诉讼法第一条、第十二条第一款第十二项和国家赔偿法第二条规定，公民、法人或者其他组织认为行政机关及其工作人员违法行使行政职权对其劳动权、相邻权等合法权益造成人身、财产损害的，可以依法提起行政赔偿诉讼。

第三条 赔偿请求人不服赔偿义务机关下列行为的，可以依法提起行政赔偿诉讼：

（一）确定赔偿方式、项目、数额的行政赔偿决定；

（二）不予赔偿决定；

（三）逾期不作出赔偿决定；

（四）其他有关行政赔偿的行为。

第四条 法律规定由行政机关最终裁决的行政行为被确认违法后，赔偿请求人可以单独提起行政赔偿诉讼。

第五条 公民、法人或者其他组织认为国防、外交等国家行为或者行政机关制定发布行政法规、规章或者具有普遍约束力的决定、命令侵犯其合法权益造成损害，向人民法院提起行政赔偿诉讼的，不属于人民法院行政赔偿诉讼的受案范围。

二、诉讼当事人

第六条 公民、法人或者其他组织一并提起行政赔偿诉讼中的当事人地位，按照其在行政诉讼中的地位确定，行政诉讼与行政赔偿诉讼当事人不一致的除外。

第七条 受害的公民死亡，其继承人和其他有扶养关系的人可以提起行政赔偿诉讼，并提供该公民死亡证明、赔偿请求人与死亡公民之间的关系证明。

受害的公民死亡，支付受害公民医疗费、丧葬费等合理费用的人可以依法提起行政赔偿诉讼。

有权提起行政赔偿诉讼的法人或者其他组织分立、合并、终止，承受其权利的法人或者其他组织可以依法提起行政赔偿诉讼。

第八条 两个以上行政机关共同实施侵权行政行为造成损害的，共同侵权行政机关为共同被告。赔偿请求人坚持对其中一个或者几个侵权机关提起行政赔偿诉讼，以被起诉的机关为被告，未被起诉的机关追加为第三人。

第九条 原行政行为造成赔偿请求人损害，复议决定加重损害的，复议机关与原行政行为机关为共同被告。赔偿请求人坚持对作出原行政行为机关或者复议机关提起行政赔偿诉讼，以被起诉的机关为被告，未被起诉的机关追加为第三人。

第十条 行政机关依据行政诉讼法第九十七条的规定申请人民法院强制执行其行政行为，因据以强制执行的行政行为违法而发生行政赔偿诉讼的，申请强制执行的行政机关为被告。

三、证　　据

第十一条 行政赔偿诉讼中，原告应当对行政行为造成的损害提供证据；因被告的原因导致原告无法举证的，由被告承担举证责任。

人民法院对于原告主张的生产和生活所必需物品的合理损失，应当予以支持；对于原告提出的超出生产和生活所必需的其他贵重物品、现金损失，可以结合案件相关证据予以认定。

第十二条 原告主张其被限制人身自由期间受到身体伤害，被告否认相关损害事实或者损害与违法行政行为存在因果关系的，被告应当提供相应的证据证明。

四、起诉与受理

第十三条 行政行为未被确认为违法，公民、法人或者其他组织提起行政赔偿诉讼的，人民法院应当视为提起行政诉讼时一并提起行政赔偿诉讼。

行政行为已被确认为违法，并符合下列条件的，公民、法人或者其他组织可以单独提起行政赔偿诉讼：

（一）原告具有行政赔偿请求资格；

（二）有明确的被告；

（三）有具体的赔偿请求和受损害的事实根据；

（四）赔偿义务机关已先行处理或者超过法定期限不予处理；

（五）属于人民法院行政赔偿诉讼的受案范围和受诉人民法院管辖；

（六）在法律规定的起诉期限内提起诉讼。

第十四条 原告提起行政诉讼时未一并提起行政赔偿诉讼，人民法院审查认为可能存在行政赔偿的，应当告知原告可以一并提起行政赔偿诉讼。

原告在第一审庭审终结前提起行政赔偿诉讼，符合起诉条件的，人民法院应当依法受理；原告在第一审庭审终结后、宣判前提起行政赔偿诉讼的，是否准许由人民法院决定。

原告在第二审程序或者再审程序中提出行政赔偿请求的，人民法院可以组织各方调解；调解不成的，告知其另行起诉。

第十五条 公民、法人或者其他组织应当自知道或者应当知道行政行为侵犯其合法权益之日起两年内，向赔偿义务机关申请行政赔偿。赔偿义务机关在收到赔偿申请之日起两个月内未作出赔偿决定的，公民、法人或者其他组织可以依照行政诉讼法有关规定提起行政赔偿诉讼。

第十六条 公民、法人或者其他组织提起行政诉讼时一并请求行政赔偿的，适用行政诉讼法有关起诉期限的规定。

第十七条　公民、法人或者其他组织仅对行政复议决定中的行政赔偿部分有异议，自复议决定书送达之日起十五日内提起行政赔偿诉讼的，人民法院应当依法受理。

行政机关作出有赔偿内容的行政复议决定时，未告知公民、法人或者其他组织起诉期限的，起诉期限从公民、法人或者其他组织知道或者应当知道起诉期限之日起计算，但从知道或者应当知道行政复议决定内容之日起最长不得超过一年。

第十八条　行政行为被有权机关依照法定程序撤销、变更、确认违法或无效，或者实施行政行为的行政机关工作人员因该行为被生效法律文书或监察机关政务处分确认为渎职、滥用职权的，属于本规定所称的行政行为被确认为违法的情形。

第十九条　公民、法人或者其他组织一并提起行政赔偿诉讼，人民法院经审查认为行政诉讼不符合起诉条件的，对一并提起的行政赔偿诉讼，裁定不予立案；已经立案的，裁定驳回起诉。

第二十条　在涉及行政许可、登记、征收、征用和行政机关对民事争议所作的裁决的行政案件中，原告提起行政赔偿诉讼的同时，有关当事人申请一并解决相关民事争议的，人民法院可以一并审理。

五、审理和判决

第二十一条　两个以上行政机关共同实施违法行政行为，或者行政机关及其工作人员与第三人恶意串通作出的违法行政行为，造成公民、法人或者其他组织人身权、财产权等合法权益实际损害的，应当承担连带赔偿责任。

一方承担连带赔偿责任后，对于超出其应当承担部分，可以向其他连带责任人追偿。

第二十二条　两个以上行政机关分别实施违法行政行为造成同一损害，每个行政机关的违法行为都足以造成全部损害的，各个行政机关承担连带赔偿责任。

两个以上行政机关分别实施违法行政行为造成同一损害的，人民法院应当根据其违法行政行为在损害发生和结果中的作用大小，确定各自承担相应的行政赔偿责任；难以确定责任大小的，平均承担责任。

第二十三条　由于第三人提供虚假材料，导致行政机关作出的行政行为违法，造成公民、法人或者其他组织损害的，人民法院应当根据违法行政行为在损害发生和结果中的作用大小，确定行政机关承担相应的行政赔偿责任；行政机关已经尽到审慎审查义务的，不承担行政赔偿责任。

第二十四条　由于第三人行为造成公民、法人或者其他组织损害的，应当由第三人依法承担侵权赔偿责任；第三人赔偿不足、无力承担赔偿责任或者下落不明，行政机关又未尽保护、监管、救助等法定义务的，人民法院应当根据行政机关未尽法定义务在损害发生和结果中的作用大小，确定其承担相应的行政赔偿责任。

第二十五条　由于不可抗力等客观原因造成公民、法人或者其他组织损害，行政机关不依法履行、拖延履行法定义务导致未能及时止损或者损害扩大的，人民法院应当根据行政机关不依法履行、拖延履行法定义务行为在损害发生和结果中的作用大小，确定其承担相应的行政赔偿责任。

第二十六条　有下列情形之一的，属于国家赔偿法第三十五条规定的"造成严重后果"：

（一）受害人被非法限制人身自由超过六个月；

（二）受害人经鉴定为轻伤以上或者残疾；

（三）受害人经诊断、鉴定为精神障碍或者精神残疾，且与违法行政行为存在关联；

（四）受害人名誉、荣誉、家庭、职业、教育等方面遭受严重损害，且与违法行政行为存在关联。

有下列情形之一的，可以认定为后果特别严重：

（一）受害人被限制人身自由十年以上；

（二）受害人死亡；

（三）受害人经鉴定为重伤或者残疾一至四级，且生活不能自理；

（四）受害人经诊断、鉴定为严重精神障碍或者精神残疾一至二级，生活不能自理，且与违法行政行为存在关联。

第二十七条 违法行政行为造成公民、法人或者其他组织财产损害，不能返还财产或者恢复原状的，按照损害发生时该财产的市场价格计算损失。市场价格无法确定，或者该价格不足以弥补公民、法人或者其他组织损失的，可以采用其他合理方式计算。

违法征收征用土地、房屋，人民法院判决给予被征收人的行政赔偿，不得少于被征收人依法应当获得的安置补偿权益。

第二十八条 下列损失属于国家赔偿法第三十六条第六项规定的"停产停业期间必要的经常性费用开支"：

（一）必要留守职工的工资；
（二）必须缴纳的税款、社会保险费；
（三）应当缴纳的水电费、保管费、仓储费、承包费；
（四）合理的房屋场地租金、设备租金、设备折旧费；
（五）维系停产停业期间运营所需的其他基本开支。

第二十九条 下列损失属于国家赔偿法第三十六条第八项规定的"直接损失"：

（一）存款利息、贷款利息、现金利息；
（二）机动车停运期间的营运损失；
（三）通过行政补偿程序依法应当获得的奖励、补贴等；
（四）对财产造成的其他实际损失。

第三十条 被告有国家赔偿法第三条规定情形之一，致人精神损害的，人民法院应当判决其在违法行政行为影响的范围内，为受害人消除影响、恢复名誉、赔礼道歉；消除影响、恢复名誉和赔礼道歉的履行方式，可以双方协商，协商不成的，人民法院应当责令被告以适当的方式履行。造成严重后果的，应当判决支付相应的精神损害抚慰金。

第三十一条 人民法院经过审理认为被告对公民、法人或者其他组织造成财产损害的，判决被告限期返还财产、恢复原状；无法返还财产、恢复原状的，判决被告限期支付赔偿金和相应的利息损失。

人民法院审理行政赔偿案件，可以对行政机关赔偿的方式、项目、标准等予以明确，赔偿内容确定的，应当作出具有赔偿金额等给付内容的判决；行政赔偿决定对赔偿数额的确定确有错误的，人民法院判决予以变更。

第三十二条 有下列情形之一的，人民法院判决驳回原告的行政赔偿请求：

（一）原告主张的损害没有事实根据的；

（二）原告主张的损害与违法行政行为没有因果关系的；

（三）原告的损失已经通过行政补偿等其他途径获得充分救济的；

（四）原告请求行政赔偿的理由不能成立的其他情形。

六、其　　他

第三十三条 本规定自 2022 年 5 月 1 日起施行。《最高人民法院关于审理行政赔偿案件若干问题的规定》（法发〔1997〕10 号）同时废止。

本规定实施前本院发布的司法解释与本规定不一致的，以本规定为准。

最高人民法院关于第一审知识产权民事、行政案件管辖的若干规定

（2021 年 12 月 27 日最高人民法院审判委员会第 1858 次会议通过　2022 年 4 月 20 日最高人民法院公告公布　自 2022 年 5 月 1 日起施行　法释〔2022〕13 号）

为进一步完善知识产权案件管辖制度，合理定位四级法院审判职能，根据《中华人民共和国民事诉讼法》《中华人民共和国行政诉

讼法》等法律规定，结合知识产权审判实践，制定本规定。

第一条 发明专利、实用新型专利、植物新品种、集成电路布图设计、技术秘密、计算机软件的权属、侵权纠纷以及垄断纠纷第一审民事、行政案件由知识产权法院，省、自治区、直辖市人民政府所在地的中级人民法院和最高人民法院确定的中级人民法院管辖。

法律对知识产权法院的管辖有规定的，依照其规定。

第二条 外观设计专利的权属、侵权纠纷以及涉驰名商标认定第一审民事、行政案件由知识产权法院和中级人民法院管辖；经最高人民法院批准，也可以由基层人民法院管辖，但外观设计专利行政案件除外。

本规定第一条及本条第一款规定之外的第一审知识产权案件诉讼标的额在最高人民法院确定的数额以上的，以及涉及国务院部门、县级以上地方人民政府或者海关行政行为的，由中级人民法院管辖。

法律对知识产权法院的管辖有规定的，依照其规定。

第三条 本规定第一条、第二条规定之外的第一审知识产权民事、行政案件，由最高人民法院确定的基层人民法院管辖。

第四条 对新类型、疑难复杂或者具有法律适用指导意义等知识产权民事、行政案件，上级人民法院可以依照诉讼法有关规定，根据下级人民法院报请或者自行决定提级审理。

确有必要将本院管辖的第一审知识产权民事案件交下级人民法院审理的，应当依照民事诉讼法第三十九条第一款的规定，逐案报请其上级人民法院批准。

第五条 依照本规定需要最高人民法院确定管辖或者调整管辖的诉讼标的额标准、区域范围的，应当层报最高人民法院批准。

第六条 本规定自 2022 年 5 月 1 日起施行。

最高人民法院此前发布的司法解释与本规定不一致的，以本规定为准。

附录二

本书所涉文件目录

宪法
2018年3月11日　　中华人民共和国宪法

法律
2011年6月30日　　中华人民共和国行政强制法
2012年10月26日　　中华人民共和国国家赔偿法
2017年6月27日　　中华人民共和国行政诉讼法
2018年10月26日　　中华人民共和国人民检察院组织法
2018年12月29日　　中华人民共和国公务员法
2019年4月23日　　中华人民共和国行政许可法
2020年6月20日　　中华人民共和国公职人员政务处分法
2020年12月26日　　中华人民共和国刑法
2021年1月22日　　中华人民共和国行政处罚法
2023年9月1日　　中华人民共和国行政复议法

行政法规及文件
2007年5月29日　　中华人民共和国行政复议法实施条例
2008年5月12日　　国务院关于加强市县政府依法行政的决定
2019年4月3日　　中华人民共和国政府信息公开条例

部门规章及文件
2002年11月2日　　公安机关办理行政复议案件程序规定
2010年1月6日　　中国保险监督管理委员会行政复议办法
2010年3月16日　　人力资源社会保障行政复议办法
2010年5月4日　　中国证券监督管理委员会行政复议办法

2010年12月22日	农业部行政复议工作规定
2012年7月18日	国家知识产权局行政复议规程
2013年11月6日	国家食品药品监督管理总局行政复议办法
2014年3月13日	海关行政复议办法
2015年9月7日	住房城乡建设行政复议办法
2015年9月9日	交通运输行政复议规定
2018年6月15日	税务行政复议规则
2019年7月19日	自然资源行政复议规定

司法解释及文件

2001年2月16日	最高人民法院关于国有资产产权管理行政案件管辖问题的解释
2002年1月30日	最高人民法院关于海关行政处罚案件诉讼管辖问题的解释
2002年7月24日	最高人民法院关于行政诉讼证据若干问题的规定
2002年8月27日	最高人民法院关于审理国际贸易行政案件若干问题的规定
2002年11月21日	最高人民法院关于审理反倾销行政案件应用法律若干问题的规定
2002年11月21日	最高人民法院关于审理反补贴行政案件应用法律若干问题的规定
2003年2月25日	最高人民法院关于适用《行政复议法》第三十条第一款有关问题的批复
2003年8月11日	最高人民法院办公厅关于海事行政案件管辖问题的通知
2004年5月18日	最高人民法院关于印发《关于审理行政案件适用法律规范问题的座谈会纪要》的通知
2009年11月9日	最高人民法院印发《关于依法保护行政诉讼当事人诉权的意见》的通知

2011年3月10日	最高人民法院、最高人民检察院关于对民事审判活动与行政诉讼实行法律监督的若干意见（试行）
2011年7月13日	最高人民法院印发《关于审理证券行政处罚案件证据若干问题的座谈会纪要》的通知
2011年7月29日	最高人民法院关于审理政府信息公开行政案件若干问题的规定
2011年8月7日	最高人民法院关于审理涉及农村集体土地行政案件若干问题的规定
2012年1月13日	最高人民法院关于国家赔偿案件立案工作的规定
2012年3月26日	最高人民法院关于办理申请人民法院强制执行国有土地上房屋征收补偿决定案件若干问题的规定
2013年3月27日	最高人民法院关于违法的建筑物、构筑物、设施等强制拆除问题的批复
2018年2月6日	最高人民法院关于适用《中华人民共和国行政诉讼法》的解释
2019年11月27日	最高人民法院关于审理行政协议案件若干问题的规定
2020年6月22日	最高人民法院关于行政机关负责人出庭应诉若干问题的规定
2020年12月25日	最高人民法院印发《关于行政案件案由的暂行规定》的通知
2020年12月29日	最高人民法院关于对与证券交易所监管职能相关的诉讼案件管辖与受理问题的规定
2021年3月25日	最高人民法院关于正确确定县级以上地方人民政府行政诉讼被告资格若干问题的规定

2021年3月25日	最高人民法院关于办理行政申请再审案件若干问题的规定
2022年3月20日	最高人民法院关于审理行政赔偿案件若干问题的规定
2022年4月20日	最高人民法院关于第一审知识产权民事、行政案件管辖的若干规定

法律一本通丛书.第九版

1. 民法典一本通
2. 刑法一本通
3. 行政法一本通
4. 土地管理法一本通
5. 农村土地承包法一本通
6. 道路交通安全法一本通
7. 劳动法一本通
8. 劳动合同法一本通
9. 公司法一本通
10. 安全生产法一本通
11. 税法一本通
12. 产品质量法、食品安全法、消费者权益保护法一本通
13. 公务员法一本通
14. 商标法、专利法、著作权法一本通
15. 民事诉讼法一本通
16. 刑事诉讼法一本通
17. 行政复议法、行政诉讼法一本通
18. 个人信息保护法一本通
19. 行政处罚法一本通
20. 数据安全法一本通
21. 网络安全法、数据安全法、个人信息保护法一本通
22. 监察法、监察官法、监察法实施条例一本通
23. 法律援助法一本通
24. 家庭教育促进法、未成年人保护法、预防未成年人犯罪法一本通
25. 工会法一本通
26. 科学技术进步法一本通
27. 职业教育法一本通
28. 反垄断法一本通
29. 体育法一本通
30. 反电信网络诈骗法一本通
31. 农产品质量安全法一本通
32. 妇女权益保障法一本通
33. 治安管理处罚法一本通
34. 企业破产法一本通
35. 保险法一本通
36. 证券法一本通
37. 劳动争议调解仲裁法一本通
38. 劳动法、劳动合同法、劳动争议调解仲裁法一本通
39. 未成年人保护法、妇女权益保障法、老年人权益保障法一本通
40. 反间谍法一本通
41. 无障碍环境建设法一本通
42. 无障碍环境建设法、残疾人保障法一本通